iii. Epilogue

With

Andrea Büttner, Esther Ferrer, Félix González-Torres, Sanja Iveković, Ben Kinmont, Jiří Kovanda, Marcello Maloberti, Teresa Margolles, Emilie Parendeau, Martha Rosler, Santiago Sierra, Slaven Tolj, Isidoro Valcárcel Medina

Staged by

Pierre Bal-Blanc

Produced by

Peep-Hole, Milano, and CAC Brétigny

At

Peep-Hole, Milano, 2012

"The artists will be free to choose the process and the time necessary for the work's return to its material state if this takes the form of an object. If the work is an idea or a concept, the artist must propose the means of effecting its return to the realm of common language."

Reversibility
A Theatre of De-Creation

Mousse Publishing

i. Prologue

[fig 1] "The Fair Gallery," Frieze Art Fair, London, 2008

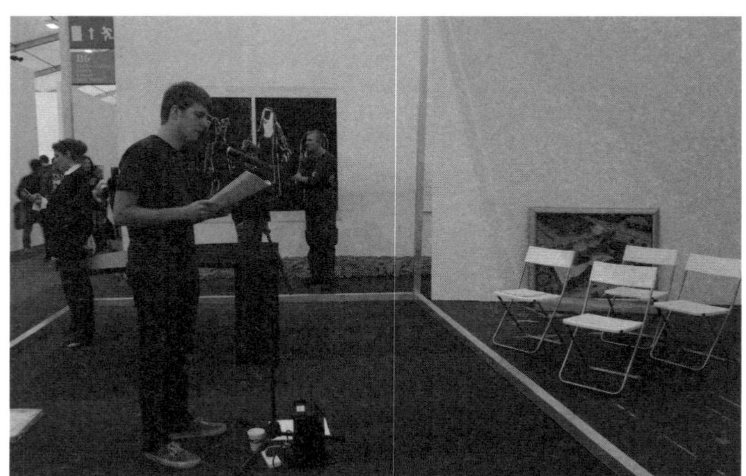

[Tr.I]

PIERRE BAL-BLANC

Je souhaite proposer à différents artistes liés aux quatre galeries associées pour "The Fair Gallery" de choisir avec moi une ou plusieurs de leurs œuvres existantes qui ont la caractéristique d'exposer leur processus de création.

Après un échange que je souhaite développer avec chaque artiste et ouvrir aux quatre galeries, je souhaite demander aux auteurs des œuvres sélectionnées d'en choisir une ou plusieurs avec moi.

Les artistes auront préalablement accepter que cette œuvre soit exposée et ensuite "décréée" lors de l'inauguration de la Frieze Art Fair ou progressivement pendant toute la durée de la foire.

Les artistes choisiront eux même le processus et la durée du retour de l'œuvre dans le champ matériel, si celle-ci a les caractéristiques d'un objet. Si l'œuvre est une idée ou un concept les artistes devront proposer les moyens de produire son retour dans le langage commun.

Pour attester du retour de ces œuvres dans le monde physique ou symbolique, les artistes devront accepter de signer une décharge qui déclare l'expropriation de leur droit en tant qu'auteur sur ce qui en reste.

Les artistes resteront propriétaires, comme les galeries, des matériaux ou de tout autre élément restant et de la part qui leur revient en cas de vente.

Les galeries seront libres de vendre ces matériaux ou ces éléments en tant que tel et de ne pas changer le prix initialement prévu pour les œuvres.

L'acquéreur éventuel devra accepter par contrat l'achat de ces matériaux ou de ces éléments et ne pourra en aucun cas revendiquer la propriété d'une œuvre d'un des artistes. Il sera libre par contre de faire référence à leur provenance.

PIERRE BAL-BLANC

I wish to propose that artists connected to the four galleries affiliated with "The Fair Gallery" choose individual or multiple existing works together with me, which have the characteristic of revealing the creative process through which they were made.

Following a discussion I would like to have with each artist, and open to the four galleries, I intend to ask the authors of the selected works to choose an individual work or several works with me.

The artists will agree that the particular work will be exhibited and then "de-created" (or disassembled) and left in place during the opening of the Frieze Art Fair, or – as an alternative – progressively disassembled during the fair's duration.

The artists will be free to choose the process and the time necessary for the work's return to its material state, if this takes the form of an object. If the work is an idea or a concept, the artist must propose the means of effecting its return to the realm of common language.

In order to attest to the work's return to the physical or symbolic realm, the artists must agree to sign a disclaimer relinquishing their rights as author over the remains of the work or works.

Each artist remains the owner, along with the gallery, of the materials or any other remaining element and of any part that may be due to them in case of a sale.

The galleries are free to sell these materials or elements as such. However, they must not alter the original stated price of the work or works in question.

The eventual buyer must accept, through a written contract, the sale of these materials or elements and can in no circumstances claim ownership of a work or works by any of the exhibiting artists. However, he or she is free to refer to their origin.

NATHALIE BOUTIN AND SOLÈNE GUILLIER

Dear All,

It sounds that Pierre's proposal interests all the participants of the Fair Gallery even if we all need more elements to go further.

As Pierre told us, his idea is a starting point but the forms and protocole of the project may take different aspects.

Anyway we need now to know the artists ' reactions: will they follow his ideas or not? Everything depends on their feeling and the conversation and dialogue Pierre will built with them. So Pierre you may start looking through our programs. I think you know them already quiet well.

Let us know what you need as we are in your entire disposal.

Kisses to all
Nathalie and Solène

[fig 2] "The Fair Gallery," installation view. Frieze Art Fair, London, 2008

[fig 3] David Lamelas, *Dos Espacios Modificados*, 1967, aluminum, wood, steel. Installation view at IX Bienal de São Paulo, 1967. Courtesy: Jan Mot Gallery, Brussels

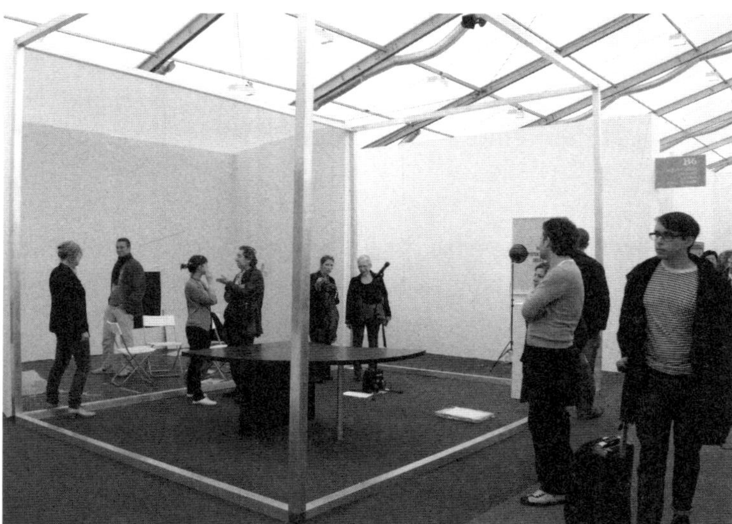

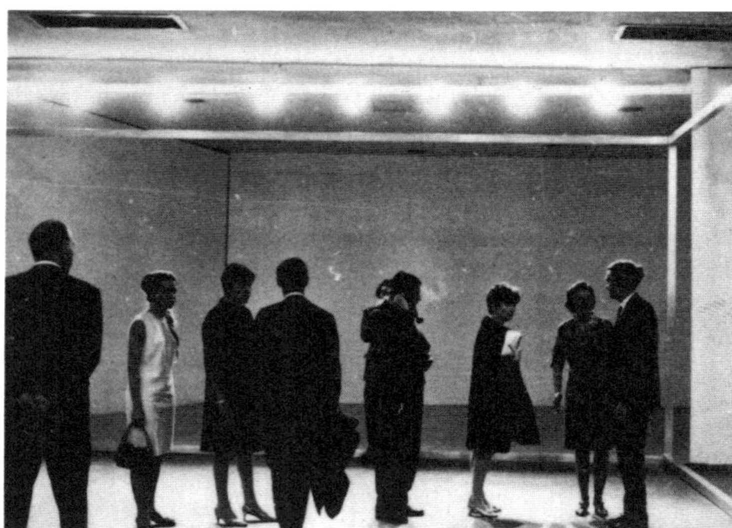

[Tr.II]

PIERRE BAL-BLANC

Cher, Michał Budny, Andrea Büttner, Rafał Bujnowski, Claire Hooper, David Lamelas, Benoît Maire, Deimantas Narkevičius, Dominique Petitgand, Pratchaya Phinthong, Pia Rönicke.

Les galeries gb agency (Paris), Jan Mot (Bruxelles), Raster (Varsovie) et Hollybush Gardens (Londres) m'invitent à réaliser le commissariat de la prochaine édition de "The Fair gallery" qui aura lieu à l'occasion de Frieze Art Fair à Londres en octobre 2008. Je souhaiterais vous proposer d'y participer.

Le principe de "The Fair Gallery" se présente en soi déjà comme un énoncé sur lequel je propose de m'arrêter un instant.

THE FAIR GALLERY

"The Fair Gallery" est la création d'une "meta-galerie" constituée par l'association de plusieurs galeries et dont l'existence physique se limite au contexte commerciale des foires internationales d'art contemporain. Cela a pour première conséquence de changer la nature de l'espace du stand. "The Fair Gallery" propose de créer les conditions pour un nouveau genre d'espace en rompant avec le rapport entretenu par un stand de foire et sa référence réelle l'espace physique de la galerie. En cela "The Fair Gallery" définie son espace comme un medium physique et temporaire qui instaure de façon inédite un rapport entre l'art et le champ économique. D'une certaine façon "The Fair Gallery" est la matérialisation d'une parcelle de l'espace virtuel des échanges économiques de l'art. Ce qui pose par conséquent la question du problème lié à la dématérialisation de ces échanges de façon inversée.

La foire internationale est le cadre privilégié des galeries. La foire expose temporairement l'identité, le rôle d'acteur, de producteur, le positionnement qui caractérise le travail dans la durée de ces opérateurs, ceci même si la médiation de cette activité reste subordonnée à une liste d'artistes et à leurs œuvres. "The Fair Gallery" propose d'ouvrir la réflexion sur ce sujet à un autre niveau. Les quatre galeries qui forment "The Fair Gallery" déplacent les limites de leur identité qui reste liée à leur localisation respective pour se recomposer sous un visage à chaque fois différent au cœur du système global des échanges de l'art. Cet acte ne remet pas en question l'importance de l'éclairage ponctuelle opéré par une foire sur l'activité des galeries et qui permet de montrer la cohérence ou l'opportunisme du travail réalisé par les galeries par rapport aux artistes. Il souligne au contraire la responsabilité qui incombe aux galeries et la réflexion qu'elles doivent avoir sur leur propre rôle: par exemple devoir en permanence renouveler les débats qui sont proposés aux artistes sur le terrain économique de l'art. Organisation de débats que se sont appropriés les organisateurs des foires eux-mêmes, donc dans leur propre intérêt avec l'intention délibérée d'étendre leur champ d'action en particulier à tous ce qui n'est pas commercial (les structures sans but lucratif, les artistes hors marché) pour en tirer un profit. Pour agir sur ce point l'organisation du contenu de chaque apparition de "The Fair Gallery" se fonde sur l'invitation d'un commissaire à chaque fois différent libre de proposer un projet sur la base des listes des artistes de chacune des galeries et qui reste extérieur aux intérêts commerciaux de chacun.

Dear Michał Budny, Andrea Büttner, Rafał Bujnowski, Claire Hooper, David Lamelas, Benoît Maire, Deimantas Narkevičius, Dominique Petitgand, Pratchaya Phinthong, Pia Rönicke.

The gb agency (Paris), the Jan Mot Gallery (Brussels), the Raster Gallery (Warsaw) and Hollybush Gardens (London) have invited me to curate the upcoming edition of "The Fair Gallery," which will take place during the Frieze Art Fair in London in October 2008. I would like to invite you to participate.

The principle of "The Fair Gallery" is already a statement in its own right, and I would like first to outline its implications.

The Fair Gallery

"The Fair Gallery" is the creation of a "meta-gallery" formed through the association of several galleries. Its concrete existence is limited to the commercial context of international contemporary art fairs. As a consequence, this changes the nature of the space of the gallery stand. "The Fair Gallery" aims to create the conditions for a new type of space, breaking with the established relations of an art fair stand and its reference to an existing physical gallery space. In this way, "The Fair Gallery" defines its space as a physical and temporary medium that creates a novel relationship between art and the economic sector. In a certain sense, "The Fair Gallery" is the materialization of a segment of virtual space in the economic exchange of art. This subsequently reverses the question raised by the relation to the dematerialization of these exchanges.

The international fair is a privileged setting for galleries. The art fair temporarily showcases the identity, the role as actor, producer, and the position which characterize the ongoing work of its operators, even if the mediation of this activity remains within the confines of a list of artists and their works. "The Fair Gallery" aims to open up reflection on the subject at another level. The four galleries that make up "The Fair Gallery" shift the emphasis of their individual identities, connected with their respective local situation, in order to reshape them differently each time at the center of the global art economy. This is not intended to question the importance of periodically bringing to light the activities of galleries, which is the opportunity to showcase the coherence or opportunism of the work galleries undertake in relation to the artists they exhibit. On the contrary, it underscores the responsibility they must assume concerning their role: for example, the necessity of continually renewing the debates which artists are confronted with concerning the economic realm of art. Art fair organizers have themselves appropriated the organization of these debates, i.e. in their own interests, with the intention of extending their field of action, particularly to all that is non-commercial (non-profit organizations, artists outside the market) in order to make a profit. In response to this situation, each presentation of "The Fair Gallery" is organized on the basis of an invitation extended to a curator who remains independent of the commercial interests of the galleries involved. Each curator is invited to propose a project based on the list of artists from each gallery.

Commercial Language and Institutional Language

An art fair is by definition a place of exchange and commerce, a place of transaction that brings together producers and consumers. It is the representation of an

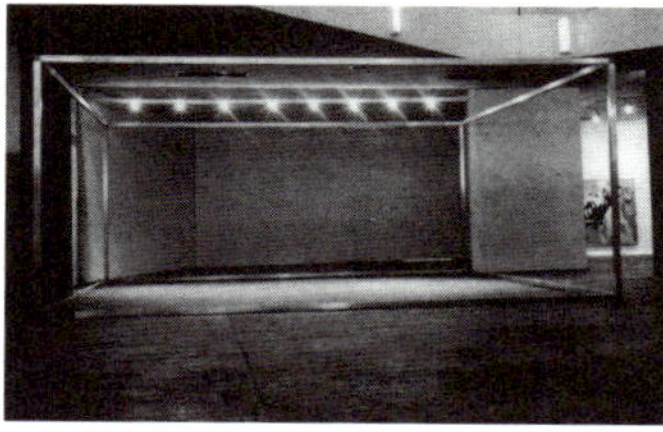

[fig 4] David Lamelas, *Dos Espacios Modificados*, 1967, aluminum, wood, steel. Installation view at IX Bienal de São Paulo, 1967. Courtesy: Jan Mot Gallery, Brussels

CATASTROPHE
PIERRE BAL-BLANC

"Catastrophe" est un terme employé pour désigner le dénouement d'une œuvre. C'est aussi le titre d'une des dernières pièces de Samuel Beckett dans laquelle les rôles sont distribués entre un metteur en scène, son assistante et un protagoniste et dont j'ai eu connaissance par Clemens von Wedemeyer et Maya Schweizer lors de notre collaboration pour la réalisation de leur film *Rien du Tout*.[1] Si je révèle ces sources, c'est pour rester dans l'esprit du principe de *Réversibilité* qui irrigue tous les liens que ce projet déploie, comme c'est le cas avec la présence dans cette publication des e-mails échangés entre les protagonistes, laissés à l'état brut, au risque d'une hémorragie du sens. La variation de vitesse entre les lettres soignées et les e-mails restitués dans leur état de *Broken English*, comme l'on qualifie ce langage aujourd'hui, rythme ces correspondances.

Réversibilité: Un Théâtre de la Dé-Création trouve son inspiration dans un événement traumatique survenu en 2008, la destruction de l'œuvre de David Lamelas *Projection (L'Effet Écran)* (1967-2004). La décision de désinstallation prise par les autorités de tutelle du Centre d'Art Contemporain de Brétigny met fin au fonctionnement de cette œuvre qui aura duré quatre ans. L'œuvre faite de deux projecteurs 16 mm émettant de la lumière mais sans film, placés dos à dos, a été conçue à l'Instituto Di Tella à Buenos Aires en 1967 pour s'ajuster à une porte entre deux espaces. Elle soulignait à nouveau ce cadre architectonique en l'amplifiant par la construction d'un corridor dans cette deuxième installation qui à l'issue de l'exposition, sans les appareils cinéma, devenait selon le projet de l'artiste une nouvelle entrée du lieu artistique articulée autour d'un couloir à pénétrer. Un couloir formé par un écran à ses deux extrémités cadrant l'intérieur depuis l'extérieure et vice versa. En détournant la voie qui longe le centre d'art, ce couloir signalait et favorisait le rapport entre l'intérieur et l'extérieur du lien pour inciter les élèves du lycée voisin à prêter plus d'attention aux activités dispensées par le centre d'art. Le stationnement des élèves dans ce passage jugé trop dangereux par les autorités condamnera la pérennité de cette installation qui pourtant faisait la

[→ pag 16]

LANGAGE COMMERCIAL ET LANGAGE INSTITUTIONNEL

Une foire est par définition un lieu d'échange et de commerce, de transaction qui réunie des producteurs et des consommateurs. C'est la représentation d'un système économique fondée sur l'offre et la demande, le capital, l'investissement, la spéculation et la plus value. Appliqué au commerce de l'art, une foire à la caractéristique de se distinguer de toutes les autres foires par le contenu de ses transactions. A ma connaissance aucune autre foire n'expose l'échange de produits et de services en manifestant d'une façon aussi subtile autant de liens et de contradictions avec le marketing sur lequel justement se fonde une foire commerciale. En fait aucune autre foire ne parvient à exposer à ce point que la valeur de l'argent est arbitraire et qu'elle n'est elle-même rien qu'un phantasme qui répond à un phantasme.

C'est pour cette raison que la foire avec son langage commercial se retrouve en concurrence avec la biennale et son langage institutionnel, car la pertinence des liens qu'elle instaure entre l'art et sa diffusion par le biais du commerce parvient à être parfois aussi juste que les liens que tente d'élaborer le monde institutionnel entre l'art et la transmission du savoir. Et cela même si la foire assume pour une partie la responsabilité de ces liens et pour une autre partie en est complètement inconsciente. Il n'en reste pas moins vrai que la foire représente d'une façon étonnante la situation contemporaine des échanges artistiques internationaux.

UNE ANARCHIE DES IMPULSIONS

Pour longuement paraphraser Pierre Klossowski (plutôt que Marx et Freud réunis) et malgré l'affirmation de l'industrie culturelle qui prétend le contraire:

Il n'y a pas d'analogie entre l'acte de fabriquer un produit et l'acte de produire un simulacre (une œuvre d'art), le monde des marchandises ne peut compenser par aucun signe le renversement de l'anarchie des impulsions qui nous constituent en activité de fabrication, puisque cette activité même (notre activité ou notre inactivité en tant que sujet économique) tient déjà lieu de compensation, de détournement des impulsions au profit unique du cycle de la consommation.

Dans le produit de l'art, l'anarchie des impulsions qui nous animent trouve l'expression de son phantasme, dans la production des biens de consommation qui refuse d'exprimer toute forme d'anarchie, les impulsions agissent sous le couvert de l'utilité de quelque chose où l'anarchie des impulsions n'aurait que faire. Ce qui conduit le principe de notre économie dans une production à outrance exigeant une consommation à outrance: produire des objets destructibles, habituer le consommateur à perdre la notion même de l'objet durable, lui substituer des conglomérats de besoins, hypertrophiés selon les conjonctures.

Cette première description peut paraître de nos jours trop manichéenne, les choses sont en effet plus compliquées que ça. Je continu néanmoins ma description dans ce sens parce qu'elle permet de dresser un cadre dans lesquels les subtilités nécessaire pourrons être apportées.
Seul le simulacre de l'art est censé rendre compte du renversement de l'urgence impulsionnelle, et parce qu'ils sont simulateurs,

economic system founded on offer and demand, capital, investment, speculation and surplus value. Within the context of the art market, an art fair differs from other fairs in the content of its transactions. To my knowledge, no other type of fair showcases the exchange of products and services in such a subtle way, revealing so many relations and contradictions that accompany the marketing, which in effect forms the basis of a commercial fair. In fact, no other fair manages to reveal so extensively the arbitrary nature of money – as nothing more than a phantasm that responds to another phantasm.

It is for this reason that the fair, with its commercial language, finds itself in competition with the biennial and its institutional language. The pertinence of the relations the art fair establishes between art and its distribution, via commercial exchange, is often as authentic as the relations that institutions attempt to elaborate between art and the transmission of knowledge. It is no less true that the fair represents, in a surprising way, the contemporary context of international artistic exchange.

An Anarchy of Impulses

To paraphrase at length Pierre Klossowski (rather than both Freud and Marx), and despite the affirmation of the cultural industry which believes otherwise:

> There is no analogy between the act of manufacturing a product and the act of producing a simulacrum (a work of art). There is no sign by which the commodity world can compensate for the reversal of the anarchic impulses that constitute us in the act of making, as this activity itself (our activity or inactivity as economic subjects) already presents itself as compensation, and as such cannot divert these impulses for the sole profit of the cycle of consumption.
>
> In the production of art, the anarchic impulses that animate us find their phantom expression in the production of consumer goods that deny any form of anarchic expression. In the case of the commodity, the impulses act under the guise of utility in which anarchic impulses have no outlet. In so doing, the principle of our economy is driven to an excess of production, which in turn demands an excess of consumption: producing expendable objects and conditioning the consumer to lose all notion of a durable object, replacing the latter with a conglomeration of expanded needs in the service of economic profit alone.

This initial description might seem a bit too Manichaean today. Actually, the situation is much more complicated. Nevertheless, I would like to continue my argument in this direction, as it will allow me to give an overview, to determine the necessary subtleties.

> Only the simulacra of art are supposed to take account of the liberation of impulsive urgency, and as simulators the products of art cannot be equated with useful objects or commodities. But if the simulacra of art reveal the truth of impulsive urgency, and if through the ingenuity of the artist alone they become the implements of affects, is it by chance alone that objects of use (mechanical devices and commodities) are also simulacra?
>
> The machine or the commodity is by nature the farthest removed from the simulacra of art, in that it dictates a rigorously restrained use in the name of efficiency. It is, as a result of this very reduction to a specific use, a simulacrum; but a simulacrum of non-simulation, or to put it another way, a mystification.
>
> If art as a simulacrum is an implement of passions, it is necessary that

[fig 5] David Lamelas, *Dos Espacios Modificados*, 1967, aluminum, wood, steel. Installation view at IX Bienal de São Paulo, 1967. Courtesy: Jan Mot Gallery, Brussels

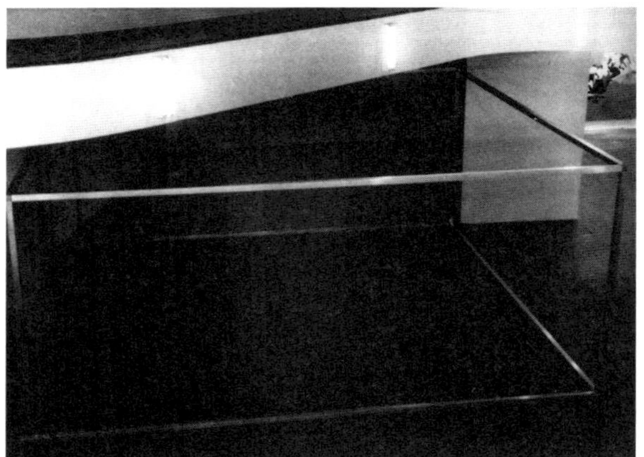

les produits de l'art ne sauraient être assimilés aux objets d'usage ou aux marchandises. Mais si les simulacres de l'art indiquent la propre urgence impulsionnelle et que par l'ingéniosité de l'artiste ils deviennent des ustensiles à l'usage des affects, est-ce que par hasard les ustensiles (les machines outils ou les marchandises) seraient eux aussi des simulacres?

La machine ou la marchandise est par nature la plus éloignée du simulacre de l'art, en ce qu'elle prescrit un usage rigoureusement restreint pour être efficace, elle est du fait même de cette réduction à un usage unique un simulacre. Mais un simulacre de non-simulation, donc du fait accompli, ou pour le dire autrement une mystification.

Si le simulacre de l'art est un ustensile des passions, il faut bien que sa simulation soit de même une opération efficace; s'il n'était qu'un simulacre simulé, il manquerait son effet quand ce dernier consiste justement à être constamment réversible dans son opération et d'un usage aussi étendu et variable que la vie passionnelle.

Ajourner la volupté, c'est compter sur l'avenir, garanti par la fabrication des objets d'usage. Toutefois, les impulsions ne connaissent d'autre limite à l'urgence que la leur propre, et la volupté en tant que telle se veut aussi immédiate qu'elle est latente et imprévisible.

L'art comme ustensile des passions propose un autre usage qui prend forme dans une opération rationnellement établie en fonction de l'anarchie des impulsions.

GÉNÉRALISATION DES ARTS APPLIQUÉS

Prenons comme hypothèse que l'art est entièrement passé du côté de l'application, que nous sommes dans le règne des arts appliqués. Il y aurait un art appliqué au marché dans le privé et un art appliqué à la politique dans le public. L'argent investit n'ayant plus que pour seul objectif la production d'une plus-value pour la première sphère et celle de suffrages pour la seconde. La valeur d'usage de l'art serait ainsi réglée pour ceux qui sont obsédé par l'ordre. Même si cette hypothèse peut paraître simpliste, on n'est pas loin de la tendance générale qui se profile à l'échelle globale de nos sociétés.

L'USAGE

Cette description trop schématique elle aussi a néanmoins l'intérêt de démontrer que l'usage ne peut être le territoire réservé de l'industrie et du monde politique mais qu'il doit faire l'objet d'une réappropriation constante par le champ artistique. Car l'application, ou l'usage que le marché ou l'institution prétend faire de l'art n'est pas la seule interprétation que l'on peut faire de ce terme. En réduire ainsi le destin est une façon d'imposer son point de vue et c'est régresser au stade: celui qui paie c'est celui qui décide.

Si on accepte avec Klossowski (et avec beaucoup d'autres après lui) que l'ustensile est un simulacre, que la marchandise est une mystification, on constate alors que le régime industriel a créé un cycle pour nous amener à confondre nos propensions avec le détournement continu de celle-ci, en vue de nous installer dans le mouvement incessant d'une production et d'une consommation à

its simulation be, at the same time, an effective operation; if it wasn't a simulated simulacrum it would lack effect, which consists precisely in being both constantly reversible in its operation and as extendible and variable in its use as the passion of life itself.

To defer sensual pleasure means counting on the future, a future guaranteed by producing objects of use. However, impulses do not have external limits, and sensual pleasure as such aspires to being as immediate as it is latent and unpredictable.

Art as an implement for the deployment of passions offers an alternative use, which takes shape through a rationally established operation that follows anarchic impulses.

The Generalization of Applied Arts

Let us take into account the argument that art escapes being reduced to application, on the one hand, and that we are in the realm of applied arts, on the other. There would be an art applied to the market in the private realm and an art applied to politics in the public sphere. The money invested would have no other objective than the production of surplus value for the first sphere and gaining public approval for the second. Art's use-value would be thus aligned with those who are obsessed with order. If this argument appears oversimplified, it is however not far removed from the general tendency that looms at a global scale in our societies.

Use

This oversimplified description nevertheless has the merit of demonstrating that use cannot be limited to the preserve of industry and the political sphere, but must be subject to a constant reappropriation within the realm of art. For the application, or use to which the market or the institution claims to put art is not the only way we can understand art's meaning. Reducing the destiny of art in this way is a means of imposing one's point of view and regressing to the stage where "the one who pays is the one who decides."

If, to follow Pierre Klossowski (and many others after him), we accept that the usable object is a simulacrum and that the commodity is a mystification, we can see that the industrial system has created a cycle that leads us to confuse our desires with the latter's continual misappropriation. Its goal is to limit us to an incessant movement of excessive production and consumption, which the financial system and the political realm phantasmatically imposes on us, since it is founded on an economy of simulacra, as a hegemonic vision of reality.

We can thus rightfully expect art to shed light on all the forms that this phenomenon can currently take, in a time when products give way to services and capitalism generates the most advanced forms of dematerialization. We can also expect from artists a form of action that offers a use value at the heart of the creative act itself, there where others see nothing more than a step in the process of subservience to surplus value and the profit of visitor attendance. Just as we can expect an exhibition value from curators that is not limited to a mere exchange value that obfuscates the works exhibited in the name of a spectacle of the institution.

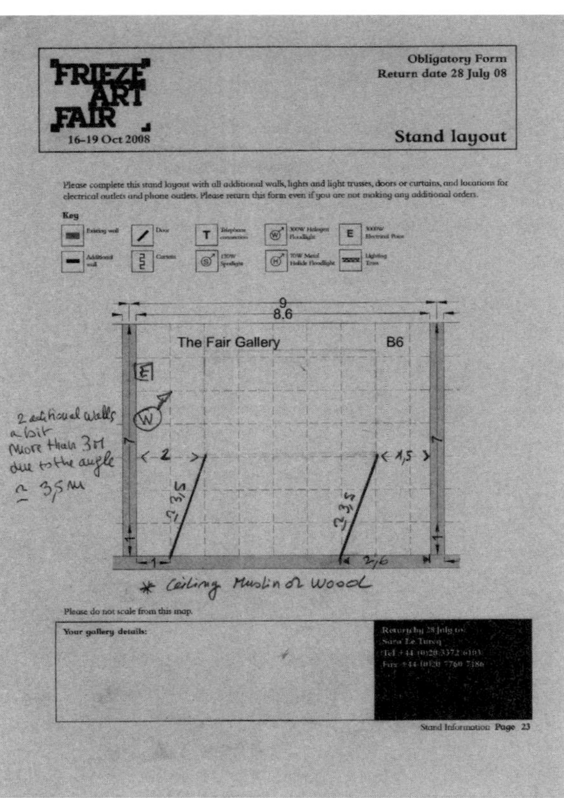

FRIEZE ART FAIR
16–19 Oct 2008

Obligatory Form
Return date 28 July 08

Stand layout

Please complete this stand layout with all additional walls, lights and light trusses, doors or curtains, and locations for electrical outlets and phone outlets. Please return this form even if you are not making any additional orders.

Key

Existing wall · Door · Telephone connection · 300W Halogen Floodlight · Electrical Point
Additional wall · Curtain · 150W Spotlight · 70W Metal Halide Floodlight · Lighting Truss

Please do not scale from this map.

Your gallery details:

Return by 28 July to:
Sara Le Turcq
Tel +44 (0)20 3372 6103
Fax +44 (0)20 7760 7186

Stand Information Page 23

[fig 6] Stand layout form for Frieze Art Fair, London, 2008

outrance, que l'économie et la politique nous imposent un point de vue hégémonique sur la réalité qui est un phantasme puisqu'il est fondé sur une économie des simulacres.

On est alors en droit d'attendre que l'art dans son travail élucide toutes les formes avancées que ce phénomène peut prendre aujourd'hui, à l'heure où disparaissent les produits au profit des services et où la forme la plus abouti de la dématérialisation est réalisée par le capitalisme. On peut aussi attendre des artistes une action qui propose une valeur d'usage au cœur même du processus de création là où d'autre ni voit qu'une étape en attente d'être soumise à la plus-value et au bénéfice de la fréquentation. Comme on peut attendre des commissaires une valeur d'exposition qui ne se limite pas à une simple valeur d'échange qui occulte les œuvres au profit de la valeur spectacle de l'institution.

LÁ RAISON PERVERSE

J'ai déjà donné à l'occasion du projet d'exposition "La Monnaie Vivante" de nombreux exemples des réponses apportées par les artistes aux questions que je soulève dans le précédent paragraphe. J'ai aussi, toujours à l'appui des textes de Klossowski, décrit la stratégie employée par ces artistes. Il me semble qu'ils répondent aux injonctions de la sphère industrielle par la perversion, c'est-à-dire par la transgression du langage logiquement structuré des normes et des institutions. Les artistes agissent à mon avis dans ce sens non pas pour critiquer les institutions (privés ou publiques) mais pour démontrer que d'elles-mêmes, en imposant une hiérarchie aux impulsions, les institutions assurent le triomphe de la perversion. Se dessinent alors deux formes de perversion, celle des institutions qui en nie l'existence et qui essaie de la faire passer pour une vertu et celle de l'art qui en connaît la genèse et qui en assume tous les risques et les conséquences.

LA CONTINGENCE

Avant de conclure il me semble intéressant de citer l'hypothèse de Quentin Meillassoux, un jeune philosophe français qui donne un éclairage intéressant à ce qui vient d'être développé:

Il s'agirait de faire de la contingence la propriété absolue de tout étant, loi aussi bien que chose, qu'une raison redéfinie, une raison émancipée du principe de raison, aurait pour charge de concevoir et de décrire. Se présente l'idée d'un Platonisme inversé, plutôt que renversé: un Platonisme qui ne soutiendrait pas que la pensée doit se libérer de la fascination du phénomène toujours changeant pour accéder à l'immutabilité de l'idée mais qui soutiendrait que la pensée doit se libérer de la fascination pour le fixisme phénoménal des lois en sorte d'accéder à un Chaos purement intelligible capable de détruire et de produire sans raison les choses autant que les lois des choses.

LE PRIX À PAYER

Enfin pour revenir à la raison pour laquelle je me réfère à Pierre Klossowski plutôt qu'à Marx et Freud, c'est bien sûr pour éviter de réduire mon propos à un clivage idéologique obsolète. Mais c'est surtout parce qu'en faisant le pari de décrire l'économie des impulsions à partir de Sade et Fourier plutôt que d'après Marx et Freud, Klossowski

Perverse Reason

For the exhibition project "La Monnaie Vivante" (Living Currency) I gave a number of examples of artists' responses to the questions raised in the previous paragraph. With reference to texts by Klossowski, I also described the strategies these artists employ. It appears to me that they respond to the constraints of the industrial sphere through a strategy of perversion, transgressing the logically structured language of norms and institutions. Artists react in this way, to my mind, not in order to criticize (private or public) institutions, but in order to demonstrate that institutions assure the triumph of perversion by imposing a hierarchy on creative impulses. Two forms of perversion can thus be distinguished: a perversion within institutions, which deny its existence and pass it off as a virtue, and one that is appropriate to art, which recognizes its origins and assumes all the risks and consequences.

Contingency

Before concluding, I think it is interesting to quote the argument of a young French philosopher, Quentin Meillassoux, who gives an interesting perspective on what I have been developing here:

> It is a question of making contingency the absolute property of being, both as a law and a thing, and which a redefined reason, a reason emancipated from the principle of reason, would have the responsibility to conceive and describe. This gives rise to the idea of an inverted – as opposed to overthrown – Platonism; a Platonism that does not maintain that thinking must liberate itself from the fascination with an ever-changing phenomenon in order to accede to the immutability of the idea, but instead maintains that thinking must liberate itself from the fascination with the phenomenal creationism of laws in order to accede to a purely intelligible chaos capable of destroying and producing, without reason, things as much as laws.

The Price to Pay

Finally, to return to the reason for my reference to Pierre Klossowski, rather than Marx and Freud, I have chosen Klossowski in order to avoid reducing my argument to an obsolete ideological debate. But this choice is above all motivated by the fact that having staked out his description of "the economy of impulses" by following Sade and Fourier rather than Marx and Freud, Klossowski reveals to all that beyond the political, nothing in the flux of impulsive life appears truly gratuitous; that voluptuous emotion in its very becoming is in no way gratuitous, but implies appreciation, value and excess – in other words, there is a price to pay. In conclusion, nothing is more opposed to pleasure than gratuity.

* * *

The length of this introduction in effect indicates that the project in which I wish to invite you to participate has already begun. My intentions are numerous, but the first consists of engaging in a dialogue with you on the basis of the points that I have outlined in the attached proposal, the content of which should not be considered definitive.

To be clear, it is obvious that I wish those who accept the general ideas to remain as close to the outline as possible. However, I have deliberately limited the

[fig 7] Deimantas Narkevičius, *White Revenge*, 2008.
Courtesy gb agency, Paris and Jan Mot, Brussels

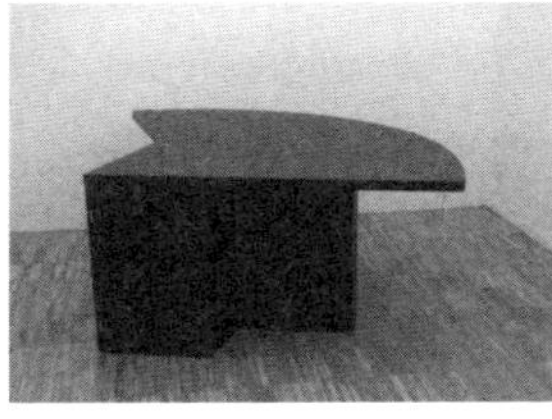

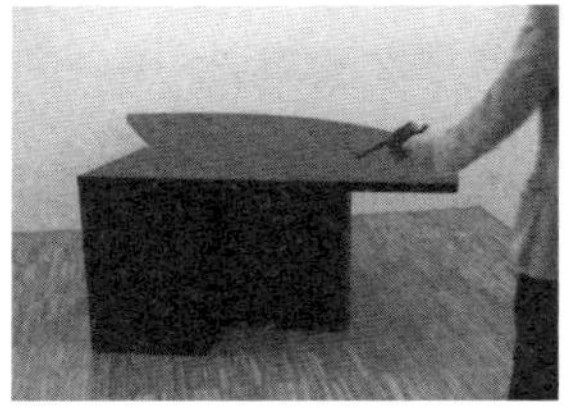

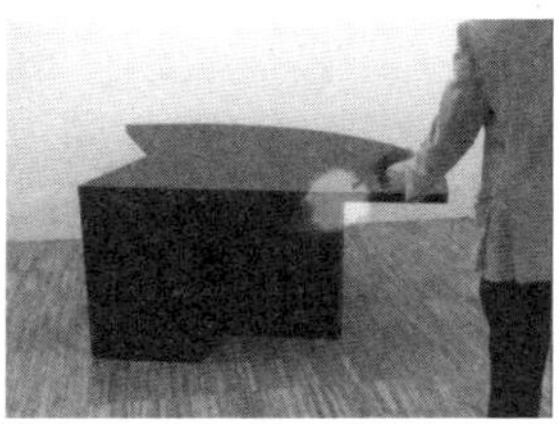

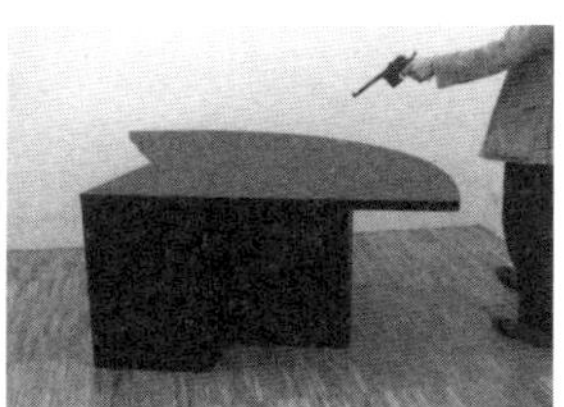

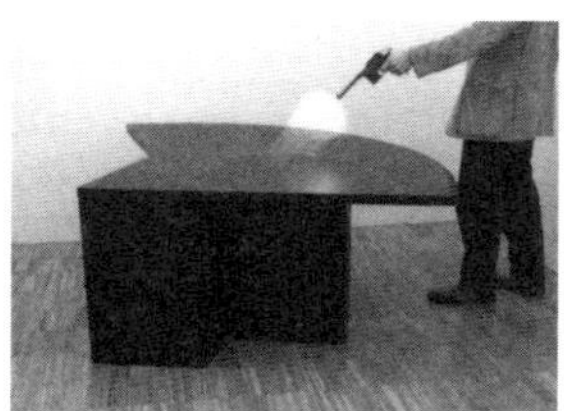

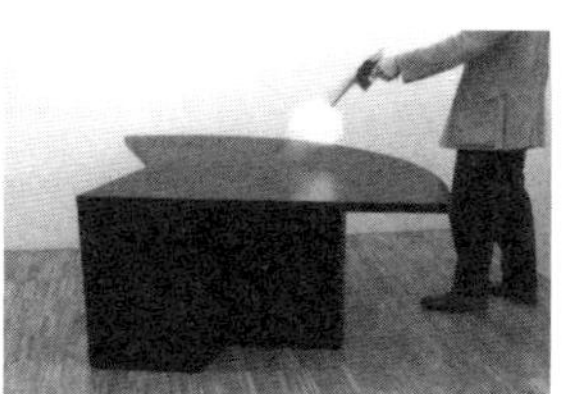

montre à tous, au-delà du politique que rien dans la vie impulsionnelle ne semble proprement gratuit, que l'émotion voluptueuse dans sa propre genèse n'est nullement gratuite, mais suppose l'appréciation, la valeur et la surenchère – donc le prix à payer. Pour conclure, que rien n'est plus contraire à la jouissance que la gratuité.

La longueur de cette introduction indique en faite que le processus du projet auquel je vous propose de participer a déjà commencé. Mes intentions sont nombreuses mais la première est d'engager avec vous un échange sur la base des points qui sont listés dans ma note d'introduction, sans pour autant considérer comme définitif son contenu.

Pour être clair, il est évident que je souhaiterais pour ceux qui en acceptent l'idée générale rester au plus près de l'énoncé de mon introduction. J'ai limité volontairement les détails pour que ce point de départ reste ouvert et qu'il se transforme en fonction de toutes les réactions. Le titre du projet lui-même reste un titre de travail qui peut être amené à changer.

Ma proposition est fondée sur un processus dont on ne peut connaître le résultat à l'avance et c'est ce que je souhaite partager avec vous les autres artistes et les galeries et très certainement après avec le public des collectionneurs des professionnels et des amateurs.

J'ai évoqué de nombreux points soulevés par cette proposition dans mon introduction. J'aimerais pouvoir continuer à le faire avec vous et sur la base de vos réactions en particulier sur des questions que je n'ai pas abordées comme l'origine de ce projet, les références artistiques qu'ils actives, ma position en tant que commissaire et évidement les raisons de mon choix de vous inviter à y prendre part.

Je souhaiterais que chacun prenne le temps de répondre ou de poser des questions par des textes travaillés, c'est-à-dire éviter l'effet chat trop allusif. Si par contre l'un d'entre vous préfère une conversation en direct plutôt que passer par l'écrit, je propose alors qu'on organise une rencontre.

Bien à vous,
Pierre Bal-Blanc

[Tr.III]

BENOÎT MAIRE

Cher Pierre,

Pour ce qui concerne ces questions, quelques souvenirs me viennent à l'esprit, en premier lieu Marcel Broodthaers et le carton de sa première exposition où il avait sérigraphié sur une publicité un petit énoncé disant en gros que lui aussi pouvait faire des objets jolis pour les mettre dans une galerie et les vendre pour de l'art. Plus récemment je parlais avec Reto Pulfer à Amsterdam pour une exposition au SMBA, et je lui disais que j'étais bien content d'avoir parlé avec Arthur Danto en 2006 et d'avoir enregistré ça et fait une sorte de vidéo, car ainsi comme cette "pièce" s'est retrouvée dans l'expo, on m'a payé un petit weekend à Amsterdam, et comme il y faisait fort beau, j'étais bien content d'y être. Je demandais à Reto ce qu'il comptait faire pour sa prochaine exposition personnelle à Paris et il me disait qu'il aimerait bien prendre un canapé dans la rue et le mettre dans la galerie. Alors, après avoir brièvement échangé ces quelques propos on a bien rigolé, et c'était agréable

details in order for the project to remain open so that it can be transformed according to the responses it receives. The title of the project remains a working title, which can be changed if necessary.

My proposal is based on a process, the results of which cannot be ascertained in advance, and this is what I wish to share with you, along with the other artists and the galleries and, of course, with the public of the Frieze Art Fair.

I have discussed a number of points that are in the proposal in my introduction. I would be very pleased to continue to discuss them with you and, on the basis of your response, in particular to address the questions that I have not broached here, such as the origin of the project, the artistic references that they elicit, my role as curator and obviously the reasons for choosing to invite you to participate.

I hope each artist will take the time to respond in writing or to raise questions, but will avoid the informality of a chat, which is often too elusive. If on the other hand you would prefer to discuss the project directly with me, I would be happy to arrange a meeting.

Kind regards,
Pierre Bal-Blanc

BENOÎT MAIRE

Dear Pierre,

Concerning the questions you raise, here are some memories that come to mind. Firstly, Marcel Broodthaers and the invitation card for this first exhibition, for which he screen-printed a small statement on an advertisement and declared, roughly, that he too could make beautiful objects and put them in a gallery and sell them as art. More recently, I spoke with Reto Pulfer, who was in Amsterdam for an exhibition at SMBA, and I told him how happy I was to have spoken to Arthur Danto in 2006 and to have recorded it and made it into a sort of video, because, as this piece was in the exhibition, I was being given a small expenses-paid weekend in Amsterdam, and, as the weather was beautiful, I was happy to be there. I asked Reto what he was planning for his next solo show in Paris, and he told me that he wanted to take an abandoned couch from the street and put it in the gallery. Well, after having had this brief exchange we had a laugh together and it was very nice to be there in Amsterdam with the other artists from the exhibition, a really perfect situation and the exhibition was very interesting. What is being said in what I'm describing here? I really don't think it is a question of the readymade, nor is it a question of the gallery as a space of vulgar commercial sacralization. I really think, and this must be a difference between Broodthaers and my generation, that it is a strange sensation making art, and it has a price. It combines two different values: one symbolic and the other commercial.

But, in the end, the value of things and the commercial aspect don't interest me at all, it is really not a subject that I'm interested in. Though perhaps this will change in the future.

For example, I remember when I began studying philosophy, I was surprised that a friend of mine should do so much research on time when all I was interested in was the constitution of the subject. I wondered how someone would want to devote themselves to studying time; it seemed to me to be a subject of very little interest. Yet, over the last three or four years, through the concept of the end

[fig 8, 9] Deimantas Narkevičius, *White Revenge*, 2008.
Courtesy gb agency, Paris and Jan Mot, Brussels

preuve de son usage en encourageant les échanges avec cette population. Les débats suscités par l'acte de dé-création entre les élus et le lieu artistique et son public furent aussi intenses et pertinents pour la médiation de l'œuvre de David Lamelas que ceux qui ont accompagné sa construction. *Réversibilité* prolonge ce constat en essayant d'en comprendre les enjeux.

PEUT-ON FAIRE DE L'ART QUI NE SOIT PAS UNE ŒUVRE?

Réversibilité: Un Théâtre de la Dé-Création est un projet dont le premier volet a eu lieu lors de la Frieze Art Fair à Londres en 2008. À cette occasion, j'ai interrogé sous forme d'exposition la notion de "médiation" des œuvres qui est par ailleurs une fonction qu'on attribue à un commissaire d'exposition. Ce travail de médiation peut prendre la forme d'une exposition, celle d'un texte, celle d'une mise en scène ou celle d'une chorégraphie, peu importe, il s'agit de faire le choix d'une conversion temporaire des œuvres dans un autre modèle cognitif pour permettre au public d'approcher le travail d'un ensemble d'artistes. Pour un commissaire indépendant invité dans un contexte commercial, le choix de l'outil de médiation des œuvres se confronte à celui dominant qui est instauré par le modèle de la foire d'art contemporain: la conversion en valeur monétaire et la médiation par l'argent. Comme par anticipation du crash boursier d'octobre 2008, à Londres, la capitale financière européenne et dans le cadre de Frieze Art Fair qui représente la version

[→ pag 18]

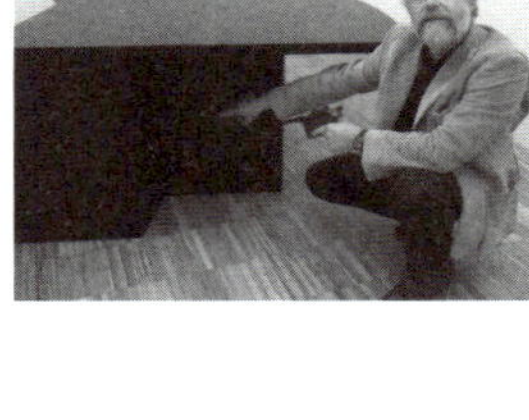

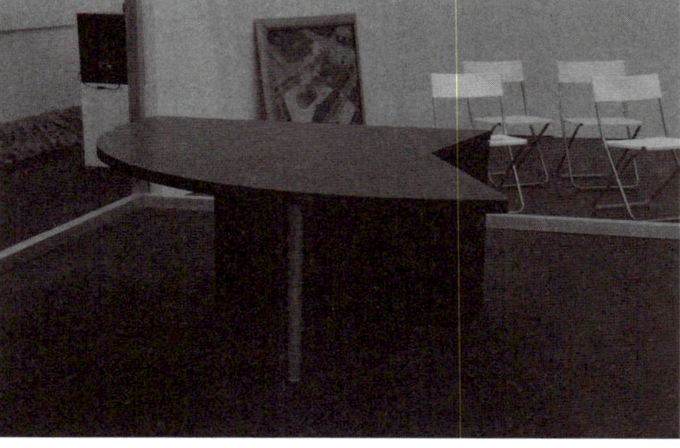

[fig 1] Destruction of David Lamelas' *The Screen Effect*.
CAC Brétigny, 2008

d'être à Amsterdam aussi avec les autres artistes de l'exposition, vraiment tout était parfait, et l'exposition très intéressante. Ces quelques choses, que disent-elles, au fond je crois qu'il ne s'agit pas de question de ready-made, ou de l'espace de la galerie comme sacralisation commerciale du tout-venant, vraiment je crois et ça doit être différent pour Broodthaers et les gens de ma génération, qu'il y a un sentiment très bizarre à faire de l'art et que cela ait un prix, ça met en relation deux valeurs, l'une symbolique et l'autre commerciale. Mais en définitive la valeur des choses, et l'aspect commercial ne m'intéresse absolument pas, ce n'est vraiment pas un sujet de préoccupation pour moi, mais peut être que dans le futur ça le deviendra. Par exemple je me rappelle qu'au début de mes études de philosophie j'étais très étonné qu'une amie fasse beaucoup de recherches sur le temps, moi tout ce qui m'intéressait c'était la question de la constitution d'un sujet. Je me demandais comment peut-on vouloir réfléchir sur le temps, cela me semblait une question vraiment peu intéressante, puis depuis trois ou quatre ans, par le biais du concept de fin de l'histoire je n'ai cessé d'essayer d'approcher le concept de temps, par mon exposition "Le Présent" avec Etienne Chambaud ou par *The Repetition* notamment. Maintenant avec mon concept du copiste, j'essaie de faire une synthèse neuve d'un rapport au temps et à l'histoire, donc toujours les sujets d'études évoluent et se déplacent. Pour l'instant j'ai juste une curiosité bizarre au fait de voir des gens acheter des choses que j'ai faites, mais j'en suis content car ainsi je n'ai pas besoin de travailler au sens fort du terme, car j'estime que je ne travaille pas ou alors que je travaille absolument. Travailler absolument peut s'entendre comme par exemple être attentif, disons que être attentif, ou tranquille, ou bien disons que calmer ses instincts et niveler son humeur, disons en fait être Zen, oui, c'est ça!: être dans un état méditatif pour moi c'est ça travailler absolument, c'est-à-dire être capable de regarder un lustre en nacre pendant une heure ou deux sans rien faire d'autre que laisser vagabonder son esprit, pour moi c'est du beau travail, ensuite je peux tracer quelques lignes empruntées à une rature de John Keats sur une planche de sapin, ça prend 45 secondes de temps, mais avant j'ai lu une phrase de Keats pendant 2 heures. En fait travailler c'est comme être plein. Le problème maintenant c'est que je suis toujours plein, parce que j'ai trop de choses à regarder, j'aime bien vendre une œuvre quand j'ai fini de la regarder, mais parfois je n'ai pas le temps de la regarder assez longtemps pour savoir si je peux la vendre ou pas. Car j'ai quand même l'impression que ce qui finit une œuvre c'est qu'elle soit achetée, ça c'est très bizarre. Et peut-être que cette impression va s'estomper avec le temps. Par exemple mon entretien avec le faux philosophe Planchard par exemple n'a jamais était acheté, parce que c'est pourri techniquement aussi, mais je l'ai revu il y a pas longtemps, ça date d'il y a deux ans, et ça a vraiment très bien vieilli. Je sais pas je crois que ce que l'on m'achète quand on m'achète une œuvre c'est du temps de regard, parce que en fin de compte je ne fais jamais des œuvres très techniques ou très longues à faire, par contre je passe du temps à être attentif à des choses autres. On m'achète donc de l'attention. Et puis on m'achète aussi des choses qui me vident, car ainsi je n'ai

of history, I've been constantly dealing with the concept of time, notably, with Etienne Chambaud or particularly in *The Repetition.* With my concept of the copyist, I'm currently attempting a new synthesis of the relation between time and history. So subjects are always evolving and shifting. For example, I quite frankly have a strange curiosity watching people buy things I've made, but I'm happy with this because it means I don't have to work in any real sense of the term, as I don't really believe I work or, alternatively, I work absolutely. To work absolutely can, for example, be understood as being attentive: in other words, being attentive, or calm, or again, calming one's instincts and feelings; in other words, in fact becoming Zen – yes, that's it! Being in a state of meditation, for me, means working absolutely; in other words, being capable of looking at a mother-of-pearl chandelier for an hour or more without doing anything other than letting one's mind roam. For me this is well-done work. Then I can trace a couple of lines taken from a deleted passage from John Keats onto a plank of pinewood, it takes 45 seconds, but beforehand I will have read a sentence from Keats for two hours. In fact, to work is like being full. The problem now is that I'm always full because I have too many things to look at. I like to sell a work when I've finished looking at it, but sometimes I don't have enough time to look at it in order to decide if I want to sell it or not. Because nonetheless, I have the impression that it is in being sold that a work is completed – this is very strange. And perhaps this impression will diminish with time. For example, my interview with the fake philosopher, Planchard, was never bought, also because it is technically shoddy, but I had the chance to see it again not so long ago, it's a work I did two years ago, and it has aged really very well. I don't know, but I think that when someone buys something from me, when someone buys one of my works, they're buying the time spent looking at it, because in the end I never make very technically complex works, or works that take a long time to make; on the other hand, I spend a lot of time being attentive to other things. So what one buys from me is attentiveness. The things I sell are also things that leave me empty, because then I no longer have to look at them. This dialectic of fullness and emptiness is interesting. What I want is to be empty, in order to fill myself with whatever I want, but there is never enough time without anything to do in order to be finished with looking at all the things that I have to look at.

Well, I really write what comes to mind in trying to remain close to the issue you raise. For me, I see the relation with time, in regard to the financial question. I haven't read a lot of Klossowski, but I very much like his drawings. On the other hand, I've read Lyotard's *Libidinal Economy* and I think there is a link. Recently I was also at a lecture by Slavoj Žižek and he said that capitalism is a machine that functions with any narrative. I think that capitalism, or progress, isn't something human. I think it is something technological, in the deep sense of *Gestalt*, as it is with Heidegger, and as in science fiction films I think that technology will outdo man. It's stupid to say things this way, but it is as if technology were using man in order to develop itself. With progress, it is no longer man who serves man, but man who serves technology, at least until the moment when it will become independent. Then probably another form of life will use technology in order to come into existence, and so on, and the chain can then continue. Truly, when I look at a country road and I see lampposts next to trees, I think to myself "a lamppost is really an awful object when you compare it to a tree," but if through scientific progress we can arrive at making lampposts with cells and nanotechnology in such a way that we can no longer distinguish between a natural thing (a tree) and a technical thing (a lamppost), then the distinction is obsolete and technology will have evolved. So I think I like the idea of regression, of not consuming technically evolved things; technical regression, I think, is the path to human progress. Then, I think it is a good idea if collectors buy art, because, ideally, it allows me to live my life. Basically I

la plus spéculative d'une foire, j'ai invité les artistes participant au projet à dé-créer une ou plusieurs de leurs œuvres. Cette proposition de médiation s'accompagnait des échanges de courriers entre tous les protagonistes du projet, y compris les représentants et les employés des galeries.

Mon intention n'était pas seulement d'inviter les artistes à détruire gratuitement leurs œuvres pour en faire la médiation, même si cette option restait possible et qu'elle constitue en soi une contradiction intéressante par rapport aux attentes d'un commissariat qui sont par exemple de contribuer à faire progresser la plus-value des œuvres. On peut se reporter à ce sujet au contenu du texte de Boris Groys "The Curator as Iconoclast"[2] auquel je fais référence dans mes échanges avec Benoît Maire ou à l'œuvre *White Revenge* de Deimantas Narkevičius qui engage le conservateur du Musée Royal de l'Armée et de l'Histoire Militaire de Bruxelles à tirer plusieurs coups de feu sur la réplique d'un bureau de El Lissitzky. Mon souhait était aussi de proposer aux artistes de réfléchir avec moi au meilleur moyen de médiation de leur travail dans ces circonstances. En effet comment être pertinent pour parler de création dans un contexte qui subordonne cette notion au prix qu'elle représente et qui monopolise toute l'attention sur ce prix? L'intention que j'ai formulée ne propose pas pour autant de rompre totalement avec la logique commerciale. La commercialisation n'est pas en cause en soi, c'est son caractère hégémonique qui l'est. Le contenu du protocole précise d'ailleurs que les matériaux des œuvres dé-créées restent en vente. L'impératif de dé-création proposait d'inverser le processus des œuvres, en laissant une liberté totale au choix du rétro-processus, pour en extraire le travail des artistes. Pour le résumer plus simplement, ma proposition était une façon de "reparler" d'art dans un contexte qui se sert de l'art pour parler d'autre chose. Les échanges avec les artistes et les galeries autour de la dé-création convertis en dialogue et lus à voix haute sur le stand par un jeune étudiant en art de la Central Saint Martins College of Art and Design pendant toute la durée de la foire ont permis aux visiteurs d'être confrontés à la notion de création par l'intermédiaire de définitions, de concepts et de stratégies: la déconstruction, la destruction, la dématérialisation, la *site specificity* qui sont propres à l'art et qui l'excèdent. Le détail des échanges renseignait sur l'environnement, les propositions des artistes et la présence des éléments qui constituaient le contenu du stand.

A ce titre on peut donner en exemple les informations concernant les peintures de Rafał Bujnowski qu'il crée à l'origine en tant que bannières au profit de différents groupes d'activistes avec la simple condition qu'il puisse les récupérer après leur usage par les manifestants pour les tendre sur châssis et les présenter dans un espace d'exposition. Mon invitation à reconduire l'expérience à l'envers en dé-

[→ pag 22]

[fig 2] Destruction of David Lamelas' *The Screen Effect*. CAC Brétigny, 2008

plus à voir ce que l'on m'achète. Mais cette dialectique du plein et du vide est intéressante, ce que je veux c'est être vide, pour pouvoir me remplir de ce que je veux, mais il n'y a jamais assez de temps sans rien à faire pour avoir fini de regarder toutes les choses que je dois regarder. Bon, j'écris vraiment comme ça me vient en essayant d'être dans la problématique, moi donc je vois le rapport au temps, au regard pour ce qui est de la question financière. J'ai pas tellement lu Klossowski, mais j'aime beaucoup ses dessins, par contre j'ai lu *L'Économie Libidinale* de Lyotard et je crois que c'est lié, récemment j'étais à une conférence de Žižek aussi, et il disait que le capitalisme était une machine qui fonctionnait avec n'importe quel récit. Je crois que le capitalisme ou le progrès ce n'est pas quelque chose d'humain, je crois que c'est quelque chose de technique, au sens profond de *Gestalt* comme chez Heidegger, et comme dans les films de science-fiction je crois que la technique va dépasser l'homme, ça fait vraiment stupide de dire les choses ainsi, mais c'est comme si la technique se servait de l'homme pour se développer mais que ce n'est plus l'homme que sert l'homme avec le progrès mais bien la technique, jusqu'au moment où elle sera indépendante. Ensuite sans doute qu'une autre forme de vie se servira de la technique pour apparaître etc, la chaîne peut continuer. Vraiment quand je regarde une route de campagne et que je vois un lampadaire à côté d'un arbre, je me dis que le lampadaire est vraiment un objet pourri par comparaison à un arbre, mais que si avec le progrès de la science on arrive à fabriquer des lampadaires avec des cellules et des nanotechnologies de telles sortes que l'on arrive plus à distinguer une chose naturelle (l'arbre) d'une chose technique (le lampadaire) alors la distinction sera caduque et la technique sera évoluée. Donc je pense que j'aime bien l'idée de la régression, de ne pas consommer des choses évoluées techniquement, la régression technique je crois que c'est la voie pour le progrès de l'humanité. Après que des collectionneurs achètent de l'art je trouve ça très bien car dans l'idée ça me permet de vivre ma vie, au fond je n'ai pas grand-chose de plus à dire. Pour le stand j'aimerais bien exposer des choses que j'ai faites et que j'ai seulement regardées assez longtemps. Je crois que je voudrais aussi montrer des choses pauvres techniquement, c'est un peu mon éthique de travail. Hier je me suis rendu compte que j'avais regardé vraiment longtemps ma plante exotique sur laquelle j'avais collé une photographie un peu publicitaire!; et je me suis dit que c'était vraiment une bonne œuvre, j'en suis certain maintenant et j'aimerais beaucoup pouvoir la vendre, pour m'en débarrasser, car c'est une bonne chose.
Tiens tu peux voir sur cette image ce que c'est en fait ça s'appelle *Les Vacances, Exclusion de la Tautologie N°5*. Je trouve que c'est une œuvre au contenu politique car ça articule le désir d'évasion et le glamour (présent sur la photo) à ce que tout le monde a chez lui, une pauvre plante acheté chez Ikea, qui est juste l'image pauvre de ce désir de glamour et d'exotisme. Ensuite c'est aussi une œuvre conceptuelle car je colle une représentation de palmier idéale sur un palmier pourri d'appartement, c'est une sorte de tautologie, et je n'aime pas les tautologies, car c'est pour moi l'obstacle absolu de la pensée (voir ma com-

don't have anything more to say. For the stand, I would like to exhibit things that I have done and that I have simply spent a lot of time looking at. I think I would also like to show things that are technically poor; this is something of my work ethic. Yesterday I realized that I had spent a really long time looking at a tropical plant on which I had glued a commercial-like photograph! And I thought to myself that it was a really good work. I'm now certain of it and I would very much like to sell it, in order to get rid of it, because it's a good thing. By the way, in this image you can see what it is: in fact it's called *Holidays: Exclusion of Tautology N°5.* I see it as a work with political content, because it conveys the desire for escape and glamour (present in the photo), and it is something everybody has in their home: a poor plant bought at Ikea, which is just a poor image of the desire for glamour and exoticism. It is also a conceptual work, because I glued a representation of an ideal palm tree onto a decaying household palm tree, which is a tautology of sorts, and I don't like tautologies, because for me tautologies are the ultimate obstacle to thinking (see my public street work *Tautology is the Obstacle*). Besides, I thought I could also show the documentation from this event. Then, I thought that my white paintings also deal with time; I can do one on a day when I'm bored, as sometimes I get very bored, and boredom isn't a very nice feeling, but what comes out of the feeling of boredom is very necessary for me, what is by definition unproductive, because when I'm bored, I transform what I don't want to do into a painting. So here are a couple of photos of my works. I imagine that perhaps you want to do something else altogether and base things on a process of deconstruction of the artwork, but my thoughts are now more based on the creation of works rather than written reflection, so I suggest that you reflect on the works that elaborate on my relation to what your text outlines or at least on what I understand of it.

Holidays: the Exclusion of Tautology N° 5, house plant, paper, 90 x 30 x 30 cm, 2007

See you soon.
Sincerely,
Benoît

PRATCHAYA PHINTHONG

Dear Pierre Bal-Blance,
Thank you very much for the invitation, and i do really appreciate to be included to your proposal "The Fair Gallery".
I learn from gb agency that you would like to include a painting,and It would be nice to begin discussion with you regarding your instruction, "it will be re-create (or disassembled) and left in the place during the opening of the Frieze Art Fair or alternatively progressively disassembled during the fair's duration.
Best Regards,
Pratchaya

Ps: I am sorry for slow reply, i just come back from the wood.

DEIMANTAS NARKEVIČIUS

Dear Pierre,

Thank you for your message and for the invitation to collaborate on the "fair" project.
Would it be possible for you to meet at 4pm on Thursday? I'll be staying just of Boulevard de Mogenta, very close to Republique. Would it be good somewhere there?

munication faite dans la rue *L'Obstacle est la Tautologie*) d'ailleurs je me dis que je pourrais très bien montrer la documentation de cette événement aussi. Ensuite je me dis aussi que mes peintures blanches aussi traitent du temps, je peux en faire une un jour où je m'ennuie, car parfois j'arrive à m'ennuyer assez fort, et c'est pas agréable l'ennui mais vraiment nécessaire pour moi, ce qui résulte de cet ennui, donc ce qui est par définition anti-productif, car quand je m'ennuie c'est que je ne veux rien faire en définitive je le transforme en une peinture.

Donc voici quelque photos de ces pièces, je pense que peut-être tu veux faire tout autre chose et plus baser les choses sur un processus de déconstruction d'un travail d'art, mais ma réflexion maintenant s'élabore davantage par la mise en forme de pièces plutôt que par la réflexion écrite, donc je te propose de réfléchir à partir de ces pièces qui articulent ma relation à ce que ton texte d'intention articule ou du moins à ce que j'en perçois.

Les Vacances, Exclusion de la Tautologie N°5, plante, papier, 90 x 30 x 30 cm, 2007.

A bientôt,
Sincèrement,
Benoît

[Tr.IV]

DOMINIQUE PETITGAND

Cher Pierre,

Merci pour ton mot sur Bâle, et merci pour ta proposition.

Je peux te répondre vite que je ne souhaite pas participer à ton projet, hélas, je ne m'y reconnais pas, plastiquement, pratiquement, économiquement.

La dispersion, je l'aborde dans ma pratique par les éditions chez les disquaires, à la radio et sur internet, par mes diffusions sonores dans des lieux en dehors du monde de l'art, l'appropriation de mes phrases, dans l'oreille des auditeurs, dans leur vie (des phrases qui restent en tête), est aussi une forme de dissémination, la déconstruction, j'y travaille également, par les entretiens, les écrits annexes (dernièrement, *Les Pièces Manquantes*), par les rares pièces, au statut documentaire, où je reprends mes montages et les mets en perspective en les commentant (par exemple, le cd qui accompagne le catalogue que j'ai fait en 2001 avec gb), je me sens parfois proche des idées que tu souhaites mettre en avant,seulement, j'y réponds à ma manière,en questionnant les supports et les contextes de chacune de mes interventions, en construisant à chaque fois une forme qui affirme son ouverture, sa fragilité (prête à éclater), ses silences, en même temps que sa tension et sa force, et surtout en souhaitant que tout ce chemin de la réversibilité et de la "décréation" soit, justement, propre à chaque

Looking forward.

Best regards,

Deimantas

DOMINIQUE PETITGAND

Dear Pierre,

Thank you for your remark concerning Basel,
and thank you for your proposal.

I can reply straight away by saying that I don't wish to take part in your project. Unfortunately I don't relate to it aesthetically, practically or economically.

I deal with the question of distribution in my practice through editions sold in record stores, through the radio and the Internet, and through my sound works in various locations outside the art world. The appropriation of my sentences through the ears of listeners, in their lives (sentences which remain etched in the mind) is also a form of dissemination.

I also work with deconstruction: through interviews, supplementary texts, most recently with *Les Pièces Manquantes* (The Missing Pieces), through rare works that have a documentary status, where I return to my collages and put them in perspective by way of commentary (for example, the CD which accompanies the catalogue that I did in 2001 with gb).

At times, I feel close to the ideas that you wish to put forward, only I respond to them in my own way, in questioning the medium and context of each of my projects: by creating, each time, a form that asserts its openness, its fragility (ready to fall apart) and silences, at the same time as its tension and its force – and especially in hoping that the path of reversibility and "de-creation" will be, precisely, proper to each listener, whether it be the result of listening, intimate experience or the confusion of the listener's thoughts, at the same time that a choice is given to appropriate the work as if it were a favorite song.

Many thanks for thinking of me and I wish you all the best for your wonderful idea.

Best wishes,
Dominique Petitgand

DEIMANTAS NARKEVIČIUS

Dear Pierre,

It was good to talk with you in Paris.

Here I am sending a couple of examples of tables by Perriand for the project in London. Yet I could not find a good image by an object by Jean Prouvé.
I was thinking about doing shooting trough his object called Table M21.

Regarding the conceptual frame of the project, I think the tables should

[fig 10] "The Fair Gallery," installation view. Frieze Art Fair, London, 2008

[fig 11] Pratchaya Phinthong, *No patents on ideas*, 2005. Courtesy: gb agency, Paris

sencadrant les peintures pour les réinvestir en tant que bannières d'une manifestation anachronique dans les couloirs de la foire et son parc de sculptures à l'extérieur sera d'ailleurs poliment bloquée par le service d'ordre avec l'argument que la performance n'avait pas fait l'objet d'une demande d'autorisation préalable (ce qui en dit long sur l'exercice policé de l'art au sein des foires commerciales).

> "C'est la monnaie et le marché, la vraie police du capitalisme."[3]

Si aucun des artistes n'a suivi le protocole à la lettre, préférant proposer des versions qui suivent un rétro-processus tout en conservant leur statut d'œuvre, si aucun client ne s'est porté acquéreur des matériaux d'une œuvre dé-créée malgré l'offre proposée sur le stand (par exemple l'offre d'acquérir les matériaux utilisés pour les œuvres de David Lamelas ou d'Andrea Büttner, non réutilisables à l'issue de la foire), cela n'invalide pas le processus engagé pour autant. Cela nous renseigne plutôt sur les réticences des artistes à accepter l'expropriation de leur droit en tant qu'auteur, même si c'est au bénéfice d'une valorisation du contenu de leur travail. Une valorisation du contenu de leur travail qui, elle, échappe à une commercialisation directe pour privilégier en définitif une médiation des processus

[→ pag 24]

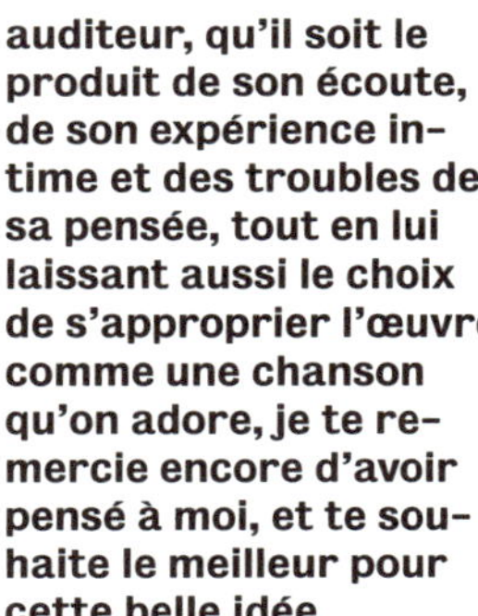

auditeur, qu'il soit le produit de son écoute, de son expérience intime et des troubles de sa pensée, tout en lui laissant aussi le choix de s'approprier l'œuvre comme une chanson qu'on adore, je te remercie encore d'avoir pensé à moi, et te souhaite le meilleur pour cette belle idée.

Amicalement,
Dominique Petitgand

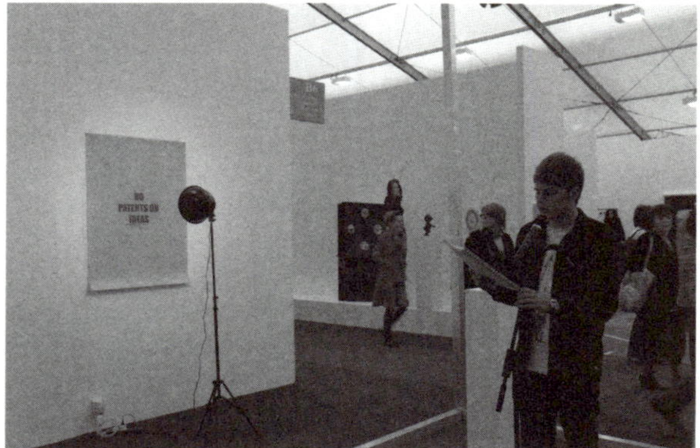

[fig 3, 4] Destruction of David Lamelas' *The Screen Effect*. CAC Brétigny, 2008

be restored after the shooting. Perhaps, some traces of the bullet marks could remain.

With best regards,

Deimantas

PRATCHAYA PHINTHONG

Dear Pierre,
The attachment was demonstration image of a piece "no patents on idea" that i made for exhibition "Platform", 2006 at Queens gallery in bangkok.

"no patents on idea" Thomas Jefferson, letter to Isaac McPherson, 13 August 1813

Thomas Jefferson to Isaac McPherson

13 Aug. 1813

It has been pretended by some,(and in England especially,) that inventors have a natural and exclusive right to their inventions, and not merely for their own lives, but inheritable to their heirs. But while it is a moot question whether the origin of any kind of property is derived from nature at all, it would be singular to admit a natural and even an hereditary right to inventors.

It is agreed by those who have seriously considered the subject, that no individual has, of natural right, a separate property in an acre of land, for instance. By an universal law, indeed, whatever, whether fixed or movable, belongs to all men equally and in common, is the property for the moment of him who occupies it, but when he relinquishes the occupation, the property goes with it.

Stable ownership is the gift of social law, and is given late in the progress of society. It would be curious then, if an idea, the fugitive fermentation of an individual brain, could, of natural right, be claimed in exclusive and stable property.

If nature has made any one thing less susceptible than all others of exclusive property, it is the action of the thinking power called an idea, which an individual may exclusively possess as long as he keeps it to himself; but the moment it is divulged, it forces itself into the possession of every one, and the receiver cannot dispossess himself of it.

Its peculiar character, too, is that no one possesses the less, because every other possesses the whole of it. He who receives an idea from me, receives instruction himself without lessening mine; as he who lights his taper at mine, receives light without darkening me. That ideas should freely spread from one to another over the globe, for the moral and mutual instruction of man, and improvement of his condition, seems to have been peculiarly and benevolently designed by nature, when she made them, like fire, expansible over all space, without lessening their density in any point, and like the air in which we breathe, move, and have our physical being, incapable of confinement or exclusive appropriation.

Inventions then cannot, in nature, be a subject of property. Society may give an exclusive right to the profits arising from them, as an encouragement to men to pursue ideas which may produce utility, but this may or may not be done, according to the will and convenience of the society, without claim or complaint from anybody. Accordingly, it is a fact, as far as I am informed, that England was, until we copied her, the only country on earth which ever, by a general law, gave a legal right to the exclusive use of an idea. In some other countries it is sometimes done, in a great case, and by a special and personal act, but, generally speaking, other nations have thought that [Volume 3, Page 43] these monopolies produce more embarrassment than advantage to society; and it may be observed that the nations which refuse monopolies of invention, are as fruitful as England in new and useful devices.

de l'œuvre. Du coté du collectionneur, acquérir des matériaux ou des matières et ne pouvoir en parler qu'à l'imparfait: "c'était", n'est pas au premier abord très passionnant. Pourtant cette forme narrative, en décentrant le point de vue de l'œuvre finie vers ses processus, produit une rupture de la causalité et offre l'avantage de nier clairement le rapport de moyen à fin propre à la technique (à l'industrie culturelle).

Le récit de la dé-création nous rappelle que l'art, c'est l'anti-technique. Si j'ai organisé cette dé-création comme un théâtre, ce n'est pas seulement pour étendre la scène du théâtre de la défiguration décrit par Rancière dans son histoire de la peinture abstraite, à toute les pratiques artistiques. C'est aussi pour montrer la réversibilité des deux mouvements de création et de dé-création qui sont à l'œuvre en toute circonstance, au moment de la qualification du processus créatif en œuvre d'art et à l'occasion de sa disqualification en produit ou en fétiche culturel. La notion de dé-création seule ne suffit pas, à l'instar de la déterritorialisation et la reterritorialisation chez Deleuze, création et dé-création sont comme l'envers et l'endroit d'un même processus. Le titre *Réversibilité* pose les bases de cette réflexion à laquelle Marcel Duchamp dans la note "Spéculations" de la *Boîte Blanche* a proposé il y a longtemps une réponse sous forme de question:

> "Peut-on faire des œuvres qui ne soient pas d'art?"[4]

L'exposition de Londres proposait de prolonger cette question en sens inverse:

> "Peut-on faire de l'art qui ne soit pas une œuvre?"

EPILOGUE DE *RÉVERSIBILITÉ: UN THÉÂTRE DE LA DÉ-CRÉATION*

Le prologue à *Réversibilité* s'est déroulé sur le stand de "The Fair Gallery" (gb agency, Paris; Hollybush Gardens, Londres; Jan Mot, Bruxelles; Raster, Varsovie) dans le contexte commercial de Frieze Art Fair à Londres en 2008. Son développement a été présenté en 2010 au sein d'une institution publique (CAC Brétigny - Centre d'art contemporain de Brétigny). Son dénouement a lieu en 2012 à Peep-Hole, dans le cadre d'une structure privée sans but lucratif, financée par des dons d'artistes.

La structure actantielle en trois parties de *Réversibilité: Un Théâtre de la Dé-Création* reprend le schéma épique classique: l'exposition, le nœud et le dénouement. A l'occasion de chaque chapitre et parmi chacun de ses ensembles d'œuvres, une pièce est spécifiquement mise en corrélation avec un décor à chaque fois différent, successivement commercial, institutionnel et privé, en un principe d'équivalence fonctionnelle et symbolique: *Dos Espacios Modificados* (1967-2008) de David Lamelas pendant la foire Frieze à Londres; *Floating Wall* (2009) de Robert Breer au Centre d'art contemporain de Brétigny; *No Necesita Titulo* (1990-2012) d'Isidoro Valcárcel Medina pour Peep-Hole, espace d'art à but non lucratif à Milan.

[→ pag 30]

[fig 5] David Lamelas, *The Screen Effect*, 1967/2004.
CAC Brétigny, 2008

Considering the exclusive right to invention as given not of natural right, but for the benefit of society, I know well the difficulty of drawing a line between the things which are worth to the public the embarrassment of an exclusive patent, and those which are not. As a member of the patent board for several years, while the law authorized a board to grant or refuse patents, I saw with what slow progress a system of general rules could be matured.

The Founders' Constitution
Volume 3, Article 1, Section 8, Clause 8, Document 12
The University of Chicago Press
The Writings of Thomas Jefferson. Edited by Andrew A. Lipscomb and Albert Ellery Bergh.

I think about to propose this piece which made from Blueprint technique for 'The Fair Gallery', i like to idea of disappearing image slightly move to our memory, the blueprint gives that effect, when you leave the page against the ambient light, then the image being slowly disappeared little by little it depend on how strong of the light, and how much of times, for example the sun light can make the image disappear quickly, so to say, the more you use its visibility the more it gets disappearing. i would like to distribute some the quote title about patent on an invention by Thomas Jefferson, letter to Isaac McPherson, 13 August 1813. for the 'The Fair Gallery' , probably as a large poster.
Pleas kindly let me know what you think?
all the best,
pratchaya

DEIMANTAS NARKEVIČIUS

Dear Pierre,

Sorry for a late answer.
I have been looking for Jean Prouve M21Desc again and again and I must say I am not so sure about using this serial version of the object.
I was going through the net and nothing came on to my attention. What is very important for me, that the object would keep a sculptural object looking. More like those Periand tables.
From the site of Tecta, you have provided, I think my intention would be working with another object. I have in mind reconstruction of El Lissitzky's Table of the conferencier.
It would be better to use this table for the project. I hope it is available and not too expensive. If so, I would prefer it with black chromed leg.

Regarding the shooting, I have in mind to make one shot trough all the pieces of the object. (I guess, when the pieces are still in a box and the table is not assembled). Regarding the guns, now it would be needed to use a gun of the October revolution period.

With best wishes,

Deimantas

ANDREA BÜTTNER

Dear Pierre,

many apologies that I write only now - I was hiking in the Alps which was beautiful.

Thank you very much for your email and for inviting me! I'm very glad about that and about starting a conversation.

I read your letter and your proposal and am just a bit unsure now where to

[fig 12] "The Fair Gallery," installation view. Frieze Art Fair, London, 2008

[fig 13] Pia Rönicke, *Rosa's Letters - Telling a Story*, 2006.
Courtesy gb agency, Paris

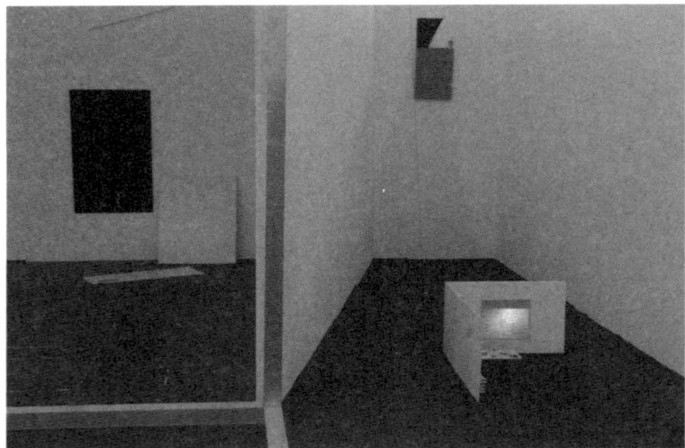

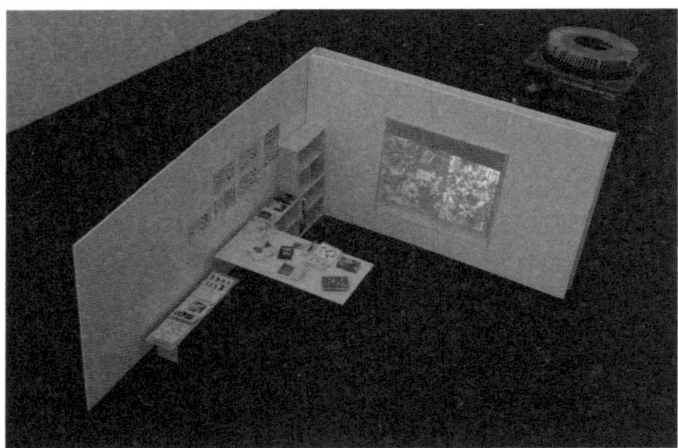

[Tr.V]

PIERRE BAL-BLANC

Cher Benoît,

Il y a plusieurs points dans ta lettre sur lesquels je voudrais revenir dans le désordre. Ton désintérêt pour la question financière me paraît être lié à l'attention que tu portes à d'autres rapports comme celui dont tu parles entre un lampadaire et un arbre par exemple. Pour ma part, il me semble que les mêmes enjeux existent dans le rapport entre la fluidité du capital et les individus. Tu constates par ailleurs que quand on t'achète une œuvre, on t'achète de l'attention, un temps de regard, celui que tu as consacré à être attentif. Tu as l'impression aussi que ce qui te donnes le sentiment d'avoir fini une œuvre, c'est qu'elle soit achetée. Sur ce dernier point, pour ma part, mais mon point de vue est différent en tant que commissaire d'exposition, je partage cette impression à la fois de commencement et d'achèvement mais à la mort de l'artiste. En effet je pense qu'une fois que l'auteur meurt un autre travail se met en place qui cristallise l'ensemble de ses œuvres dans une non finitude non chronologique, sans début ni fin et dont le potentiel n'est pas figé mais reste ouvert.

Pour revenir à ton travail, dans ton entretien avec Sébastien Planchard à la question que tu lui adresses concernant ses recherches il répond: "On veut humaniser les sciences, ici on fait l'inverse, on déshumanise quelque chose d'humain, qui est l'affect", ce qu'il répond est intéressant en soi, mais ce qui fait, que ce qu'il dit est troublant, est que l'on sait qu'il est un personnage conceptuel dont la présence humaine s'incarne dans des objets.

Mon invitation à te faire participer au projet *Réversibilité* dans le cadre de "The Fair Gallery" à la Foire de

start and how to reply and think it would be very good if we could get into a conversation about my work in relation to your proposal? I think that would be really helpful and a good starting point for a discussion, what do you think?

I am not such a good emailer and thought it would be great if we could have a first conversation on the phone. I would really appreciate that as it is quicker and maybe easier to get into a discourse -ask back where one doesn't understand.

I have written down some comments or questions anyway.
You write about "the work's return to the physical or symbolic realm" and I think my work already is very much in the physical and symbolic realm?

Also, it would be interesting to hear more about "de-creation". (in a very concrete way but also in relation to your position as a curator. It could be quite an aggressive wish?)

I was also thinking about the time frame of a fair - as there is some natural process of decreation in some of my work - the clay and the pressed flowers and the glass paintings - but within a longer time frame (in the case of the flowers maybe years, we don't know; in the case of the glass painting because fragility seems to get damaged when displayed) so maybe it becomes fake or illustrative (in earch for a better word) to accelerate long processes of change? What do you think?

Maybe so much for a beginning? And I look forward to speaking to you soon.

Best wishes,
Andrea

PIERRE BAL-BLANC

Dear Benoît,

There are several points in your letter that I would like to address as they come to mind. Your disinterest in the question of finance appears to be linked to the attention that you give to other relations, such as the one you mention between a lamppost and a tree, for example. For my part, it appears that the same situation exists in the relation between the fluidity of capital and individuals. You state, moreover, that when someone buys a work of yours, they are buying attentiveness, the time spent looking, the time you devote to being attentive. You thus have the impression that what gives you the feeling of having finished a work is the fact of it having been sold.

Concerning this last point, for my part (although my point of view as a curator is different), I share this feeling of beginning and completion, but once the artist is dead. In effect, I think that once the author dies another work takes place, which consolidates his or her entire body of work as non-chronological, non-finitude, without beginning or end, whose potential is not fixed but remains open.

To return to your work, in your interview with Sébastien Planchard, to the question you address to him concerning his research he replies: "It is possible to humanize the sciences; here we do the opposite, we dehumanize something human, which is affect." His reply is interesting in itself, but what makes it troubling is that we know he is a conceptual character whose human presence is embodied in objects.

My invitation to you to participate in the *Reversibility* project, in the context of the Fair Gallery at the Frieze Art Fair in London, is somewhat related to the

Frieze à Londres a un peu à voir avec l'inversion évoquée par ton personnage. Plus loin il est question d'"une autre rive du regard", ce qui est très beau et me fait penser à nouveau à une note innocente de Marcel Duchamp que j'ai dans un coin de la tête "Le pendule de profil et l'inspecteur d'espace" et dont je me suis fait un refrain: regarder les choses de profil. De la même façon, je me considère plutôt comme "un commissaire dépendant", cette inversion me permet de rester plus vigilant par rapport au contexte qui m'entoure. Je n'ai aucune "urgence impulsionnelle" à devoir réaliser un display d'œuvres pour une galerie dans une foire. Je souhaite par contre profiter de l'occasion que me donne "The Fair Gallery" pour me placer sur "un autre rivage" pour reprendre ton expression.

Un commissaire est chargé de faire la médiation d'une œuvre ou de la création en générale dans une discipline. Je pense qu'il est nécessaire que ce travail de médiation soit en phase avec les problématiques contemporaines soulevées par le travail des artistes. Pour ma part j'estime même qu'il faut qu'il soit au-delà, dans le risque de l'organisation d'une dualité avec la pratique des artistes.

Dans son texte "The Curator as Iconoclast" Boris Groys prend plusieurs exemples dont l'urinoir de Duchamp pour expliquer la différence entre l'artiste et le commissaire je résume grossièrement en le citant: "le commissaire peut exposer, mais il n'a pas la faculté magique de transformer un non-art en art à travers l'acte de l'exposition. Mais cela n'a pas toujours été comme ça, au tournant du 19ème siècle le musée émerge des conséquences de la révolution, des guerres, du pillage et des conquêtes de la culture non-européenne. De nombreux objets aux fonctions rituelles ont été collectionnés et exposés comme des œuvres d'art, c'est-à-dire comme dé fonctionnalisé, comme des objets autonomes de pure contemplation. Les commissaires de ces institutions "créaient" de l'art à travers des actes iconoclastes dirigés contre la tradition des icônes et du pouvoir religieux. La question est alors pourquoi les commissaires ont perdu le pouvoir de créer à travers l'acte de l'exposition et pourquoi ce pouvoir est passé aux artistes? La réponse est qu'en exposant un urinoir Duchamp ne dévalue pas une icône sacrée, comme les commissaires le faisaient, il qualifie au contraire un produit de masse en objet d'art. Le rôle de l'exposition dans l'économie symbolique change: les objets sacrés étaient auparavant dévalués pour produire de l'art, aujourd'hui au contraire les objets quotidiens sont valorisés pour devenir de l'art. Avec l'émergence du modernisme, l'art intègre les valeurs esthétiques, il n'est plus nécessaire de dévaluer des objets venus d'ailleurs, c'est la valorisation qui prend le pas sur la dévaluation. La médiation du commissaire devient alors suspecte, on l'accuse de manipuler le regardeur, c'est pourquoi pour le public le marché de l'art est beaucoup plus agréable que n'importe quel musée, l'art est décontextualisé, il peut démontrer sa valeur inhérente (la valeur marchande dont Marx décrit comme seule qualité intrinsèque de l'objet). C'est le temps du déclin des commissaires. On considère que la meilleure exposition est celle dont le commissariat est transparent ou inexistant. L'art moderne dans sa volonté de purifier l'image de tout ce qui lui est extérieur, rend l'art autonome et autosuffisant. Pourtant

inversion your character evokes. Later in the interview there is the question of "another side of looking," which is very touching and which brings to mind again an innocent note from Marcel Duchamp which I have in the back of my mind: "the clock in profile and the inspector of space," and for which I have made a maxim: to look at things in profile. In the same way, I think of myself rather as a "dependent curator"; this inversion allows me to remain more attentive to the context that surrounds me. I have no "urgent desire" to create a display of works for a gallery in an art fair. On the other hand, I hope to take the opportunity which "The Fair Gallery" is offering me to place myself on "another side," to use your expression.

A curator has the responsibility for the mediation of an artwork or of artistic creation in general in a given discipline. I think it is important that the work of mediation a curator undertakes should be in accordance with the contemporary issues artists raise in their work. For my part, I even feel it is necessary that a curator should push these issues further, with the risk of creating antagonism with artistic practice.

In his essay "The Curator as Iconoclast" Boris Groys refers to several examples, including Duchamp's urinal, in order to explain the difference between an artist and a curator. I'll very roughly outline and quote his argument:

"The curator may exhibit, but he doesn't have the magical ability to transform non-art into art through the act of display [...] It hasn't always been so. Originally, art became art through decisions of curators rather than artists. The first art museums came into existence at the turn of the 19th century as a consequence of revolutions, wars, imperial conquest and pillage of non-European cultures. All kinds of 'beautiful' functional objects, which had previously been employed for various religious rituals [...] were collected and put on display as works of art – that is, as defunctionalized, autonomous objects of pure contemplation. The curators administering these museums 'created' art through iconoclastic acts directed against traditional icons of religion or power [...] The question then is, why have curators lost the power to create art through the act of its exhibition, and why has this power passed over to artists? The answer is obvious: exhibiting a urinal, Duchamp does not devalue a sacred icon, as the museum curators had done; he rather upgrades a mass produced object to an artwork. In this way the exhibition's role in the symbolic economy changes. Sacred objects were once devalued to produce art; today, in contrast, profane objects are valorized to become art."

With the emergence of modernism, art integrated aesthetic values and it was no longer necessary to devaluate objects taken from outside the realm of art; valorization overtook devalorization.

"The curator's every mediation came to be suspect: the curator was seen as [...] insidiously manipulating the viewer's perception with the intent of disempowering the public. That's why, for the general public, the art market is more enjoyable than any museum. Artworks circulating on the market are singled out, decontextualized, uncurated – so that they get the apparently unadulterated chance to demonstrate their inherent value [the value Marx described as the object's unique intrinsic quality]."

This is the age of the decline of the curator. The best exhibition is considered to be the one where curatorship is transparent and non-existent. Modern art, in its desire to purify the image of all that is extraneous to it, renders art autonomous and self-sufficient. Nevertheless, the artistic avant-gardes use an iconoclastic

CHAPITRE I: PROLOGUE

David Lamelas, *Dos Espacios Modificados* (1967-2008)

Avec Michał Budny, Andrea Büttner, Rafał Bujnowski, Claire Hooper, David Lamelas, Benoît Maire, Deimantas Narkevičius, Dominique Petitgand, Pratchaya Phinthong, Pia Rönicke.

The Fair Gallery, Frieze Art Fair, 2008

Dans le cadre de la foire d'art contemporain, l'œuvre *Dos Espacios Modificados* (1967) de David Lamelas se constitue en incipit pour *Un Théâtre de la Dé-Création*. Un incipit permet d'introduire une histoire, il donne le cadre spatio-temporel aux enjeux économiques de ce contexte. *Dos Espacios Modificados* est une des premières installations qui inaugurent la pratique du *site-specific* qui se généralisera dans les années 1970. Elle précède l'analyse articulée du "white cube" que Michael Asher entreprend avec la même stratégie et dont la fameuse exposition "Spaces" du MoMA de New York en 1970 inaugure l'institutionnalisation. Elle correspond aussi au désir de l'artiste de réduire la matérialité de son intervention au bénéfice de la densité de son concept. Ce qui place aussi David Lamelas aux premiers plans de ceux qui se sont confrontés à la définition d'une pratique conceptuelle. Une démarche déjà entreprise, avec les œuvres *Projection* (1967; présentée à nouveau en 2004 au CAC Brétigny) et *Situacion de Tiempo* (1967) réalisées à Buenos Aires, où il vit l'arrivée de la dictature quand il est invité à participer à la Saõ Paulo Biennial. Ces œuvres sont l'expression des débats menés au sein de l'Instituto Di Tella qui tendent vers une dématérialisation de la pratique artistique au profit de ce qu'on pourrait appeler un proto-conceptualisme. Les médias, les projecteurs de lumière ou les postes de télévision sont réappropriés en tant qu'outil par ces artistes (Oscar Bony, Roberto Plate, Delia Cancela entre autres) pour conduire leur nouvelle stratégie influencée aussi par les théories de Marshall McLuhan parues quelques années plus tôt: "La lumière est de l'information sans 'contenu'" ("Pour comprendre les médias").[5] *Dos Espacios Modificados* poursuit cette recherche sur l'information. David Lamelas applique dans ce cas le slogan "the medium is the message" au contexte de l'invitation qui lui est faite de participer à une biennale dont chaque artiste est rangé dans un espace dédié. Ce principe ordonnateur, medium de la biennale, répond à la convention des salons européens de cette époque. Il faut distinguer la pratique de Lamelas d'une action strictement formaliste. Car derrière l'absence apparente de message, ou de l'information sans "contenu", sont exposés en creux le pouvoir archaïque de la biennale révélé par l'inadéquation de son compartimentage en stands avec la courbe de l'architecture d'Oscar Niemeyer et la dépendance financière de l'université au fabricant de télévisions Di Tella (*Situación de tiempo* est réalisée avec des téléviseurs de la même marque).
La réimplantation de l'œuvre *Dos Espacios Modificados* dans le contexte de Frieze à Londres en 2008 proposait non seulement de la présenter à nouveau, comme cela avait été fait quelques mois plus tôt au Museum für Gegenwartskunst de Bâle, mais aussi d'en rejouer les enjeux critiques au sein d'une foire d'art contemporain dont le stand incarne le

[→ pag 38]

[fig 6] David Lamelas, *The Screen Effect*, 1967/2004. CAC Brétigny, 2008

les avant-gardes artistiques emploient comme les commissaires un langage iconoclaste, les artistes prônent la démolition des traditions, la cassure des conventions, la destruction de l'héritage artistique et l'anéantissement des anciennes valeurs. L'iconoclasme fonctionne comme un mécanisme de réévaluation des valeurs pour en instaurer de nouvelles.
Le christianisme s'est d'ailleurs approprié cette tradition en la neutralisant, l'exemple le plus frappant étant la figure de destruction et de destitution du Christ en croix transformé en triomphe de ce qui a été détruit. L'art moderne a adopté l'iconoclasme comme mode de production… Quelle est donc la bonne façon de faire le travail de commissariat? Le principal objectif du commissariat doit être de rendre sa pratique visible. La pratique du commissariat ne peut pas éluder la logique de visibilité. Le commissaire indépendant est un artiste radicalement sécularisé. Il est un artiste parce qu'il fait tout ce qu'un artiste peut faire. Mais le commissaire indépendant est un artiste qui a perdu son aura artistique, qui n'a plus de pouvoir magique à sa disposition, il n'utilise pas des objets – objets d'art inclus – pour l'amour de l'art, au contraire il les abuse, il les rend profanes.
La valeur d'une œuvre dans le marché de l'art ne correspond pas exactement à sa valeur narrative ou historique au sein du musée. Les idoles vivantes du marché une fois transformées en valeur de musée sont considérées comme mortes. Le geste iconoclaste du musée consiste précisément à transformer des idoles "vivantes" en documents "morts" illustrant l'histoire de l'art. On peut donc dire que le conservateur traditionnel du musée comme le commissaire indépendant aujourd'hui a toujours soumis l'image au même double abus. D'un côté les images dans le musée sont esthétisées et transformées en art et de l'autre elles sont dégradées comme illustration au profit de l'histoire de l'art et en cela dépossédées de leur statut d'art. Quoi qu'il en soit, les objets d'art deviennent visibles seulement à l'issue de ces multiples abus."

Etre un médiateur entre l'art et les gens et la société n'empêche pas d'être un créateur, c'est même un devoir, certains artistes partagent la volonté de participer à ce type de médiation en s'impliquant aussi sur ce terrain social, d'autres le font moins, en tous cas les œuvres des uns et des autres restent les exemples les plus purs d'une médiation entre nous et le monde. Comme le rappelle Alain Badiou "L'art comme création, quelles que soient son époque et sa nationalité, est supérieur à la culture comme consommation, si contemporaine soit-elle."

Si en anglais "curator" est étymologiquement lié au soin qu'on apporte à quelqu'un ou à quelque chose, en français commissaire a plutôt attrait à l'ordre à celui de la police en particulier. Si on adopte une autre position par rapport à ces notions en scrutant leur doublure à l'exemple de Boris Groys dans son texte, l'autre face du "curator" s'avère être celle du chasseur et celle du commissaire la figure du criminel. Comme le dit Baudrillard "Nous opposons le bien et le mal en termes dialectiques. L'un ou l'autre. Or rien ne dit qu'on ait réellement ce choix, à cause d'une réversibilité perverse qui fait que, la plupart du temps toutes les tentatives de faire le bien produisent, à moyen ou long terme le mal. Le contraire existe aussi d'ailleurs." En résumé pour le paraphraser il

language like the curators. Artists call for the destruction of artistic tradition, the breaking of conventions, the annihilation of ancient values. Iconoclasm functions as a mechanism for the re-evaluation of past values and the formation of new ones. Moreover, Christianity had already appropriated and neutralized the iconographic tradition, the most obvious example being the figure of Christ's destruction and destitution on the cross transformed into a triumph of that which is destroyed. Modern art adopted iconoclasm as its mode of production... What is thus the best way to work as a curator? The principle objective of a curator should be to make his practice visible. Curatorial practice cannot escape the logic of visibility. The independent curator is a radically secular artist. He is an artist because he does everything an artist can do. But an independent curator is an artist who has lost his artistic aura, who no longer has a magical power to fall back on. He does not work with objects – including art objects – for the love of art. On the contrary, he abuses them and renders them profane.

The value of a work of art in the art market does not exactly coincide with its narrative or historical value within the museum. The living idols of the market, once they are transformed into the value of the museum, are treated as if they were dead. The iconoclastic gesture of the museum consists precisely in transforming "living" idols into "dead" documents illustrating art history. Thus, the traditional museum curator, like the independent curator today, has always submitted the image to the same double abuse. On the one hand, the images in museums are aestheticized and transformed into art and, on the other, they are degraded to the status of illustration in the name of art history, thus losing their status as art. In all cases, art objects become visible only after having suffered these multiple abuses.

To mediate between art, people and society does not prevent one from being a creator. It is even an obligation; certain artists share the desire to participate in this type of mediation, also involving themselves in the social field, while others do so to a lesser degree. In either case the works of art, however socially motivated, remain the purest examples of mediation between the world and us. As Alain Badiou reminds us, "art as creation, whatever its period and its nationality, is superior to consumer culture no matter how contemporary it is." In English, the word "curator" is etymologically related to the care one gives to someone or something, whereas in French the word "commissaire" rather refers to order – that of the police, in particular. If another position is adopted in relation to these notions, examining their underlying meaning, not unlike the position Boris Groys takes in his essay, the underside of "curating" reveals itself in the figure of the hunter, and that of the commissaire in the figure of the criminal. As Jean Baudrillard states: "We set good and the evil against each other in dialectical terms, in such a way that we opt for one or the other. However, there is nothing to suggest that we really have a choice, given the perverse reversibility that most often makes all attempts to do good produce evil in the medium and long term. And, indeed, the opposite also exists, where evil leads to good." To resume, paraphrasing him, reversibility is no longer the play of the subject; it is the play of the world itself.

For the exhibition in which I have invited you to participate, I have taken as a premise the notion of reversibility, a notion which allows "access to a purely intelligible chaos," to return to the formula I quoted from Quentin Meillassoux in my previous message; or as John Cage said, "What I want is a practical and practicable anarchy." The premise of *Reversibility* is to create a situation which could produce a faithful image of art today, appropriating that which dictates the situation into which we are invited, in this case the Frieze Art Fair in London.

My premise is based on the directions artists open up in relation to the

dit que la réversibilité n'est plus le jeu du sujet, c'est le jeu du monde lui-même.

Pour l'exposition dans laquelle je t'invite à participer, je prends comme hypothèse la notion de réversibilité, une notion qui permettrait d' "accéder à un Chaos purement intelligible" pour reprendre la formule de Quentin Meillassoux cité dans mon précédent courrier ou comme le disait John Cage "ce que je veux c'est l'anarchie pratique ou praticable". L'hypothèse de *Réversibilité* est celle d'un état qui pourrait produire une image fidèle de l'art aujourd'hui en s'appropriant ce que commande la situation dans laquelle nous sommes invités en l'occurrence la Frieze art Fair de Londres. Mon hypothèse repose sur les voies ouvertes par les artistes par rapport aux moyens employés pour amener l'art à la conscience philosophique de soi comme chez toi par exemple dans ta dernière publication "what is consciousness?" avec ces notes:

Certains considèrent les régimes historiques successifs comme un récit, mais ils ne s'approchent pas des latents.

Si je perds les clefs de ma maison, puis-je dire que je suis enfermé dehors?

Certains prennent des trous pour des nœuds.

Pourrait-on dire d'un individu qu'il est "sous signification" comme l'on peut dire de quelqu'un de toxicomane qu'il est "sous héroïne". Associer la signification à la drogue, soulève le problème de la dépendance de l'individu à la signification.

Soulever un problème à rebours comme tu le fais ou formuler des hypothèses inverses comme je m'y emploie revient à perfectionner la question duchampienne "Qu'est-ce que l'art?" et que Marcel Duchamp a posé en une phrase d'une façon définitive en interrogeant le passé le présent comme l'avenir:

"Peut-on faire des œuvres qui ne soient pas d'art?"

Dans le chapitre "Début d'Essai sur la Nostalgie", tu formules plusieurs hypothèses sur cette notion particulière. Pour en résumer les grandes lignes: la nostalgie est considérée comme retard temporel de la conscience concernant les situations dans lesquelles elle devait se conscientiser. La nostalgie exprimerait un retard de l'intégration. Soit que l'intégration ne s'est pas réalisée de manière adéquate, soit que l'objet conscientisé possède une charge affective qui ne l'est pas en terme d'affection, et que cette charge affective demande à nouveau une digestion par une fonction affective de la conscience.

Le jeune philosophe français Quentin Meillassoux développe une hypothèse qui est intéressante de comparer à la tienne. Elle repose sur une question: Qu'est-ce qu'un spectre? C'est un mort dont nous n'avons pas fait le deuil, qui nous hante et qui refuse de passer l'autre rive. Qu'est-ce qu'un spectre essentiel? Ce sont les morts d'une mort qui ne pouvait être assumée ni par ceux qui la subirent, ni par ceux qui leur survivent et qui refuseront toujours de regagner l'autre rive. On appellera Deuil essentiel l'accomplissement du deuil des spectres essentiels: c'est-à-dire la relation vivante et non plus morbide des vivants aux morts terribles.

J'ai pour ma part une hypothèse qui recoupe ces deux propositions. Si la digestion des aliments

means employed in order to lead art to philosophical self-consciousness, not unlike your recent publication "What is Consciousness?" in which you make the following notes:

Some consider successive historical regimes as if they were a narrative, but don't pay attention to existing or emerging regimes.

If I lose the keys to my house, can I say that I am locked in the outside?

Some mistake holes for knots.

Could it be said of an individual that he or she is "on meaning" in the same way that it can be said that someone is "on heroin"? Associating meaning with drugs raises the question of the individual's dependency on meaning.

To raise the problem against the grain, as you do, or in my case to formulate inverted premises, comes down to expanding on the Duchampian question "What is art?" which Duchamp formulated in a sentence questioning (in a definitive sense) the past, the present and the future:

"Is it possible to make works that are not art?"

In the chapter "The Beginning of an Essay on Nostalgia," you formulate several ideas concerning the notion of nostalgia. Put broadly: nostalgia is understood as a temporal delay of consciousness concerning the situations in which consciousness becomes conscious. Nostalgia would therefore express a delay of integration: either because integration has been inadequately accomplished, or because the object possesses an emotive power, although not in terms of affection, and that this emotive power requires a new assimilation through the affective mechanism of consciousness.

The young French philosopher Quentin Meillassoux develops an idea that is interesting to compare with your own. It is based on a question: "What is a ghost? It is a death that has not been mourned, a death that haunts us and refuses to pass over to the other side. What is an essential ghost? It is the ghost of the dead who have died a death that can neither be supported by those who have suffered it, nor by those who survive it and refuse to join the other side. An essential mourning can therefore be understood as the accomplishment of mourning essential ghosts: in other words, the living and no longer morbid relation of the living with tragic deaths."

I have my own idea that coincides with these two propositions: if the digestion of food produces waste, what happens to the waste of information digested by the brain? John Cage proposed a magazine that could be eaten after being read. In a text by Jean Baudrillard, which I can no longer find, he describes a thought that produces fat and a thought that leaves no remains. I have always been fascinated by this idea and intrigued to know where the waste of all the information that has not been digested by our intellect goes. Or, to put it more crudely, what we do with the excrement generated by the information society. I don't think it pollutes the atmosphere, and in this sense we act like people from the Middle Ages by throwing it directly into the streets. Nostalgia, ghosts, waste: to a certain extent we dwell in the midst of symbolic waste without knowing it!

The question of waste is particularly present in contemporary art, at least since Picasso introduced a piece of newspaper in his art in order to subvert the con-

[fig 14, 15] "The Fair Gallery," installation view. Frieze Art Fair, London, 2008

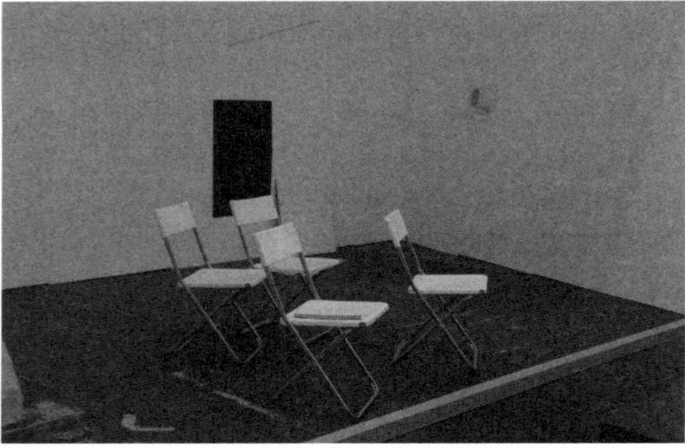

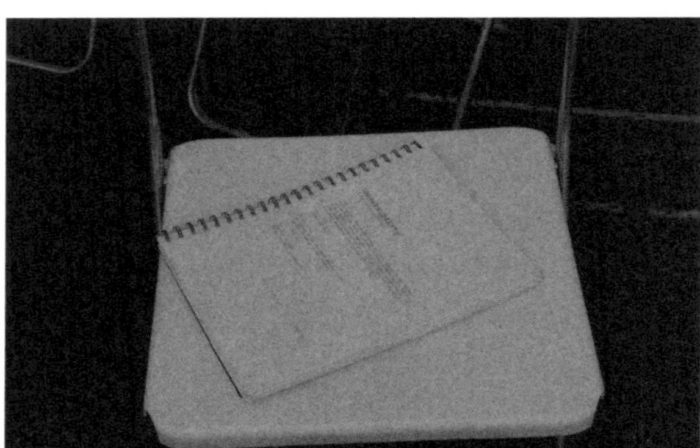

produits des déchets qu'en est-il des restes d'informations digérés par notre cerveau. John Cage proposait une revue que l'on pourrait manger après l'avoir lue. Dans un texte de Jean Baudrillard que je ne retrouve plus, il parle d'une pensée qui produit de la graisse et d'une pensée qui ne produit aucun reste. J'ai toujours été fasciné par cette idée et intrigué par la question de savoir où sont les restes des informations qui n'ont pas été digérées par notre cerveau, ou plus crûment que fait-on des excréments générés par la société de l'information. Je pense qu'ils polluent l'atmosphère et que sur ce plan nous réagissons comme au moyen âge nous les jetons au milieu de la rue. Nostalgie, spectre déchets, en quelque sorte on vit au milieu des détritus symbolique sans le savoir!

La question du déchet est très présente dans l'art contemporain, elle l'a été depuis l'introduction par Picasso d'un bout de journal pour subvertir les conventions de la représentation picturale. L'urinoir de Duchamp qui marque définitivement le passage à une autre ère artistique avec le Readymade n'est pas étranger à son ancienne fonction de réceptacle des déchets corporels. Sans qu'ils soient l'un et l'autre directement des déchets, ils ouvrent à mon avis la voie à la notion de réversibilité de l'œuvre d'art. Les notes sur Poussière à l'envers et L'élevage de poussière en sont d'autres exemples.

La multiplication des œuvres actuellement, employant le registre du déchet rend cette lecture difficile. Depuis les années 90 l'émergence et le développement de la pratique du collage et du recyclage adaptée à l'espace a installé le déchet comme matière première de l'art contemporain. La généralisation de ce phénomène menace son pouvoir de réciprocité d'un nouvel académisme que les artistes éclairés devront tôt ou tard déjouer.

"Se servir d'un Rembrandt comme planche à repasser" propose au-delà de la question du déchet la réversibilité du trajet de l'urinoir. Ce readymade réciproque invite aussi à repasser l'histoire, à la repenser. Il donne un usage à l'œuvre d'art dans le même temps où il dé fonctionnalise l'urinoir. D'un côté Duchamp invite à se réapproprier la valeur d'usage sur laquelle la société industrielle veut conserver le monopole dans le but unique du cycle de la production de la consommation et des déchets et de l'autre il menace la valeur d'échange en produisant une hémorragie dans son système d'équivalence.

Ce que l'on m'achète c'est du temps de regard.
On m'achète donc de l'attention.
Quand je m'ennuie, je le transforme en peinture
On m'achète des choses qui me vident.

Il y a, à la fois une résistance et une obéissance dans ce que tu exprimes sur ton activité, les émotions que tu exprimes, c'est ce qui m'intéresse dans la notion de réversibilité que j'essaie de repérer dans la pratique des artistes. Cela pose la question de la création sans l'enfermer dans un registre commandité par des stéréotypes.

De la même façon quand tu parles de la question du travail, je repense à ce que dit John Cage "La musique est continue, seule l'écoute est intermittente". Chez toi la formule se réduit à - Je travaille absolument- Ensuite tu expliques: Travailler absolument

ventions of pictorial representation. Duchamp's urinal, which conclusively marks the passage from one artistic era to another, is not divorced, as a readymade, from its former use as a recipient for bodily waste. Without being one or the other, it opens, in my opinion, the way to the notion of reversibility of the work of art. Duchamp's notes on "Inverted Dust" and "Dust Breeding" are other examples.

The increase in various forms of waste in contemporary artworks makes this reading difficult. Since the 1990s, the emergence and the development of collage and recycling as a practice readapted in physical space has introduced waste as a raw material of contemporary art. The spread of this phenomenon threatens to transform its power of reciprocity into a new form of academicism, which sooner or later progressive artists must challenge.

"To use a Rembrandt as an ironing board" [planche à repasser] proposes – over and above the question of waste – the reversibility of the trajectory of the urinal. This reciprocal readymade also encourages both returning to [à repasser] and rethinking history. It gives use-value to a work of art, and at the same time it renders the urinal dysfunctional. On the one hand, Duchamp encourages the reappropriation of use-value – which industrial society wishes to hold a monopoly over with the sole goal of maintaining the cycle of production, consumption and waste – and, on the other hand, it threatens exchange value by producing a hemorrhage in its system of equivalence.

> What one buys from me is time spent looking.
> So what is bought is attentiveness.
> When I'm bored, I transform boredom into painting.
> What one buys from me are things that leave me empty.

There are, at the same time, a resistance and an obedience in what you describe of your activity and the emotions you express. This is what interests me in the notion of reversibility I am attempting to locate in artistic practices. This raises the question of artistic creation without confining it to any dictated stereotypical form.

The way you speak about work reminds me of what John Cage says: "music is continuous, only listening is intermittent." For you, the formula is reduced to "I work absolutely." Then you explain: "To work absolutely can, for example, be understood as being attentive: in other words, being attentive, or calm, or again, calming one's instincts or one's feelings; in other words, in fact becoming Zen – yes, that's it! Being in a state of meditation, for me, means working absolutely; in other words, being capable of looking at a mother-of-pearl chandelier for an hour or more without doing anything other than letting one's mind roam. For me this is well-done work."

The proposal that I made to you, for the Frieze Art Fair, to take one of your past works and (in any way and at any moment you wish) to turn the creative process around without at the same time abolishing it, falls in part within the scope of this reflection on waste, ghosts, and (why not?) nostalgia. It is a means of measuring the importance of the trajectory in relation to the object. This regression appears to me to be the sole means that I currently have within the context of an international contemporary art fair to present your work or to present art as such. I would like to quote from Marcel Broodthaers, as you did in reply (this time from one of his invitation cards): "I return to matter, I rediscover the tradition of the primitives, painting with egg, painting with egg." As you explain in your reply, you share this concern: "I think I like the idea of regression, of not consuming technically evolved things.

peut s'entendre comme par exemple être attentif, disons que être attentif, ou tranquille, ou bien disons que calmer ses instincts et niveler son humeur, disons en fait être Zen, oui, c'est ça!: être dans un état méditatif pour moi c'est ça travailler absolument, c'est-à-dire être capable de regarder un lustre en nacre pendant une heure ou deux sans rien faire d'autre que laisser vagabonder son esprit, pour moi c'est du beau travail.

La proposition que je te fais d'inverser le processus de création sans pour autant le supprimer à l'occasion de la Frieze Art Fair avec une œuvre que tu as réalisée dans le passé de la façon dont tu le souhaites et au moment que tu choisiras pour le faire s'inscrit pour une part dans cette réflexion sur les déchets, les spectres et pourquoi pas la nostalgie. C'est pour mesurer l'importance du trajet par rapport à l'objet. Cette régression me parait être le seul moyen que j'ai actuellement au sein du contexte d'une foire internationale d'art contemporain pour faire une médiation de ton travail et de l'art plus généralement. A mon tour je citerais une phrase imprimée sur un autre carton de Marcel Broothaers "Je retourne à la matière, je retourne à la tradition des primitifs, peinture à l'œuf peinture à l'œuf". Tu partages cette problématique comme tu l'exprime dans ta réponse je pense que j'aime bien l'idée de la régression, de pas consommer des choses évoluées techniquement, la régression technique je crois que c'est la voie pour le progrès de l'humanité. J'ai peur comme toi (si j'ai bien compris la tension que tu crées entre dégradation et progrès) que cette régression soit factice dans le champ de l'art contemporain, et peut-être qu'elle soit mue par le désir des collectionneurs d'acquérir des objets qui contraste avec leur appartement hight tech. C'est pour cela que je propose l'expérience de conserver l'intensité du processus de transformation (dans ce cas la dé-création à la place de la création) et de conjuguer au passé la description de ton œuvre à partir des restes de son support. Si comme le prétend Hal Foster "la valeur d'exposition en art a acquis une totale autonomie, au point d'occulter les objets exposés" en d'autres termes le commissariat en art occulte pour ne pas dire détruit les objets exposés au même titre que la valeur d'échange du marché mais dans un autre registre, alors cette expérience vise à en montrer les ressorts. Il faut savoir être criminel pour être commissaire, chasseur pour être curator comme toi tu es maintenant devenu copiste pour être artiste.

Bien à Toi,
Pierre

NB: J'aime bien, *Les Vacances, Exclusion de la Tautologie # 5*, plante, papier, 90 par 30 par 30 cm, 2007. Faut-il ne pas arroser la plante pour qu'elle meure?

Technical regression, I think, is the path to human progress." Like you, I am worried (if I understood the tension you create between degradation and progress) that this regression is a superficial phenomenon within the field of contemporary art, and possibly inspired by collectors who desire to acquire objects that contrast with their high-tech apartments. This is why I want to propose the experience of conserving the intensity of the process of transformation (in this case, de-creation as opposed to creation), and to change the grammar to the past tense in the description of your work, beginning with the remains of its support. If as Hal Foster suggests, "the value of the exhibition in art has acquired a total autonomy to the point of eclipsing the objects exhibited" (in other words, the curator eclipses if not destroys the objects exhibited, not unlike the effect of exchange value in the commodity market but on a different level), then this experience aims at revealing the limits. One must know how to be a criminal in order to be an exhibition organizer (un commissaire d'exposition), a hunter in order to be a curator, just like you have now become a copyist in order to be an artist.

Kind regards,
Pierre

I very much like *Holidays, Exclusion of Tautology N°5*, plant, paper, 90 x 90 x 30 cm. Should the plant not be watered so as to leave it to die?

CLAIRE HOOPER

Hi Pierre,
sorry to be so slow in getting back to you, I didn't receive your email til saturday from lisa, and I've just arrived in Berlin so I had to get set up and straighten things out.

So ! I've been thinking about the proposal, and here are some thoughts and questions:

Is the intention to make this event or exhibition a kind of ritual sacrifice of art for art's sake? I mean is the intention that the invited artists should choose a work that would then be destroyed permanently never to be seen/sold as such again? I'm sure everyone has asked this! It poses a fairly interesting question to the context of the fair, and is rather a grand curatorial position for you to take also, it has a De Sadian flavour to it, which I quite like. What then should I submit, if I am to agree to submit myself and my work to your desire?
With sacrifice, as with creation, the honour is proportionate to the quality of the the thing sacrificed, therefore to submit a piece I thought uninteresting and undeveloped would be uninteresting and perhaps as insulting to the gods/audience as if I were to show the bad work in the first place. Zeus was never impressed by weak and sickly cattle right? But do i care to impress this audience/god and is this the pire of my choice? it comes back to the question of the fair, it's context and conditions, if this is the pire, you are the priest and it's my damned cattle, do I care about the gods of the art fair? not much, to be frank. do i care about my cattle? um, yes.....
This was my first trajectory - but then I thought a bit more about it - you are not calling for destruction really but for reversal and for decomposition, deconstruction. So, in duration there is no reversal, there is only NOW. Death cannot be seen but a corpse can and its effervescing maggots are abundant. Deconstruction is always construction of something else, not in an 'ashes to ashes' sense, but in a literal sense - whatever is to be made from my most convoluted and multilayered video in an effort to bring it down to it's "materials" will only be the re-construction (however lamentably presented, however 'informe') of the materials to make another 'thing'. The very fact that you prohibit the fantasy buyer from naming his/her purchase after the originating work means that that work remains intact, free for sale and show. Naming

medium. L'œuvre de David Lamelas offre une structure dramatique au premier acte de ce *Théâtre de la Dé-Création* qui induit un montage de points de vue entre les œuvres des autres artistes présentes à l'intérieur ou à l'extérieur des deux espaces modifiés, le tout inscrit dans le périmètre du stand de la foire. Tout en restant fidèle aux enjeux d'origine de *Dos Espacios Modificados* qui favorisent une dématérialisation des éléments de l'œuvre (les panneaux employés sont recyclés à l'issue de la foire pour un autre usage), la lecture quotidienne par un étudiant en art de la Saint Martins College of Art and Design des correspondances entre les artistes, le commissaire et les galeristes autour de la notion de dé-création, activait un autre aspect relevant de la stratégie du "quatrième mur", présente également parmi les références de l'artiste dès 1967. Le "quatrième mur" qui au théâtre est édifié virtuellement entre la scène et le public par le jeu des acteurs, est dans ce cas employé pour les quatre faces d'un des deux espaces modifiés. Le récit des correspondances par lettres et e-mails sur la dé-création lu à voix haute dans ce premier espace, face aux chaises placées dans le deuxième restituent cette référence au dispositif scénique.

CHAPITRE II: DÉVELOPPEMENT

Robert Breer, *Floating Wall* (2009)

Avec Annie Vigier & Franck Apertet (les gens d'Uterpan), Giasco Bertoli, Robert Breer, Sanja Iveković, François Laroche-Valière, Marianne Maric, Rainer Oldendorf et Jimmy Robert & Ian White

CAC Brétigny, 2010

L'œuvre *Floating Wall* (2009) de Robert Breer a été créée à l'origine à l'occasion de l'exposition *The Death of the Audience* présentée à la Secession à Vienne en 2009. Cet angle de mur conçu pour s'ajuster à la hauteur des parois du lieu qui le présente, reprend la motricité lente des "Floats", les sculptures concrètes au déplacement aléatoire créées par Robert Breer dans les années 1960. Issue de mes conversations avec l'artiste, cette œuvre prolonge le projet non réalisé de *Conference Building* de 1969. Dans l'esquisse qui décrit le fonctionnement de cette architecture mobile, à l'issue de la conférence, orateurs et auditeurs devaient émerger dans un environnement différent du site où ils avaient pénétré dans l'édifice. A la Secession de Vienne, considérée comme l'un des premiers "white cube", comme au Centre d'art contemporain de Brétigny lors de son installation dans le cadre de *Réversibilité*, *Floating Wall* délimite de manière dynamique l'espace et rend instable le contenu exposé en variant constamment de position. Le centre d'art qui fait suite à la foire commerciale en tant que décor du second chapitre du *Théâtre de la Dé-Création* est soumis par la présence de *Floating Wall* à un mouvement permanent des œuvres et des visiteurs dans l'exposition. Une motricité et des collisions qui font résistance à la tendance à l'institutionnalisation des valeurs artistiques à laquelle le projet de ces lieux est soumis par la pression des pouvoirs publics.

L'énergie principalement performative des projets des artistes mobilisés pour ce second volet de *Réversibilité* investissait des rétro-processus

[→ pag 44]

[fig 7] David Lamelas, *Projection (The Screen Effect)*, 1967/2004. CAC Brétigny, 2008

[Tr.VI]

PIERRE BAL-BLANC

Cher Dominique,

Je te remercie d'avoir pris le temps de me répondre. Je sais à quel point il est difficile de mobiliser son attention pour écrire, dans un environnement qui nous encourage plutôt à cliquer sur des boutons qui activent des protocoles préenregistré. J'ai été touché par ta réponse presque instinctive qui témoigne à mes yeux moins d'une réaction que d'une conviction profonde qui trouve à s'exprimer. A vrai dire, c'est bien là que ce situe l'objet de mon invitation, rassembler les conditions pour qu'une intime conviction s'exprime.

Comment traduire avec les artistes les enjeux de la création aujourd'hui, à l'heure de la transformation de la création en activité de production culturelle ? Comment parler d'art dans le contexte d'une foire d'art contemporain qui occulte jusqu'à faire oublier des enjeux liés a cette pratique au profit d'autres qui sont eux élevés au rang de normes internationales?

Ce courrier ne cherche pas à te faire revenir sur ta décision, mais à enregistrer ton refus d'obéir à ma proposition, comme une contribution à ce projet. Je te propose pour le matérialiser sur le stand de la foire d'y associer la présence de l'édition *Les Pièces Manquantes* qui est un très bel exemple de renoncement comme tu le dis ou de réversibilité comme je le propose, non sans ironie par rapport à ton choix d'être absent.

Ma proposition aura permis d'amorcer l'échange que j'espérais depuis un moment engager avec toi en particulier au sujet de la musique expérimental. Mon intention n'est pas de fermer ma proposition dans une alternative de l'inclusion ou de l'exclusion, ni dans une forme unique de participation. Le présupposé du projet *Réversibilité* est radical, je suis conscient de la résistance qu'on peut lui opposer, je compte enregistrer toutes les formes de réponse en retour que cela peut générer.

Ton e-mail est en soi une très belle contribution à la situation que j'essaie d'initier. Quand je dis initier, c'est au sens où j'essaie toujours dans ce cas, comme dans d'autres circonstances, de proposer des dispositifs qui visent à être dépassés et affectés par les contributions

the new work after the existent work would be merely a from of nostaligia, self reference, of creating a sentimental narrative, utter superfluous to the matter at hand. This new work is a virus on a Petri Dish - always infinitely removed from the originator and always the same, the thing in itself. Having of cake and eating of cake. Keeping gods amused from both sides. I know this has nothing to do with Metzger or Baudelaire.

I thought immediately to suggest The Blessing to be de/re-constructed - I don't know if you have seen it? there is a lot of material there, I can take it back to St. Theresa of Avila or to my friends acid trip or the NASA website, or maybe to fra angelico, it will come out the same in the end as the begining perhaps, but I would like to know what you think, I am open to suggestion. I'm not sure, maybe Auditorium because it is simpler, and it would allow me to dig up an old love affair, or how about World of Interiors ? HA!!! that would fox them - no, they would just sue my sorry ass.

best wishes

Claire

PIERRE BAL-BLANC

Dear Dominique,

Thank you for taking the time to reply. In an environment that encourages us to click on buttons that activate pre-programmed codes, I know just how difficult it is to focus one's attention in order to write. I was touched by your almost instinctive response, which to my mind testifies less to a rejection than to the expression of a profound conviction.

How are the concerns of contemporary artistic practice to be understood when artistic practice is being transformed into an activity governed by the cultural industry? How can one speak of art in the context of a contemporary art fair that obscures, to the point of forgetting the issues related to artistic practice in favor of others which are raised to the level of international norms?

This mail is not an attempt to get you to reconsider your decision, but to confirm your refusal to follow my proposition in itself a contribution to the project. In order to present it in a material form at the stand in the art fair – and, given your choice to remain absent, not without a degree of irony – I would like to invite you to present your publication, *Les Pièces Manquantes* (The Missing Pieces), which is a perfect example of both the renunciation you refer to and the reversibility I am proposing.

My proposition will have allowed me to begin a discussion on contemporary music with you, something I have hoped to do for some time. My intention is not to reduce my proposition to an alternative of inclusion or exclusion, nor to a unique form of participation. The project's starting point, reversibility, is a radical idea and I am conscious of the resistance that it may arouse. I intend to keep a record of all the responses it generates.

Your mail is, in itself, a perfect contribution to the situation that I am trying to initiate. When I say initiate, I mean in the sense that I always attempt, in such a case (as in other circumstances), to propose circumstances which aim at being surpassed and are affected by the contributions of those who take part, from the artists to the pubic itself. I am inspired, for this, by the example of the work of composers like Christian Wolff or Cornelius Cardew, contemporaries of John Cage:

de ceux qui y prennent part, des artistes jusqu'au public luimême. Je m'inspire pour cela par exemple du travail de compositeurs comme Christian Wolff ou Cornelius Cardew, contemporains de John Cage quand ils disent:

"Nous devions nous affranchir des conséquences directes et péremptoires de l'intention et du résultat, car notre intention sera toujours nôtre et limitée, tandis que nombre d'autres forces sont incontestablement à l'œuvre dans le résultat final."[1]

"L'échec existe relativement à un but. La nature n'en ayant aucun, elle ne connaît pas l'échec. Les humains se donnent des buts et ils doivent donc échouer."[2]

Je pense que tu partages ces points de vue, d'ailleurs, je peux tout aussi bien te citer toimême:

Mes pièces ne sont pas scénarisées, dans le sens où il n'y a pas de texte, de projet ou d'intention préalables dont la pièce serait en quelque sorte la réalisation, la mise en forme. [...] Je respecte trop le son pour le contraindre à autre chose que luimême. [...] Je ne m'appuie par sur un langage existant [...] Pour chacune de mes pièces j'invente une syntaxe, une grammaire, une logique [...] Rien ne m'est donné à l'avance par un code par des conventions.[3]

Je pourrais considérer ton souhait de ne pas participer au projet pour lequel je t'invite comme un échec si mon but avait été d'obéir à une règle de questions /réponses, ou tout simplement si j'avais l'idée du résultat déjà au stade de l'intention. Ce n'est pas le cas et ce nouveau courrier en expose quelque unes des raisons.

Je ne considère pas pour autant ta réponse comme n'étant pas un échec par rapport à un des aspects de ma proposition, en me réfugiant dans une posture de dénégation. Je saisi au contraire l'opportunité d'être confronté avec toi à la question de l'échec et d'adopter un autre angle envers elle. On distingue parfois mieux les enjeux profonds d'une pratique dans les traces de ce qui a échoué (comme tu le fais avec *Les Pièces Manquantes* par exemple) que dans le résultat de ce qui s'est accompli.

Dans ton entretien avec Guillaume Constantin réalisé à l'occasion de ton installation sonore pour 9 haut-parleurs à Instant Chavirés en avril dernier, tu dis "L'empathie seule sans la cruauté, ça ne va pas assez loin, je trouve." et tu précises concernant les voix et les sons que tu enregistres "Mes montages sont des figures de cruauté: couper la parole, cacher l'essentiel, ce n'est pas tendre."

"Couper la parole" j'aime beaucoup l'idée de résumé ton travail à cela, à la réappropriation que tu fais de ces mots, de ce mot d'ordre, qui sous entend qu'il y a derrière son emploi la menace d'une punition envers laquelle tu lances un défi, c'est beau et violent en même temps

J'aimerais revenir à l'édition publiée par La galerie Edouard Manet à Gennevilliers. Ces pièces ont un lien étroit avec la notion de réversibilité que je propose comme hypothèse de départ dans le projet pour le stand de "The Fair Gallery" et leur titre *Les Pièces Manquantes* pourrait d'ailleurs tout aussi bien convenir pour ce projet. Tu les sous titres: "Les pièces sonores que je n'ai pas pu ou voulu faire" et tu en précises les circonstances: "Impossibilité, renoncement, empêchement, blocage, inapti-

"We had to liberate ourselves from the direct and peremptory consequences of intention and effect, because the intention would always be our own and would be circumscribed, when so many other forces are evidently in action in the final effect."[1]

"Failure exists in relation to goals. Nature has no goals and so can't fail. Humans have goals, and so they have to fail."[2]

I believe you share these same points of view. Besides, I could just as easily quote from your own writing:

"My works are not staged, in the sense that there is no prior text, project, or intention for which the work would be the realization or the form [...] I respect sound far too much to limit it to anything other than itself [...] I don't rely on an existing language [...] For my works, I invent a syntax, a grammar, a logic [...] For me, nothing is given in advance by a code or conventions." [3]

I could consider your wish not to participate in the project as a failure, if my goal was to obey a rule of questions and answers, or, quite simply, if I already had an idea of the outcome at the proposal stage. This is not the case and I'm writing this email to clarify some of the reasons.

It is not as if I don't consider your response a failure in relation to one of the aspects of my proposal, as if my position was one of denial. On the contrary, I want to take the opportunity to address together the question of failure and to adopt another approach towards it. It is sometimes easier to discern the underlying concerns of an artistic practice in the traces of its failure, as you do in your publication *Les Pièces Manquantes*, for example, than in the results of its accomplishment.

In your interview with Guillaume Constantin, which you did during your sound installation for nine loud-speakers at the Instants Chavirés last April, you said, "Empathy alone, without cruelty, doesn't go far enough, I think," and you clarify your position concerning the voices and sounds that you record, stating that "My collages are figures of cruelty: cutting into and interrupting speech [couper la parole], hiding the essential, is not a very affectionate action."

"Cutting into and interrupting speech." I very much like the idea of summing up your work in the way you reappropriate these words, this injunction with the underlying suggestion that behind its use there is a threat of punishment which you challenge – it is at once beautiful and violent.

I would like to return to the publication edited by the Edouard Manet Gallery in Gennevilliers. The pieces you describe in the publication are strongly connected to the notion of reversibility, which I am proposing as an initial idea for The Fair Gallery's stand, and *The Missing Pieces* could, moreover, very well fit in with the project. The book is subtitled, "The sound pieces that I could not or did not want to do," and you give a precise detail of their circumstances: "Impossibility, renunciation, obstacles, artistic block, inaptitude, conviction." With each piece, you express either a debt and a dependency on a power that is outside of your control (*Unplugged*, for example) or, in the case of *Gare* [Station], a technical excess or deficiency, a loss on a human scale and an accompanying exhilaration. In the case of *Gare* in particular, the spoken sentence you pronounce – and which previously deafened me – now resonates clearly throughout my body, each time I hear the express

[fig 16] Andrea Büttner, *Dancing Nuns* (detail). Courtesy Hollybush Gardens, London

[fig 17] "The Fair Gallery," installation view. Frieze Art Fair, London, 2008

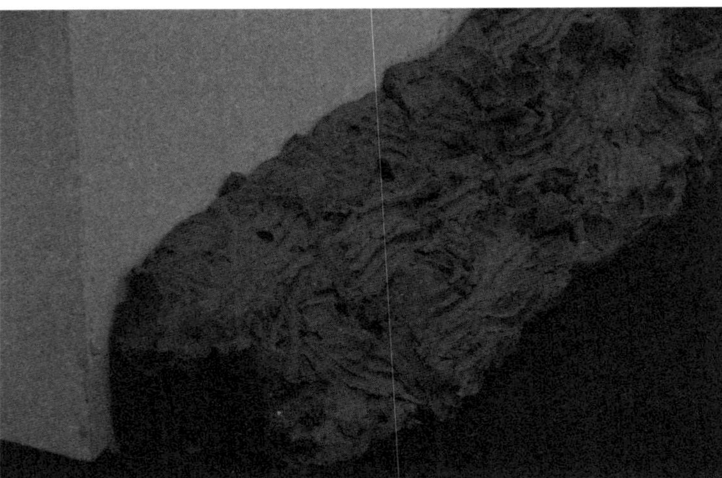

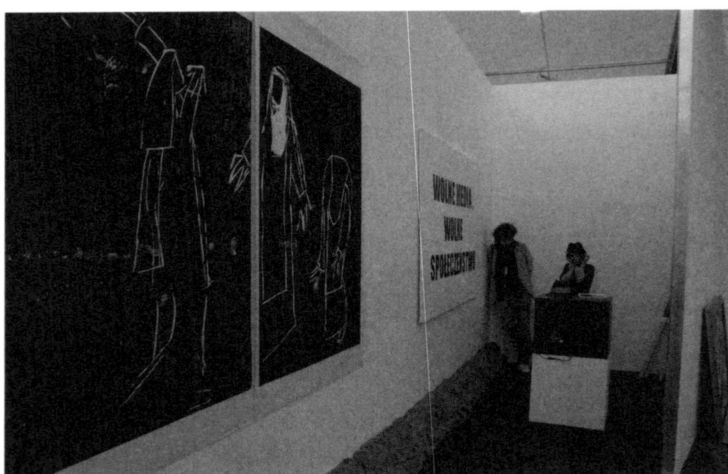

tude conviction". Dans chacune tu exprimes soit avec *Unplugged*, une dette et une dépendance envers un pouvoir qui t'est extérieur; soit avec *Gare*, un excès et un déficit technique, une perte de l'échelle humaine et l'ivresse qui l'accompagne. Avec dans cette dernière pièce en particulier, cette phrase sonore que tu prononces - et qui sourdait auparavant en moi - pour maintenant résonner clairement dans mon corps, à chaque fois que j'attends mon RER sur le quai de la gare de Brétigny:

Debout dehors, au bord du quai le passage d'un train sans arrêt, et la sensation qu'on te coupe la tête.

Avec la pièce, *L'autre chanteur*, tu montres la vacuité de l'enregistrement et du souvenir. La pièce, *A l'autre bout de la rame*, met en rapport la technique et l'homme, d'un coté la tendance à l'indistinction, de l'autre la fragilité des capacités de distinction. *Chutes*, enfin oppose composition et décomposition, sans trancher. Et pour finir *Trouver un trésor*, trouve par défaut, le chemin de la liberté de l'écoute.

J'ai envie de reprendre à Dean Inkster, l'extrait de Roland Barthes qu'il cite dans son très beau texte sur Cornelius Cardew[4] et qui convient parfaitement à ce qui précède: S'il faut libérer l'écoute, il ne suffit pas de prendre la parole – comme on le croit trivialement – mais il faut permettre à l'écoute elle-même de circuler, de permuter et ce faisant de remettre en question la distribution par laquelle les modes de discours hiérarchiques et instrumentalisés viennent à se renforcer: car aucune loi ne peut obliger le sujet à prendre son plaisir là où il ne veut pas aller (quelles que soient les raisons de sa résistance), aucune loi n'est en mesure de contraindre notre écoute: la liberté d'écoute est aussi nécessaire que la liberté de parole."[5]

L'exposition *Réversibilité* proposée au sein d'une foire d'art contemporain - qui a tendance à réduire le destin de la création à la production d'une plus value et qui oblige à prendre du plaisir uniquement à ce jeu policé- invite les artistes à dé-créer une œuvre et à prendre un chemin en sens inverse. J'oriente les artistes dans un sens interdit, un peu comme toi tu coupes la parole. J'ai la conviction profonde que c'est une rupture des codes de la route ou de la conversation, qu'il est nécessaire d'initier "ici et maintenant" (à Frieze Art Fair, en octobre 2008) pour exposer les enjeux de la création et en libérer l'écoute.

Bien à toi

Pierre

NB: je souhaiterais pouvoir conserver ton nom dans la liste des artistes invités à participer à l'exposition *Réversibilité* pour "The Fair Gallery". J'aimerai également pouvoir publier nos échanges dans ce contexte. Je souhaiterais pour accompagner cela avoir sur le stand la présence de l'édition *Les Pièces Manquantes*. Je te remercie de me confirmer ton accord et reste bien sûr ouvert à toutes les réactions que ce courrier pourrait susciter de nouveau chez toi.

Notes

1 *Experimental Music: Cage and Beyond*, Michael Nyman Ed., Allia, 2005.

2 Liner notes in Cardew, *The Great Learning/Bedford – Two Poems*, Deutsch Grammophon, 2002.

3 Entretien Dominique Petitgand avec

train on the platform at the station in Brétigny:

"Standing outside, on the edge of the platform, the passage of a train that doesn't stop, and feeling [sensation] that one's head is being cut off."

With the piece *L'autre chanteur* [The Other Singer], you reveal the vacuousness of recording and memory. The piece *A l'autre bout de la rame* [On the Other End of the Train] links technology and man – on the one hand, the tendency towards indistinction; and, on the other, the fragile nature of the capacity to make distinctions. *Chutes* [Falls] ultimately opposes composition and decomposition, without resolving their difference. And finally, *Trouver un trésor* [Find a Treasure] reveals, by default, the path that leads to the freedom of listening.

I would like to cite a passage from Roland Barthes which Dean Inkster quotes in his lovely article on Cornelius Cardew **[4]**, and which fits perfectly with what I have been describing.

If we are to liberate listening it is not enough simply to begin to speak, as it is often crudely believed. One must allow listening itself to circulate and permute, and thus to undermine the distribution through which dominant modes of tactical and hierarchical speech enforce themselves. "No law can oblige the subject to take pleasure there where he does not want to go (no matter what the reasons for his resistance might be), and no law has the power to constrain our listening: the freedom of listening is as necessary as the freedom of speech. This is why this apparently modest notion [of listening] is finally like a little theater where those two modern deities, the one bad the other good, confront each other: power and desire."**[5]**

As a proposal for a contemporary art fair – which has a tendency to reduce the results of artistic creation to the production of surplus value and the obligation to take pleasure solely in this closely regulated game – the exhibition *Reversibility* invites the artists to de-create a work and to invert the direction they normally take in their work. I am orientating them in a forbidden direction, not dissimilar to the way you cut up speech. I have the strong feeling that instigating a rupture with the traditional codes or conventions is necessary "here and now" (at the Frieze Art Fair in October 2008) in order to reveal the conditions of artistic creation and to liberate listening.

Kind regards,
Pierre

Notes

I would like to keep your name on the list of artists invited to participate in the exhibition, *Reversibility*, for the Fair Gallery. I would also like to publish our correspondence within this context. As an accompaniment, I would like to present the publication *Les Pièces Manquantes*. My thanks in advance if you could confirm your agreement. I am open to any reaction you may have to this mail.

1 Michael Nyman, *Experimental Music: Cage and Beyond* (Cambridge University Press, 1999), p. 50

2 Liner notes in Cardew, *The Great Learning/Bedford – Two Poems* (Deutsche Grammophon, 2002)

appliqués sur des icônes fétichisées par l'industrie culturelle. Par exemple *Eve's Game* (2009) de Sanja Iveković, basée sur une icône du monde de l'art, la photographie de Marcel Duchamp jouant aux échecs face à un modèle nu féminin prise par Julian Wasser lors de la rétrospective de l'artiste au Pasadena Art Museum en 1963. Dans la version réactivée sous forme de performance par Iveković à l'occasion de *Réversibilité*, l'artiste prend physiquement la place de Marcel Duchamp et positionne en face d'elle le commissaire nu qui est à l'origine de l'invitation à réaliser ce projet. Eve Babitz qui posait pour la photo avait 20 ans à l'époque de la prise de vue; elle a contribué à plusieurs magazines (*Ms Magazine*, *Harper's Bazaar*). Devenue elle-même une sorte d'icône underground façon Beverly Hills, elle répond à son tour à une interview de Paul Karlstrom (critique et historien de l'art) en juin 2000 pour les archives de l'histoire orale du Program of the Smithsonian Archives of American Art. Sanja Iveković remplace l'usage des pièces d'échecs par un dialogue extrait de cette interview, dit à voix haute au rythme de l'arrêt et de la mise en marche de l'horloge propre au règlement de ce jeu. L'artiste prend la place de Duchamp, mais incarne le rôle d'Eve en répondant au commissaire nu qui reprend l'interview conduite par l'historien d'art. Dans ce jeu d'inversion des rôles, Iveković présente une archéologie vivante de cette icône photographique. La performance se conclut par la projection d'un vidéoclip disponible sur YouTube montrant Eve Babitz chantant *Strange Idea of Love* au club londonien The Lost Society.

Avec *Pièce en Sept Morceaux* (2009), les chorégraphes Annie Vigier et Franck Apertet s'attaquent pour leur part à la photographie de Salvator Dali et Philippe Halsman *In Voluptate Mors (Dali Skull)* (1951). Cette image est née du souhait commun du peintre surréaliste et du photographe de réaliser un nu constitué d'une accumulation de corps. Ensuite a germé l'idée suivant laquelle cet enchevêtrement pourrait, à une certaine distance, représenter un crâne, mêlant ainsi Eros et Thanatos. Cette composition est également une variante moderne du thème de la "Vanité" que symbolisaient les crânes dans la peinture ancienne. La pose et la photographie deviennent la partition d'une performance créée par Annie Vigier et Franck Apertet qui consiste à agencer les corps de sept danseurs pour construire et déconstruire pendant une durée étirée et dans un espace accessible au déplacement du visiteur cette figure de crâne humain.

Je ne vois pas la ... cachée dans la forêt est une performance proposée par Marianne Maric avec Matthias TJ Grimme et Julia Jaeger qui produit une décontextualisation de la pratique du Shibari, une technique japonaise issue du bondage et pratiquée dans certains clubs érotiques. L'artiste souhaite sortir des références de ce rituel pour les inscrire dans un rapport au corps, graphique et plastique. Pour souligner cette intention elle emploie comme partition pour cette performance, la peinture de René Magritte représentant une femme nue posant seule entourée des portraits photographiques de seize surréalistes, tous des hommes qui ferment les yeux, renvoyant ainsi à un public hypothétique.

[→ pag 90]

[fig 8, 9] David Lamelas, *Projection (The Screen Effect)*, 1967/2004. CAC Brétigny, 2008

Guillaume Constantin, Instant Chavirés, avril 2008.

4 Dean Inkster, "Cornelius Cardew de la grande étude à la liberté de l'écoute", Ed. ERBA, Valence, 2004.

5 Roland Barthes "Ecoute", *Oeuvres Complètes V*, Ed. Seuil, Paris, 2002.

[Tr.VII]

DOMINIQUE PETITGAND

Cher Pierre,

J'aime ta réponse, elle touche juste, j'aime les mots "enregistrer ton refus d'obéir", et comme je suis assez d'accord avec ce que tu y dis, et que, par ailleurs, l'un de mes modes de conversation préféré est la polémique (amicale), je ne sais pas, pour l'instant, quoi répondre d'autre que: oui, je suis d'accord pour participer, en creux, comme tu le proposes, à l'exposition Réversibilité à "The Fair Gallery", avec la présence du livre *Les Pièces Manquantes*, et la publication (sous la forme que tu estimes la meilleure) de nos échanges, présent en même temps que réfractaire, ironique un peu (mais surtout pas cynique), en tous les cas, amical,

Dominique

3 Dominique Petitgand, interview with Guillaume Constantin, Les Instants Chavirés (April 2008)

4 Dean Inkster, "Cornelius Cardew: From The Great Learning to the Freedom of Listening" (Valence, France: Ed. ERBA, 2004)

5 Roland Barthes, "Listening," in *The Responsibility of Forms: Critical Essays on Music, Art and Representation* (New York: Hill and Wang, 1985), p. 260

DOMINIQUE PETITGAND

Dear Pierre,

I very much like your reply; it touches on the issue precisely.
I very much like your formula, "I'm bearing in mind your refusal to obey."

Since I quite agree with what you say, and since one of my preferred conversational modes is (friendly) argument, I don't know for the moment what else to reply other than: yes, I'm happy to participate, following your proposal, in the exhibition *Reversibility* at the Fair Gallery, and to show the book *The Missing Pieces*, with the publication of our correspondence (in the form that you feel is best), present at the same time as resistant a little bit ironic (but especially not cynical), and in all cases, sincerely,

Dominique

PIA RÖNICKE

Dear Pierre

Summer is almost over, at least it seems so here in Copenhagen.
The lazy relaxed feeling is long gone and the last couple of weeks have been marked by work and caching up. I dread that the openness of summer has passed and that obligations demand answered emails, proposals and planning.

I am not sure what your questions are, and I am not sure quite how to respond. If you call for a conversation, a statement or a proposal.

But here I give you some associative thoughts:

I wondering if not all our actions will be transformed into productivity I am wondering if not also this text has that purpose.
The process only exist for the purpose of the product Or the process is shaped by the thought of the product I guess that also means that reflection and thinking are limited.
I am wondering if there is a space outside the space of production Can we create conversation and exchange that are defined by human interested?
That have unforeseen paths?
That asks for responsibility?...

Could you tell me if you have something specific in my in relationship to my work?
Maybe that can also be a starting point for a conversation. Not that I have mush time and I have to make an extra effort to reflect on your thoughts. I never the less think it is important to have these conversations.

You properly know I am coming to Paris the 9th of September to exhibit at gb agency.

It would be good to met up
All my best

Pia

PIERRE BAL-BLANC

Dear Rafał and Michał,
Because of the language problem for our exchange, please find a letter with images .

Best,
Pierre

4
KONSTRUKTIVISMUS
OBMOCHU
1921
55
37
ATELIER LADOWSKI
1923
11
MERZ
SCHWITTERS
1920
69
68

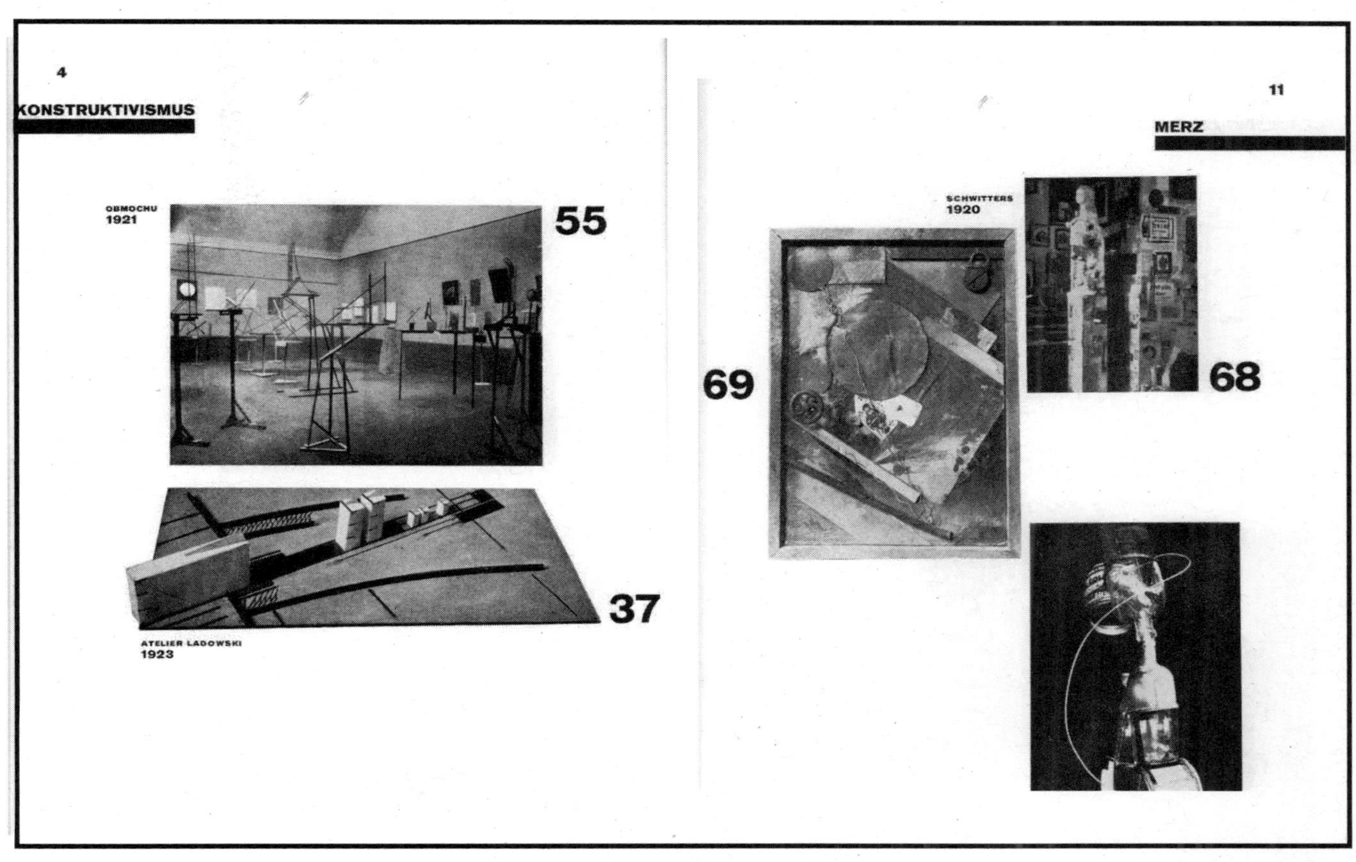

0

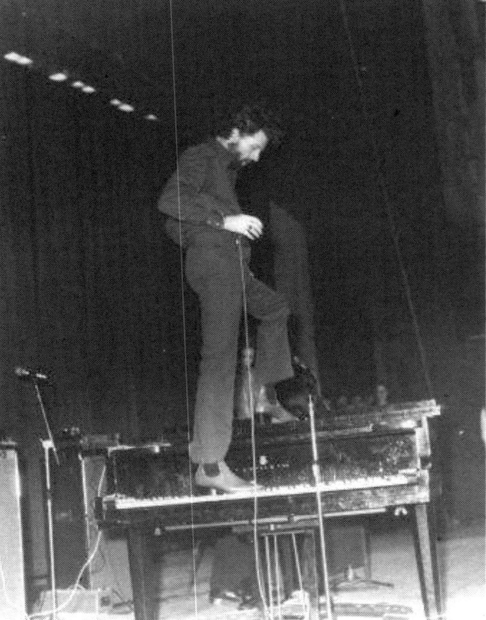

1

2

METZGER

Cardboards selected and arranged by G. METZGER at 14 Monmouth Street, W.C.2, near Cambridge Circus

The discarded cardboard which is on view was probably part of a television package.
These cardboards are nature unadulterated by commercial considerations or the demands of the contemporary drawing room.
They have reference to the greatest qualities in modern painting, sculpture and architecture.
These cardboards were made automatically for a strict purpose and for a temporary usage.

A U T O D E S T R U C T I V E A R T

Auto-destructive art is primarily a form of public art for industrial societies.

Auto-destructive painting, sculpture and construction is a total unity of idea, site, form, colour, method and timing of the disintegrative process.

Auto-destructive art can be created with natural forces, traditional art techniques and technological techniques.

The artist may collaborate with scientists, engineers.

Auto-destructive art can be machine produced and factory assembled.

Auto-destructive paintings, sculptures and constructions have a life-time varying from a few moments to twenty years. When the disintegrative process is complete the work is to be removed from the site and scrapped.

London, 4th November, 1959 G. METZGER.

~~The sound of~~ The amplified sound of the auto-destructive process can be an integral part of the total conception.

The cardboards are on view from Monday 9th-30th November.
Open daily from 6 p.m. to midnight.

The exhibition will open quietly at 6 p.m. Monday 9th November.

Cardboards, Auto-Destructive Art, 1959, first manifesto

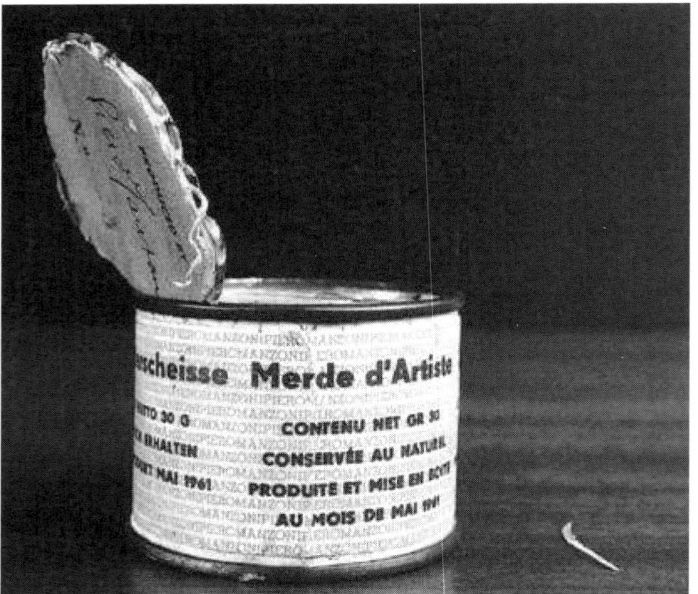

3

4

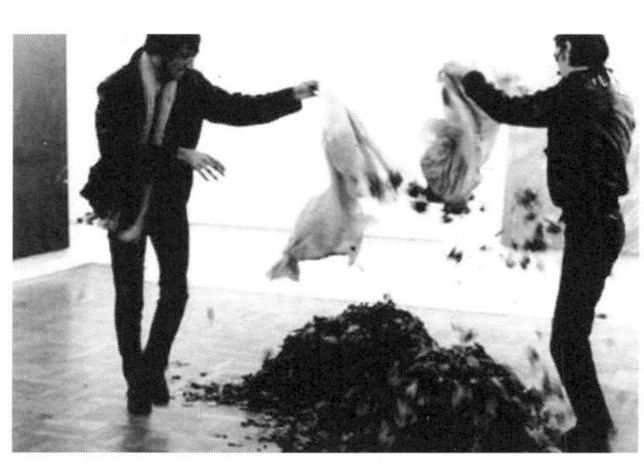

5

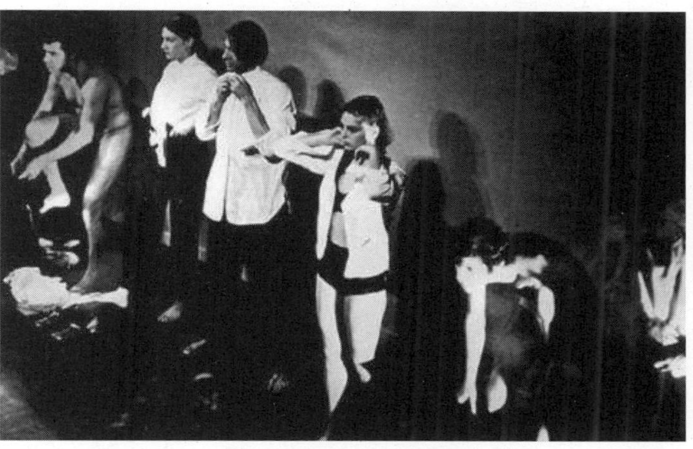

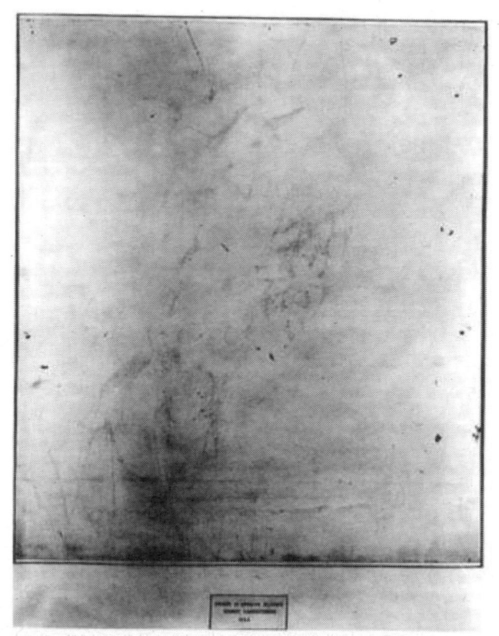

13. Robert Rauschenberg : *Erased de Kooning drawing*, 1953. (Collection de l'artiste.)

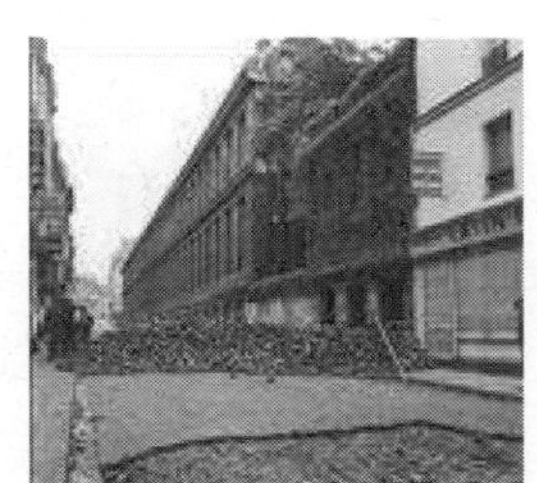

6

7

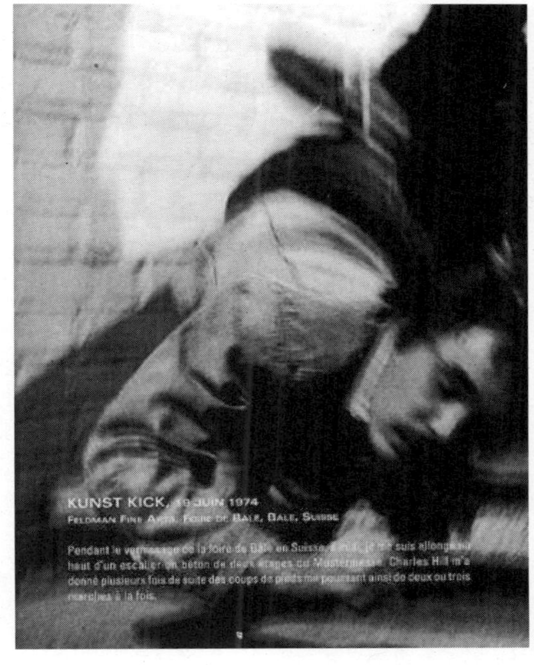

8

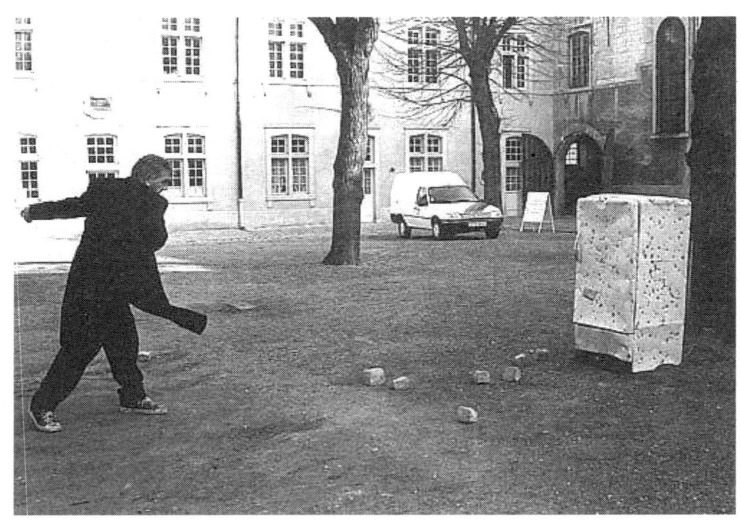

9

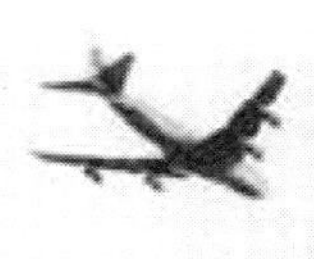

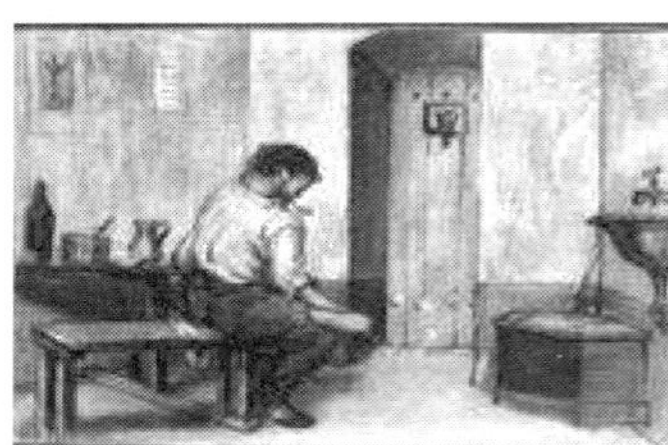

11

747

5 JANVIER 1973

LOS ANGELES, CALIFORNIE

Vers 8 heures du matin, sur une plage non loin de l'Aéroport International de Los Angeles, j'ai tiré plusieurs coups de revolver sur un Boeing 747.

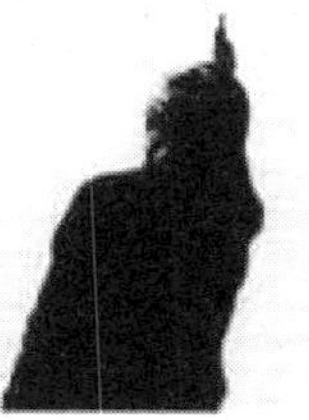

10

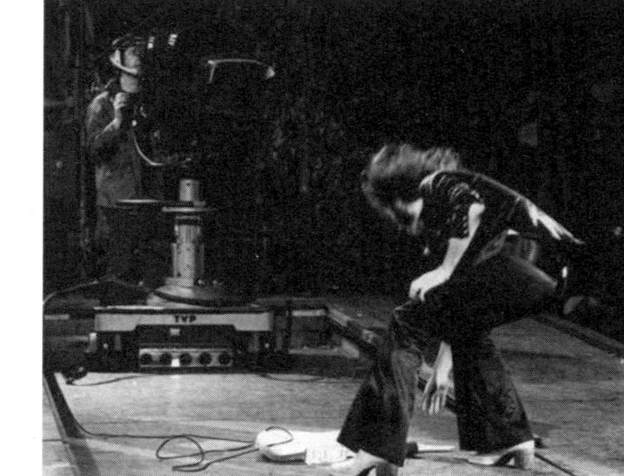

12

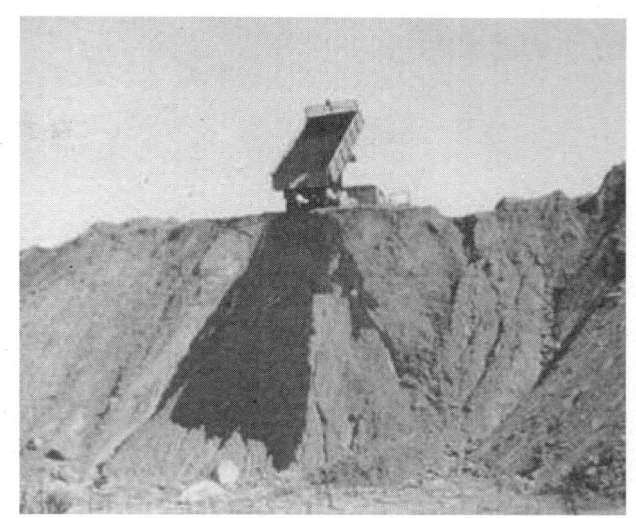

13

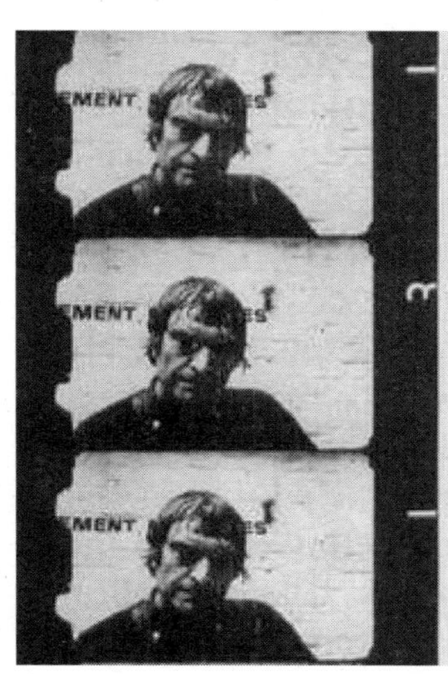

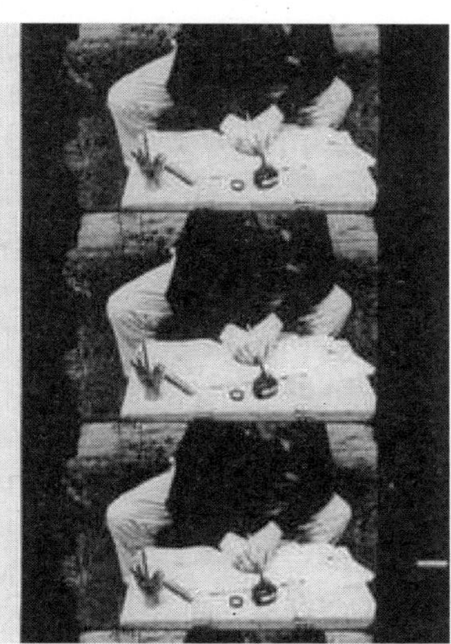

14

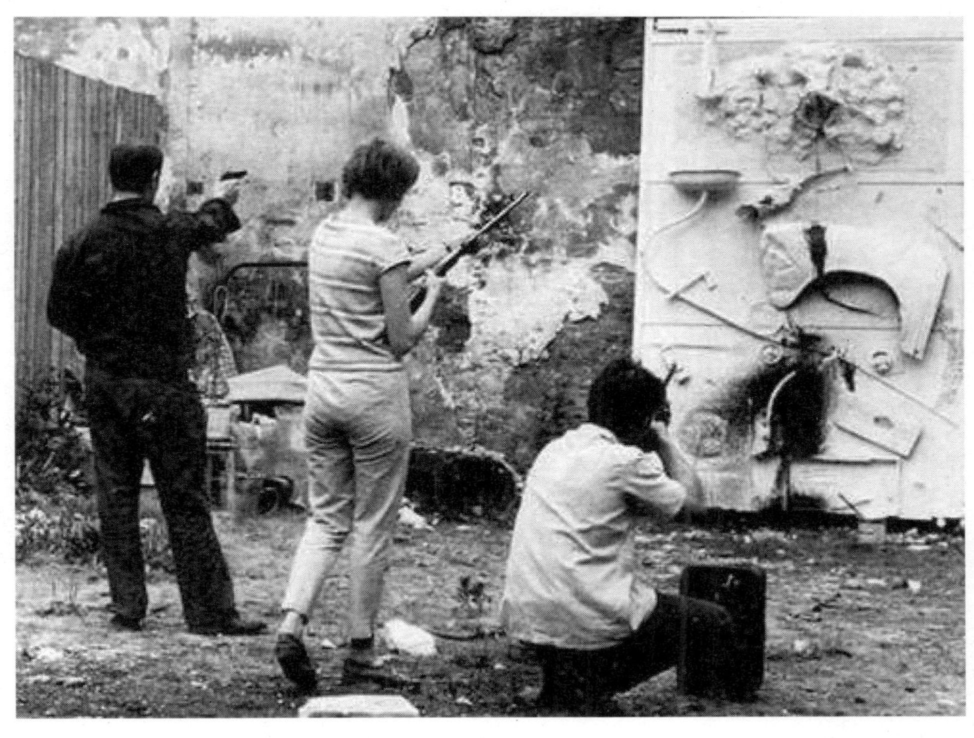

15

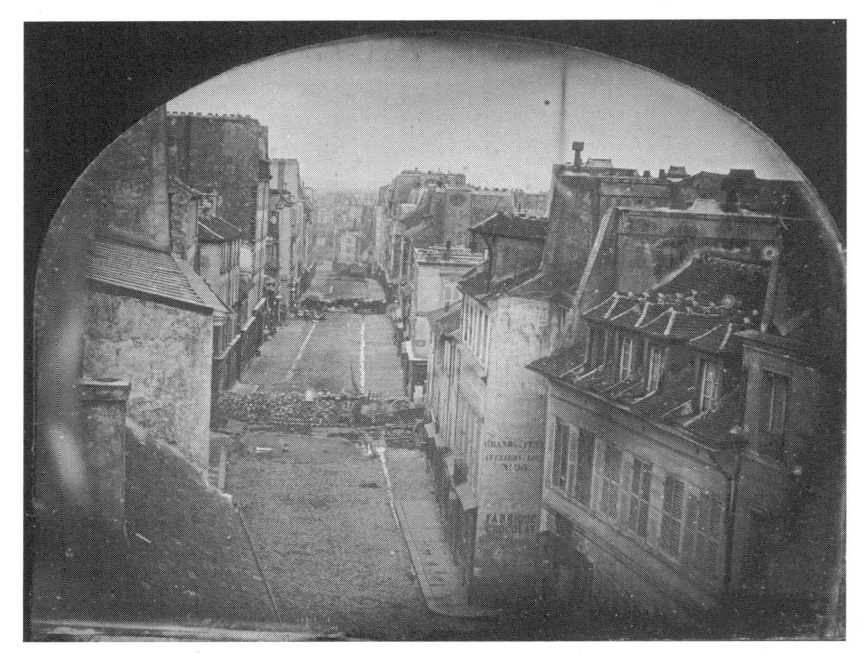

16

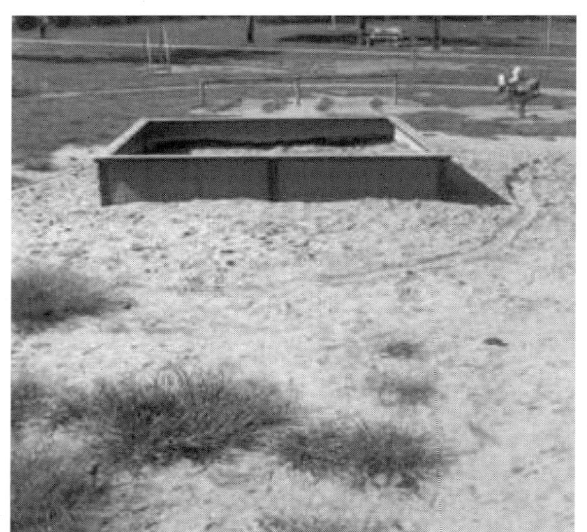

17

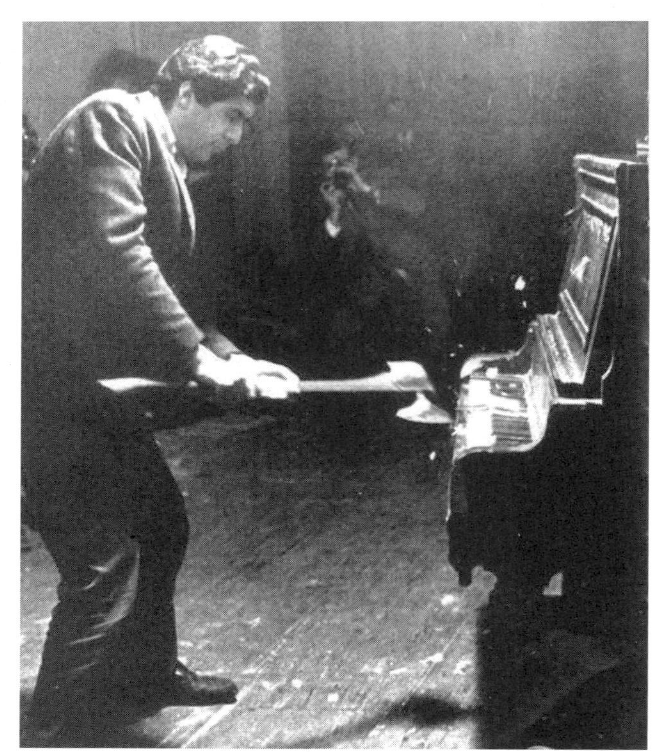

18

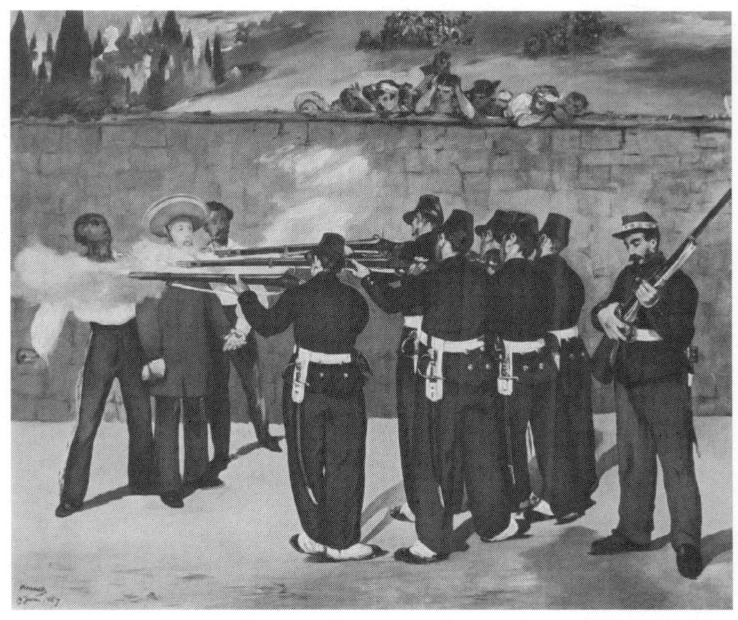

19

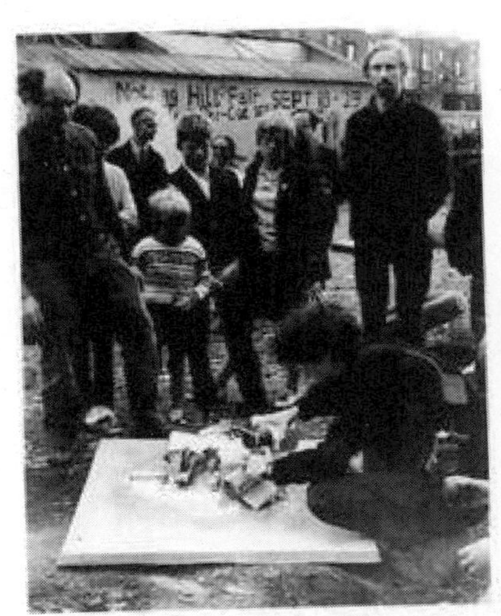

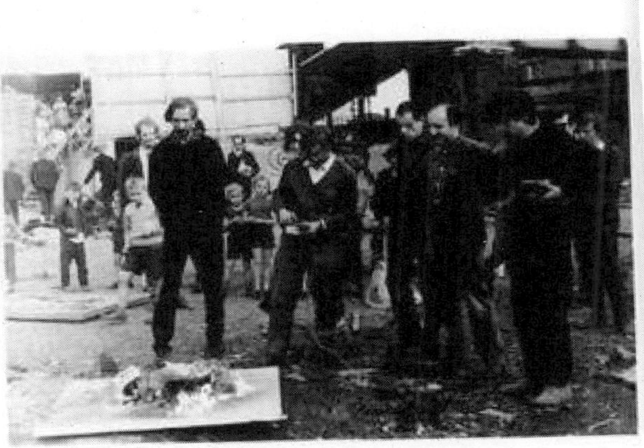

20

DIAS event, September 12, 1966, London
Free School Playground, London
Pro-Diaz (left), Tony Cox (right, kneeling),
John Latham

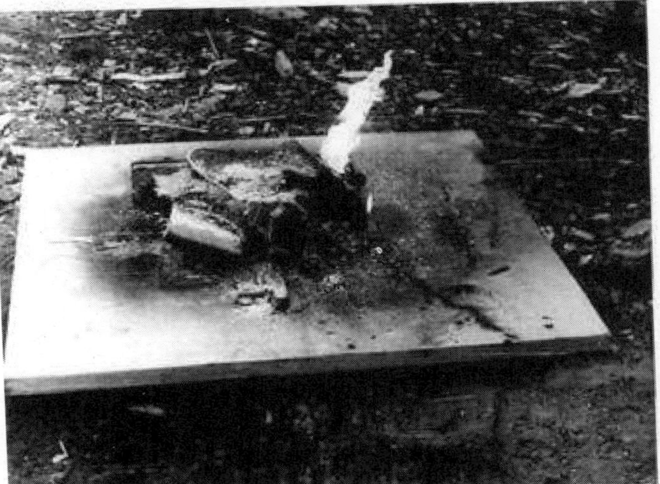

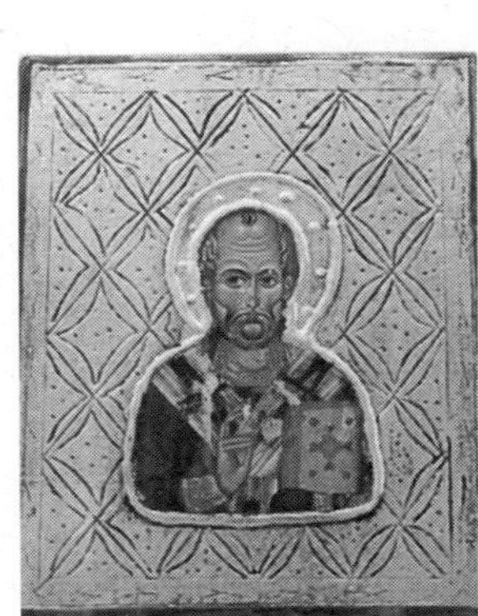

21

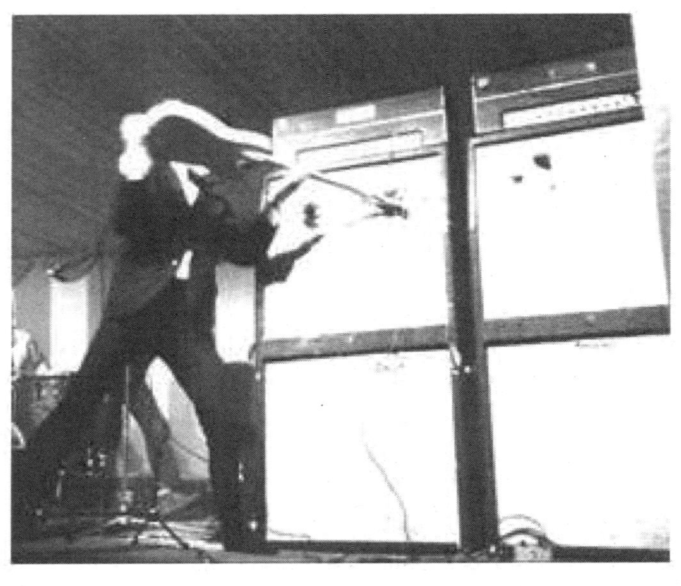

22

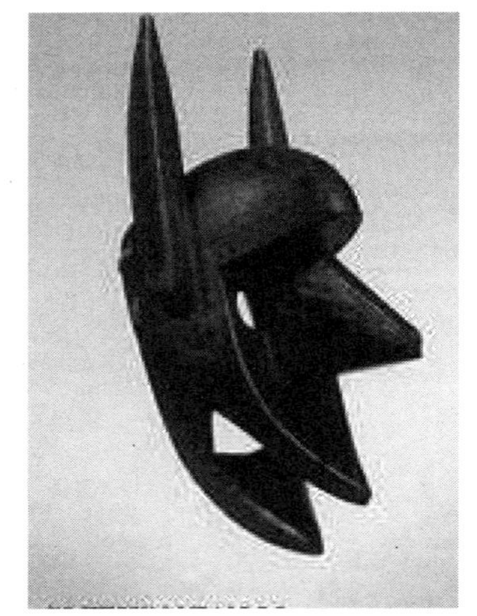

23

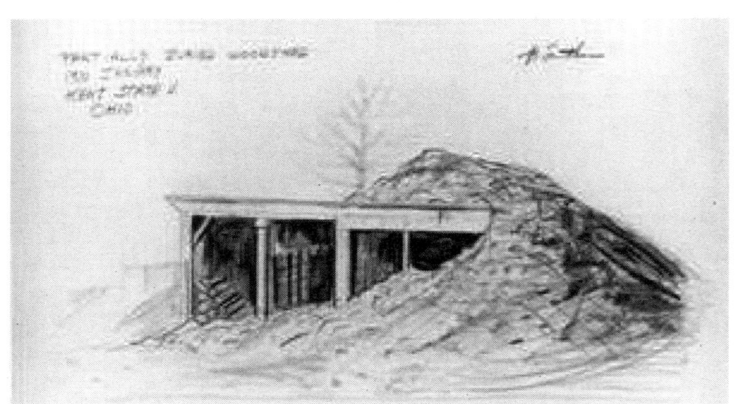

24

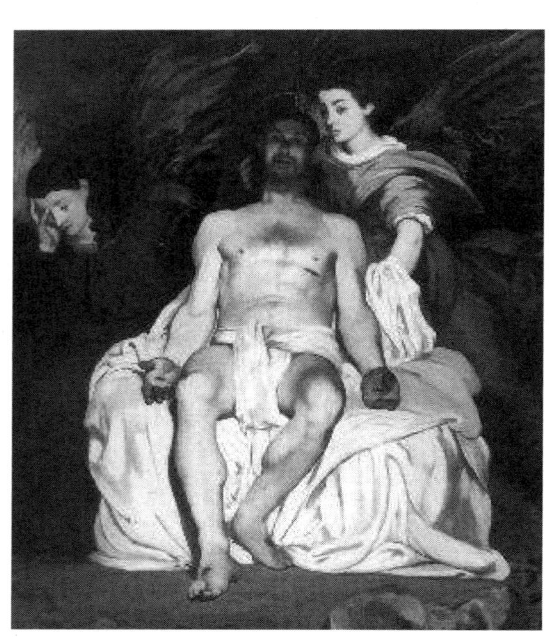

25

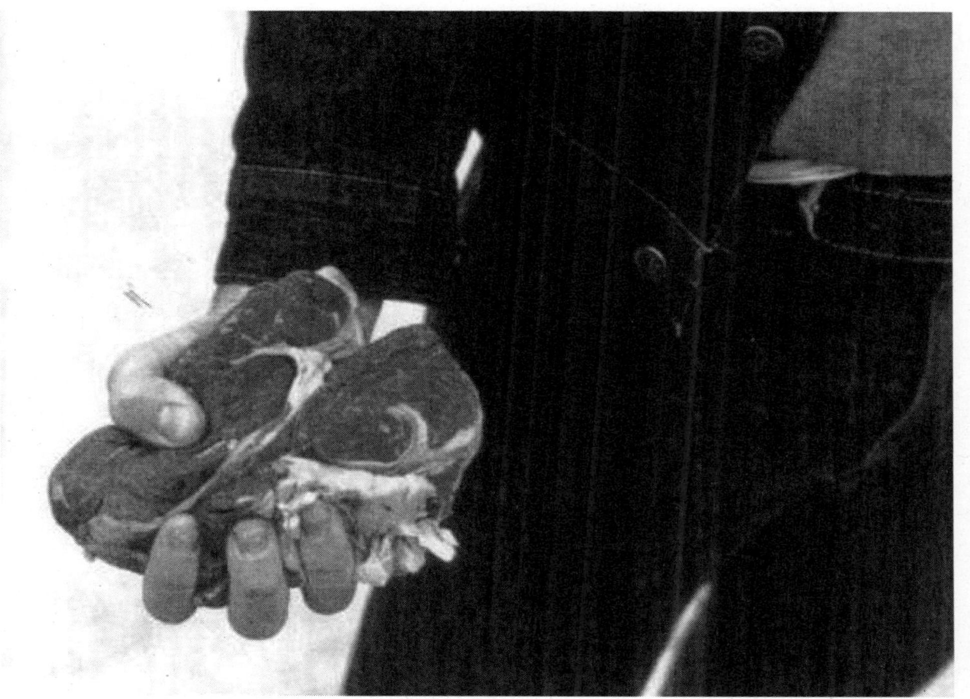

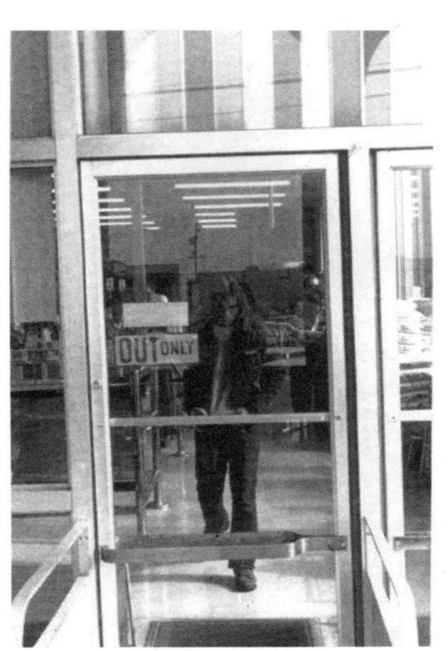

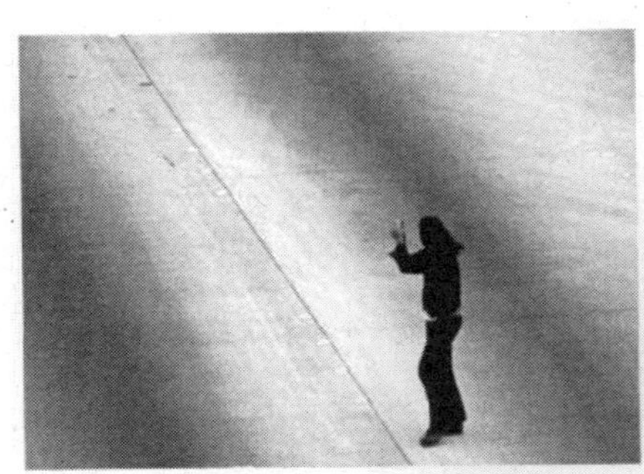

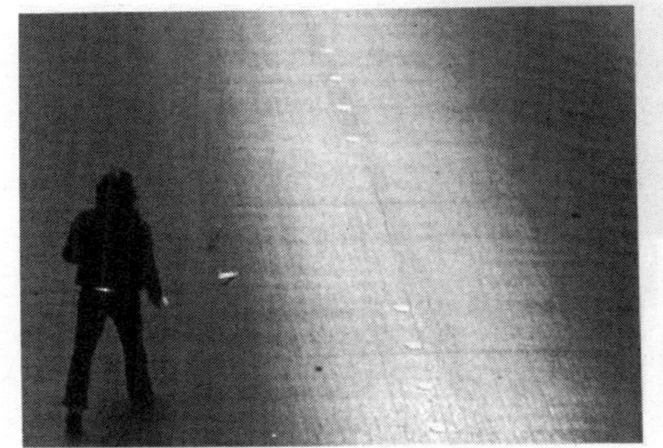

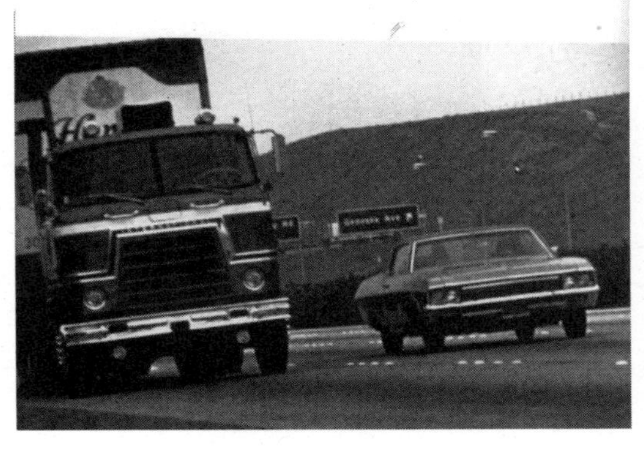

26

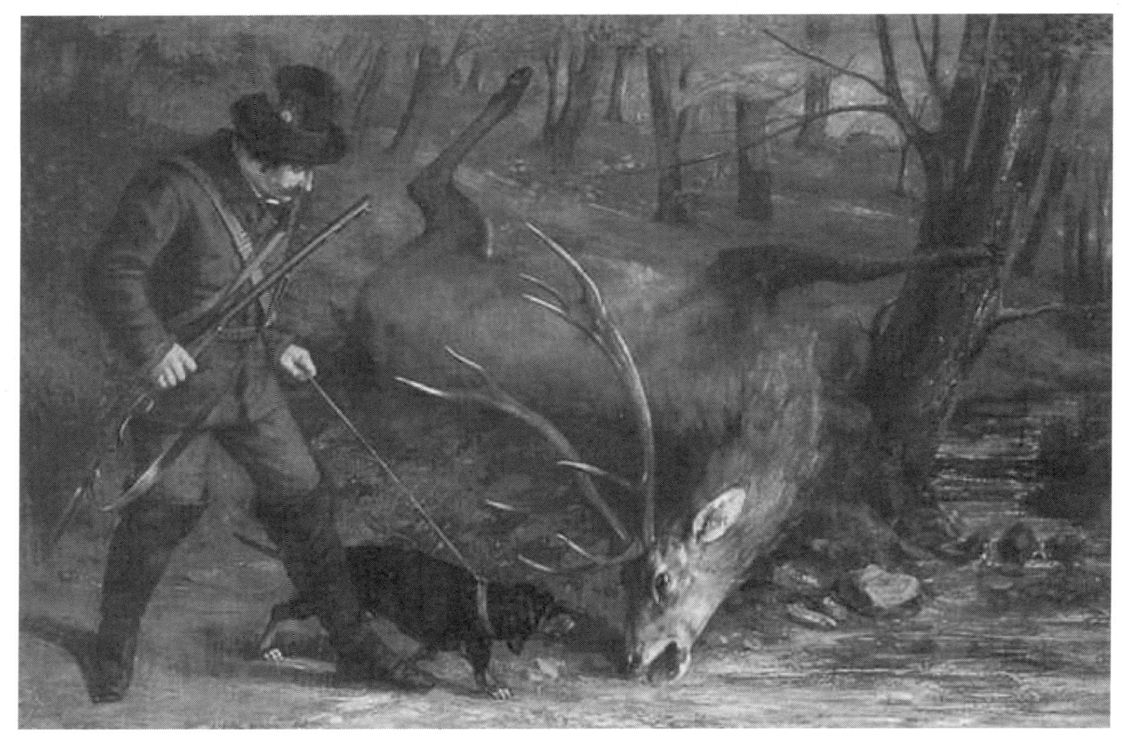

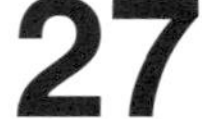

27

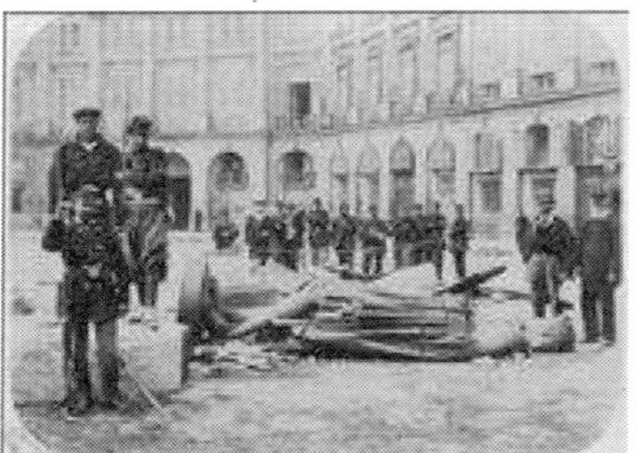

28

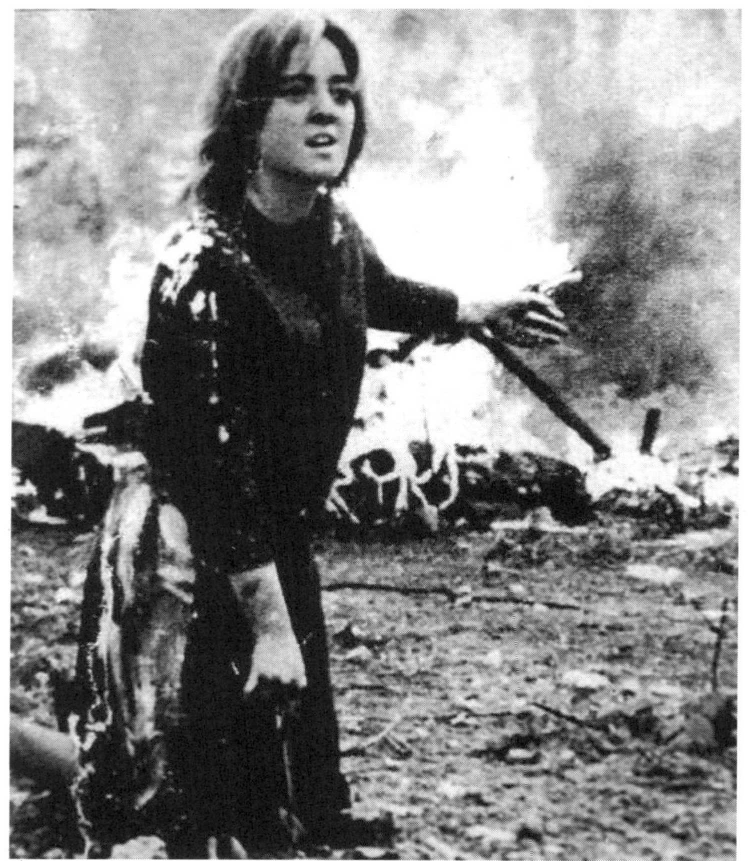

29

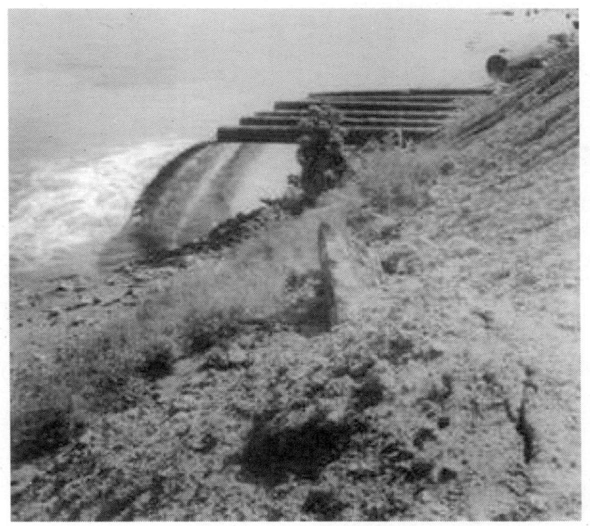

30

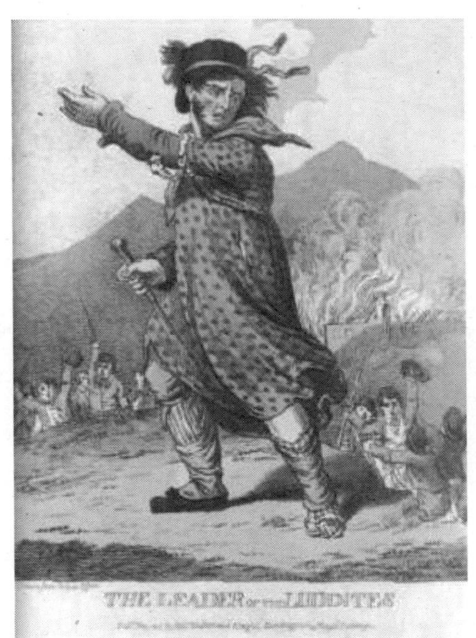

31

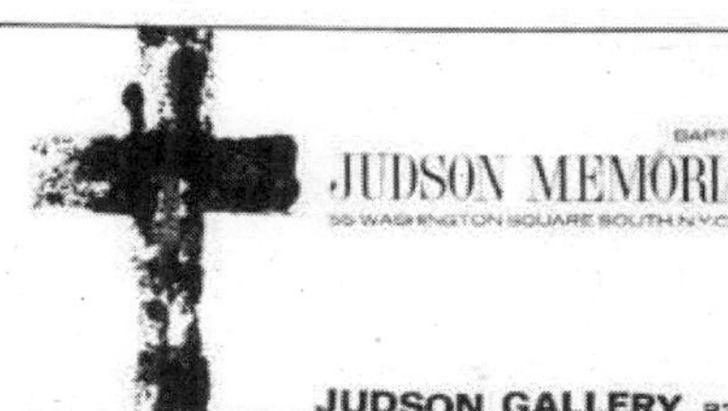

BAPTIST & CONGREGATIONAL

JUDSON MEMORIAL CHURCH

55 WASHINGTON SQUARE SOUTH N.Y.C. 12, N.Y. GRAMERCY 7-0351

JUDSON GALLERY 239 THOMPSON ST.

FRIDAY MARCH 22 1968 7-9 PM

DESTRUCTION ART SYMPOSIUM

D.I.A.S.–U.S.A. 1968 PREVIEW

DESTRUCTION EVENTS

COUNTRY	ARTIST	EVENT
AUSTRIA	HERMANN NITSCH	CARCUS MUTILATION
KOREA	NAM JUNE PAIK	SELF MUTILATION
USA	AL HANSEN	SADOMASO
USA	BICI HENDRICKS	ICE BREAKING
USA	CHARLOTTE MOORMAN	DESTRUCTION
USA	RALPH ORTIZ	THE DEATH OF WHITE HENNY AND BLACK PENNY
USA	LIL PICARD	SOFT BURNINGS FEATHERS AND COAL

NO ADDMITION CHARGE

SENIOR MINISTER: HOWARD MOODY

32

 DIAS-USA, 1968, Judson Gallery, New York, preview

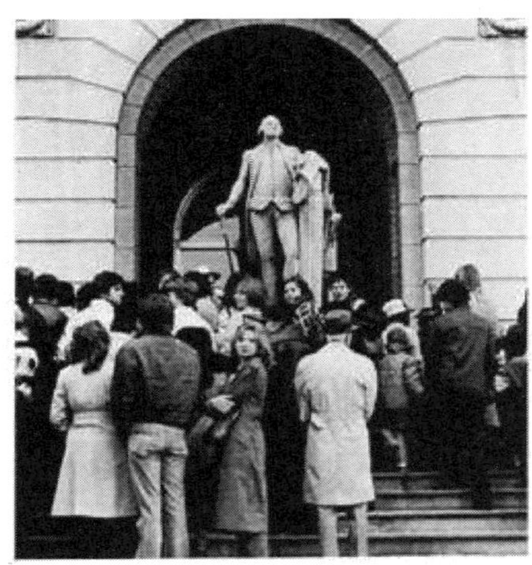

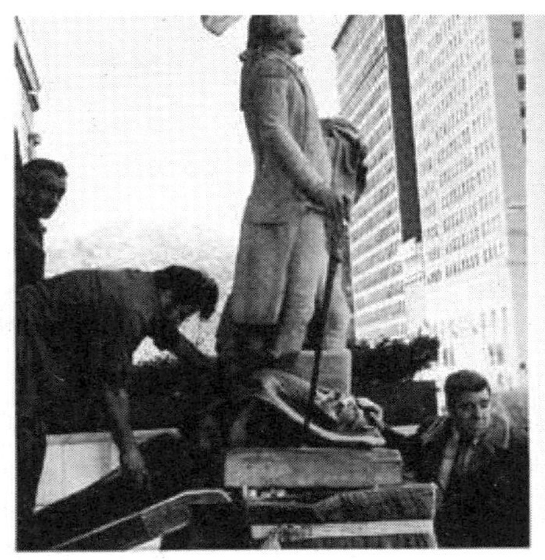

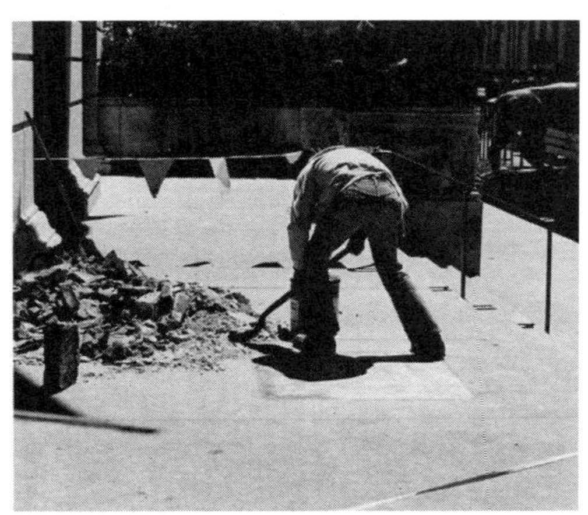

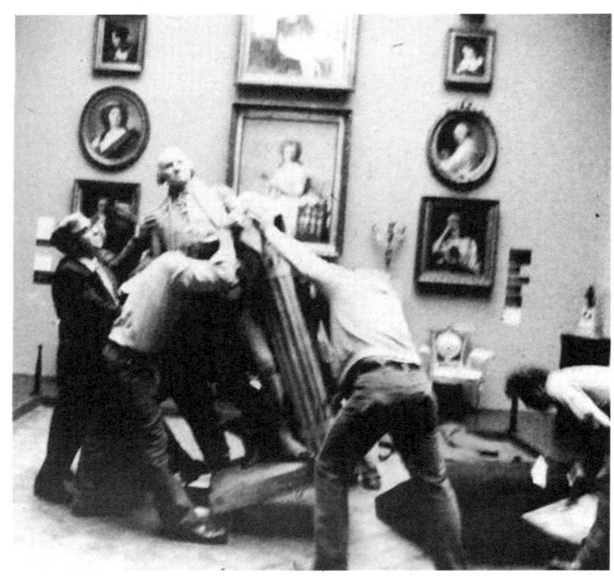

33

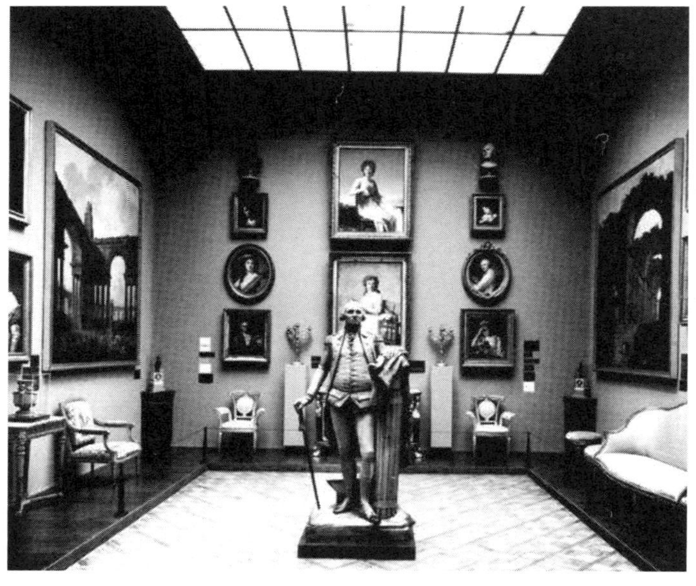

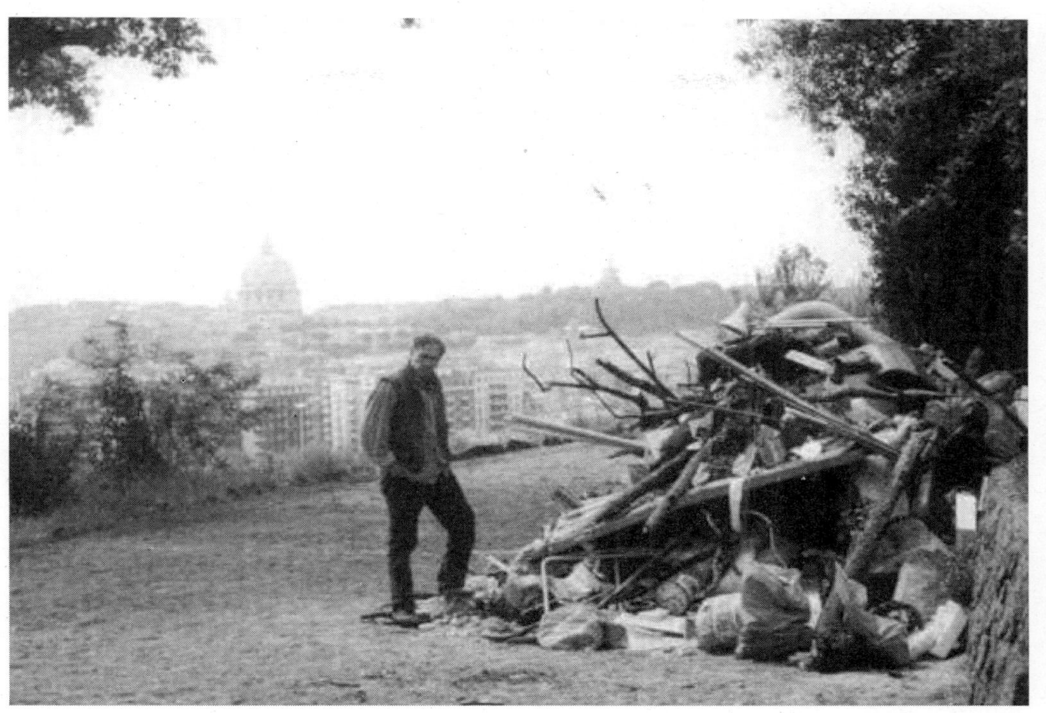

34

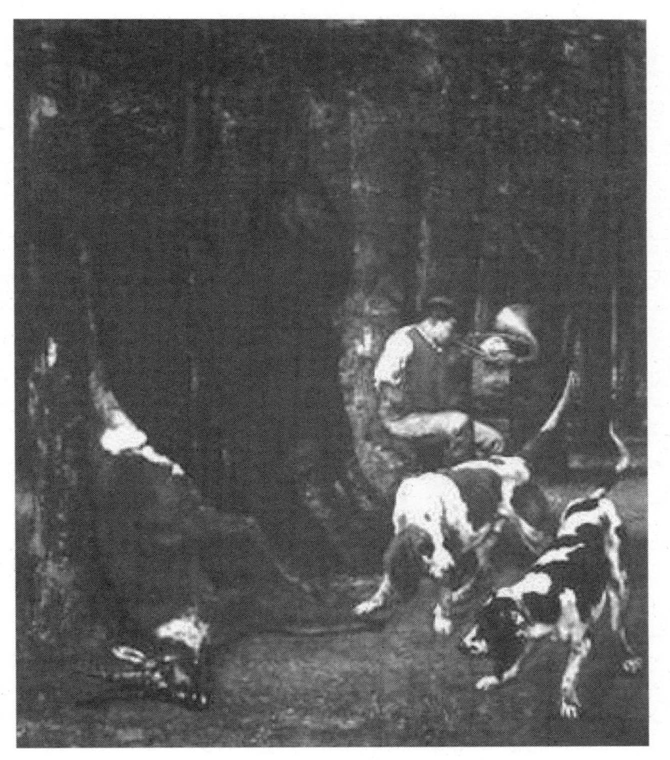

36

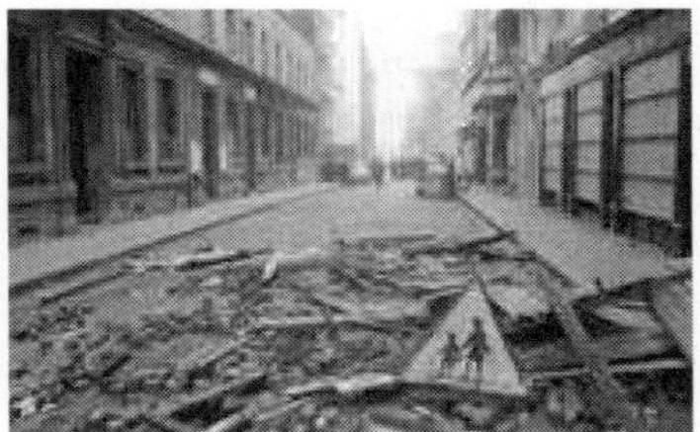

35

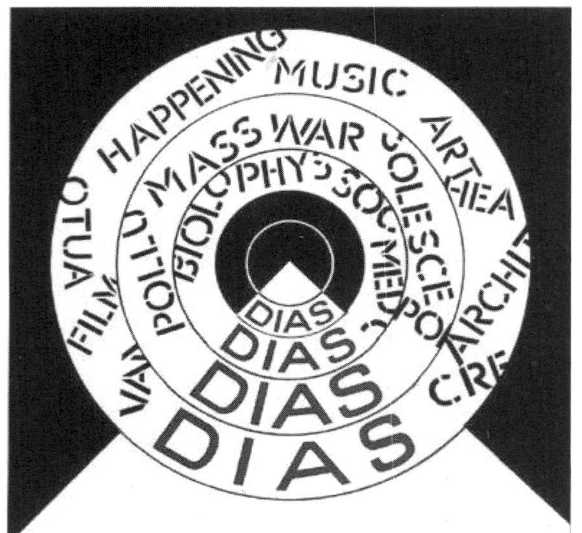

36

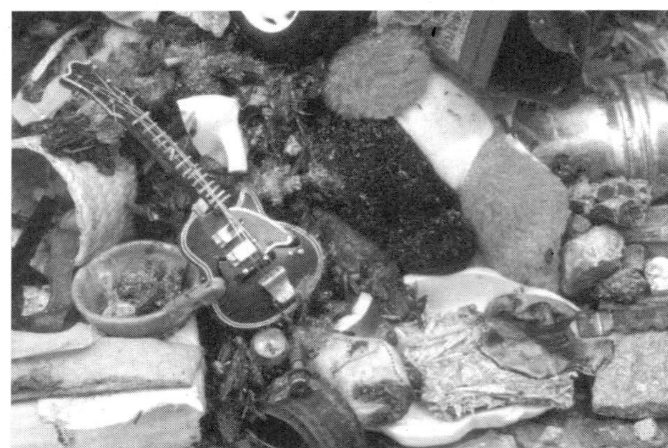

37

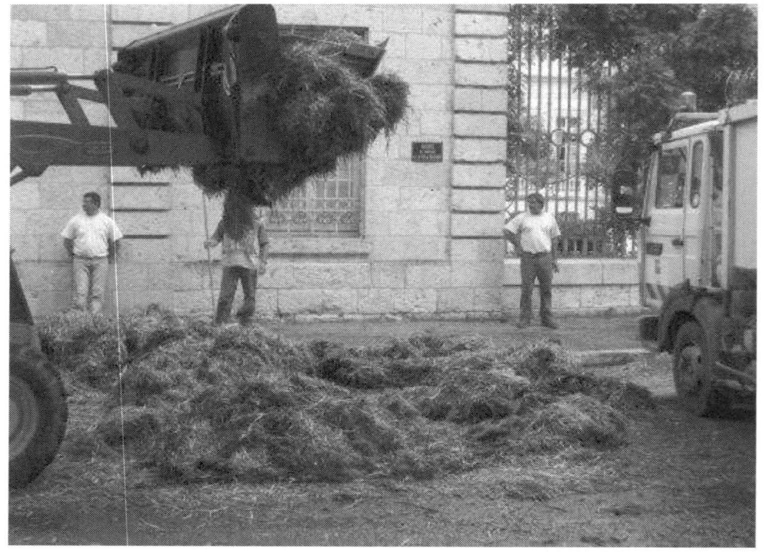

38

David Shapir...

Works in the exhibition:

David Askevold:

	SHOOT	DON'T SHOOT
SHOOT	DEATH FOR BOTH	DEATH FOR ONE
DON'T SHOOT	DEATH FOR ONE	LIFE FOR BOTH

39

ARTE DESTRUCTIVO

BARILARI
KEMBLE
LOPEZ ANAYA
ROIGER
SEGUI
TORRAS
WELLS

Arte destructivo, 1961, Galería Lirolay, Buenos Aires
invitation card
Kenneth Kemble

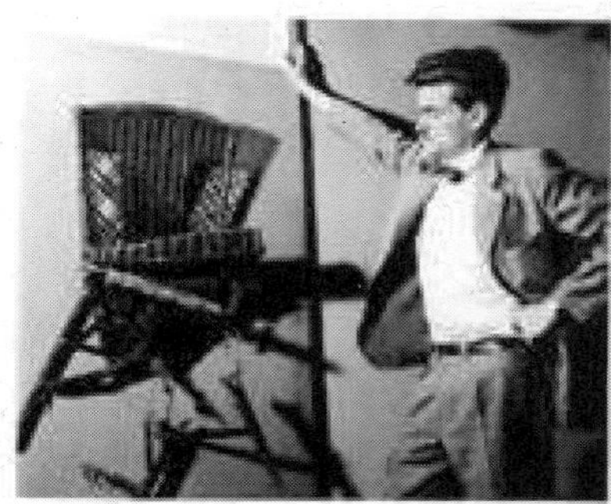

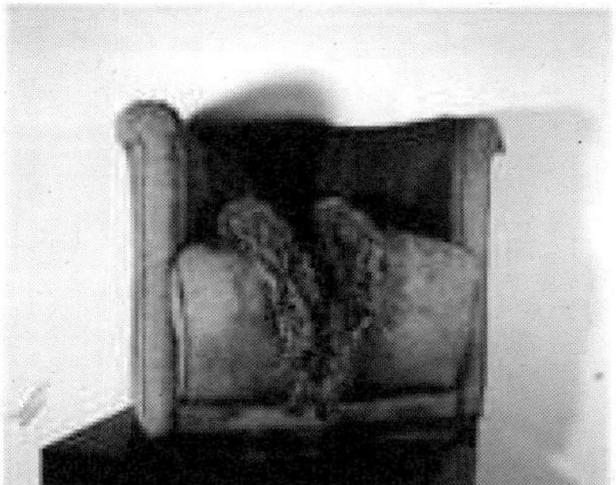

40

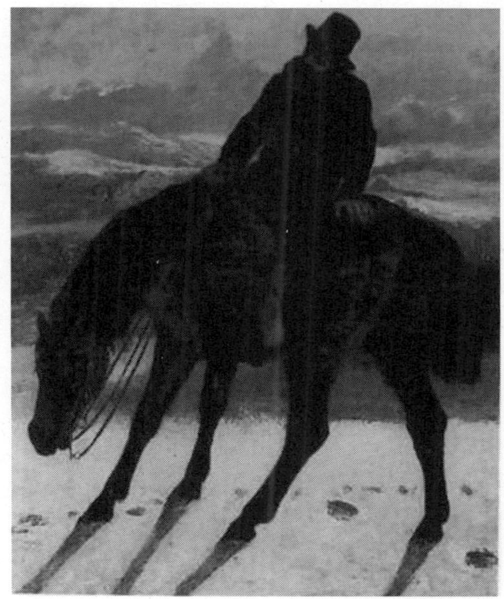

41

SETH SIEGELAUB

Dear Mr. ______________,

I am organizing an International Exhibition of the "work" of 31 artists during each of the 31 days in March 1969. The exhibition is titled "One Month."

The invited artists and their dates are:

March			
1	Carl Andre	17	On Kawara
2	Mike Asher	18	Joseph Kosuth
3	Terry Atkinson	19	Christine Kozlov
4	Michael Baldwin	20	Sol LeWitt
5	Robert Barry	21	Richard Long
6	Rick Barthelme	22	Robert Morris
7	Iain Baxter	23	Bruce Nauman
8	James Byars	24	Claes Oldenburg
9	John Chamberlain	25	Dennis Oppenheim
10	Ron Cooper	26	Alan Ruppersberg
11	Barry Flanagan	27	Ed Ruscha
12	Dan Flavin	28	Robert Smithson
13	Alex Hay	29	De Wain Valentine
14	Douglas Huebler	30	Lawrence Weiner
15	Robert Huot	31	Ian Wilson
16	Stephen Kaltenbach		

You have been assigned March __, 1969.

Kindly return to me, as soon as possible, any relevant information regarding the nature of the "work" you intend to contribute to the exhibition on your day.

Your reply should specify one of the following:
1) You want your name listed, with a description of your "work" and/or relevant information.
2) You want your name listed, with no other information.
3) You do not want your name listed at all.

A list of the artists and their "work" will be published, and internationally distributed. (All replies become the property of the publisher.)

Kindly confine your replies to just verbal information.

All replies must be received by February 15th. If you do not reply by that time, your name will not be listed at all.

Thank you for your cooperation.

Sincerely,

SETH SIEGELAUB

21 January 1969

1100 Madison Avenue, New York 10028, (212) 288-5031

42

43

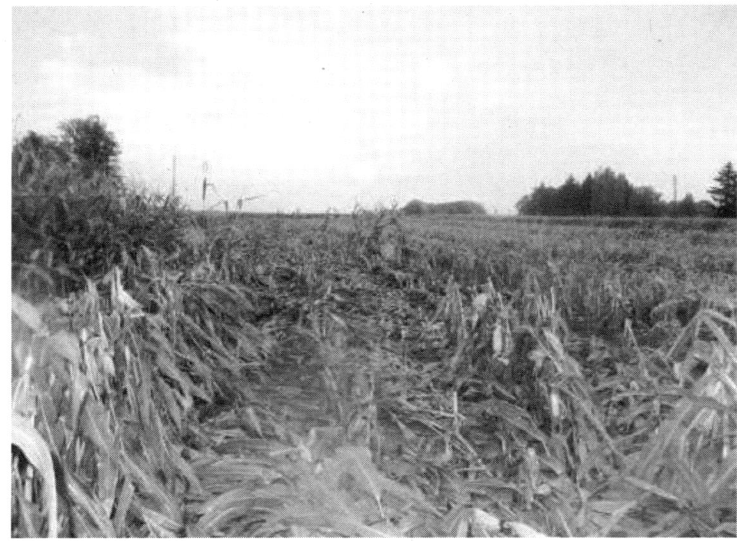

44

TV HIJACK, 9 FEVRIER 1972

CHANNEL 3 CABLEVISION, IRVINE, CALIFORNIE

Le 14 janvier, j'ai été invité par Phyllis Lutjeans à réaliser une pièce pour une chaîne de télévision locale. Après que plusieurs de mes propositions ont été censurées par Phyllis ou par la chaîne, j'ai donné mon accord pour réaliser des entretiens. Je suis arrivé à la station avec ma propre équipe vidéo. Tandis que l'enregistrement se déroulait, j'ai demandé que l'entretien soit retransmis en direct. Comme la chaîne ne diffusait rien à ce moment-là, ils acceptèrent. Dans le courant de l'entretien, Phyllis me demanda de dire quelques mots sur certaines pièces que j'avais en projet. Je fis la démonstration d'un détournement de la télé. Pointant un couteau sous la gorge de Phyllis, je le menaçai de mort si la station coupait la retransmission en direct. Je lui dis que j'avais prévu de lui faire accomplir des actes obscènes. A la fin de l'enregistrement, j'ai réclamé la bande de l'émission. Je sortis la bobine et détruisis l'émission en arrosant la bande avec de l'acétone. Le directeur de la chaîne était fou furieux ; j'ai proposé de lui offrir mon propre film qui comprenait à la fois l'émission et sa destruction, mais il refusa.

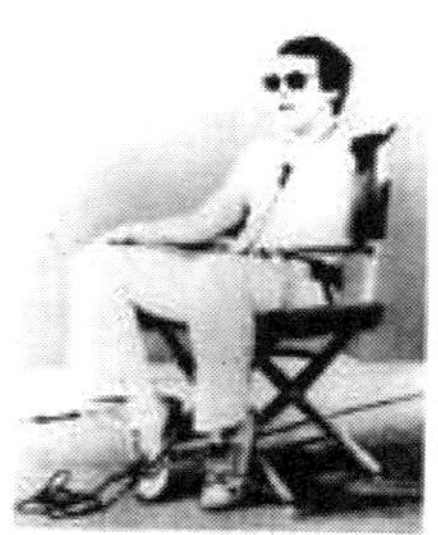

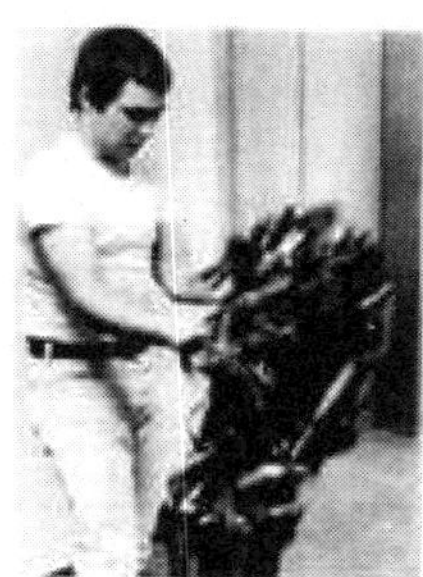

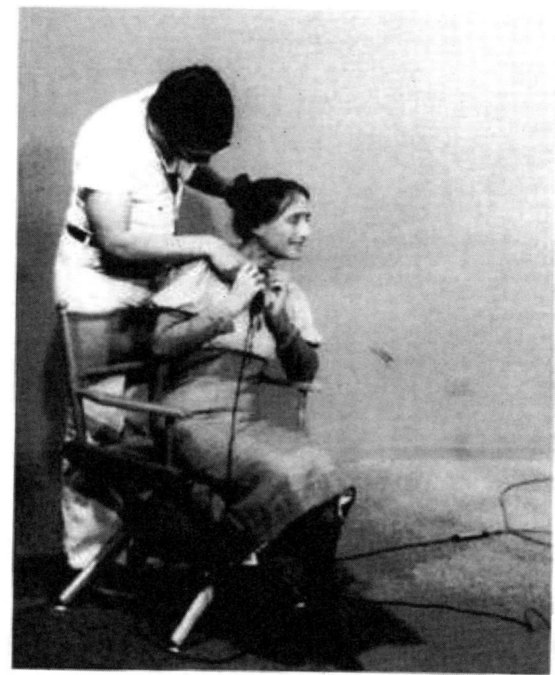

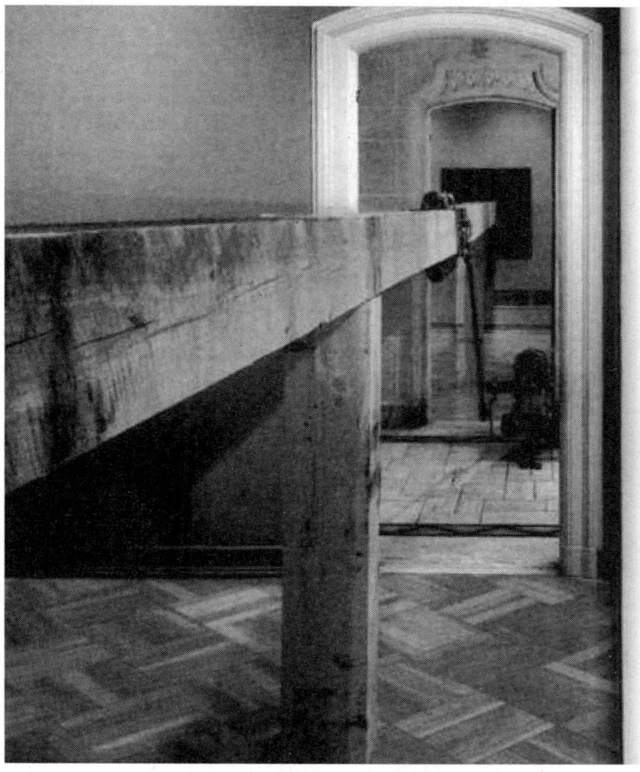

SAMSON
1985

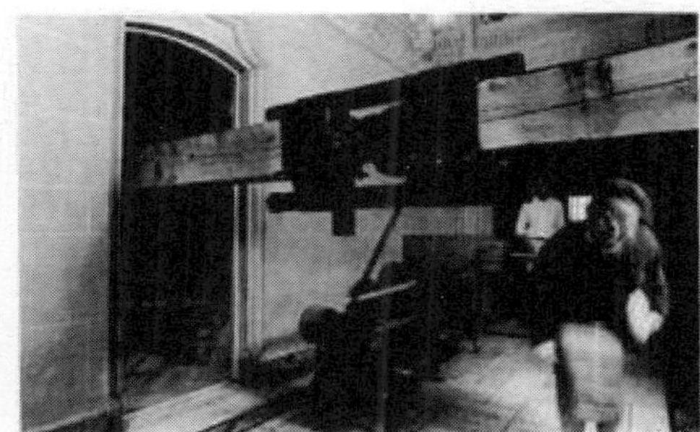

Samson, installation à la Henry Art Gallery, University of Washington, Seattle

Une installation dans un musée constituée d'un cric d'une puissance de 100 tonnes lié à une boîte de vitesse et à un tourniquet. Le cric poussait deux grandes poutres contre les murs de soutènement du musée. Chaque visiteur devait passer par le tourniquet pour voir l'exposition. À chaque fois que celui-ci était actionné, le cric se déployait, et quoiqu'il le fasse de façon imperceptible, si suffisamment de gens étaient venus voir l'exposition, *Samson* aurait pu détruire l'édifice. Comme un glacier, son évolution puissante n'était pas visible à l'œil nu. Cette installation sculpturale pervertit le caractère sacré du musée (cette «remise» qui abrite l'art).

104

45

46

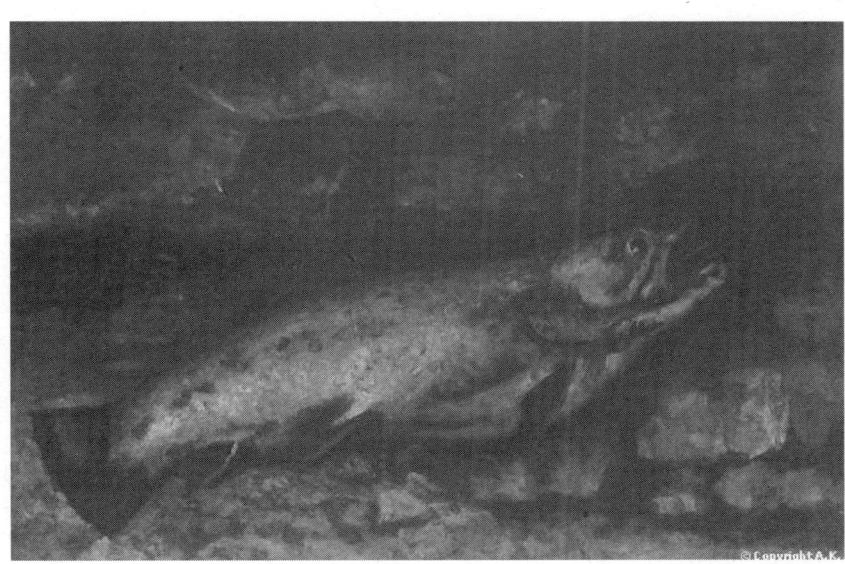

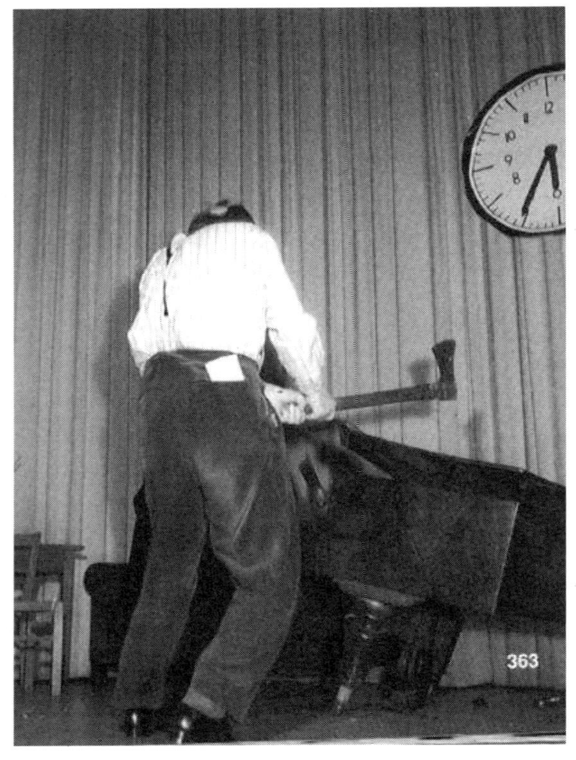

47

82
This is not a
work of art

193
Ceci n'est pas
un objet d'art

48

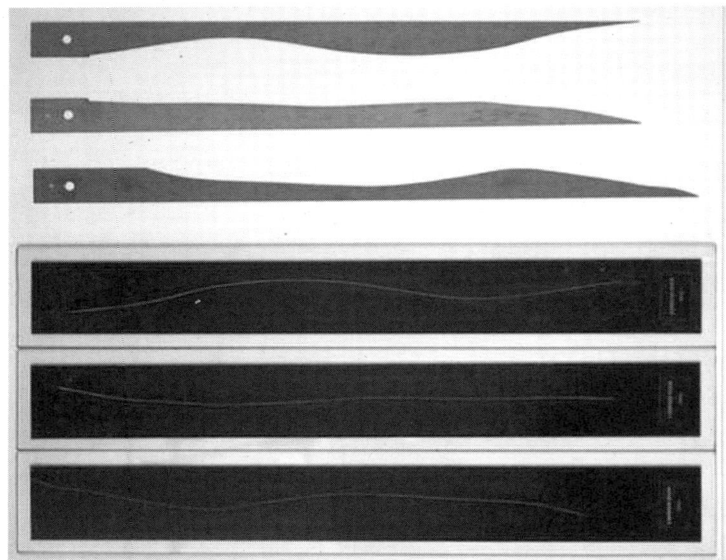

49

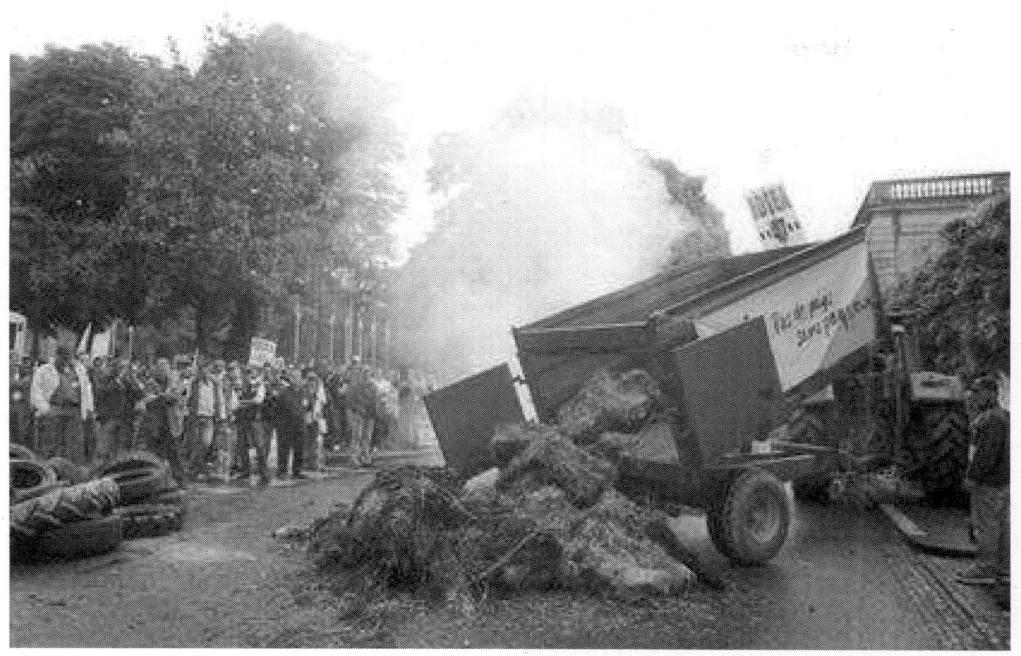

50

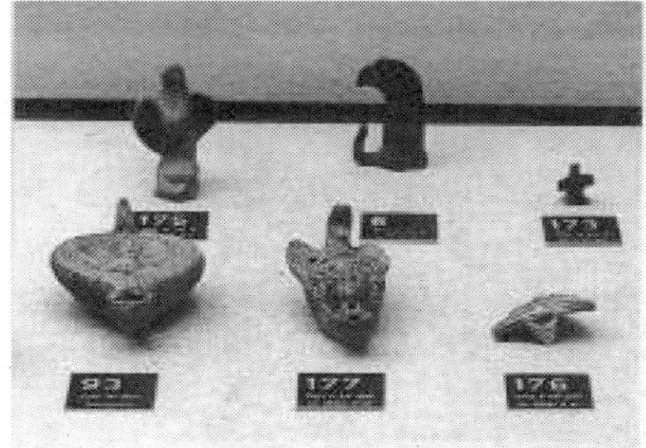

Détail d'une vitrine de l'exposition

51

193 70 210 133
231 82 68 72
194 100 242 97
191 207 233 192
67 146 72 116
a.K. a.K. H.C. H.C.

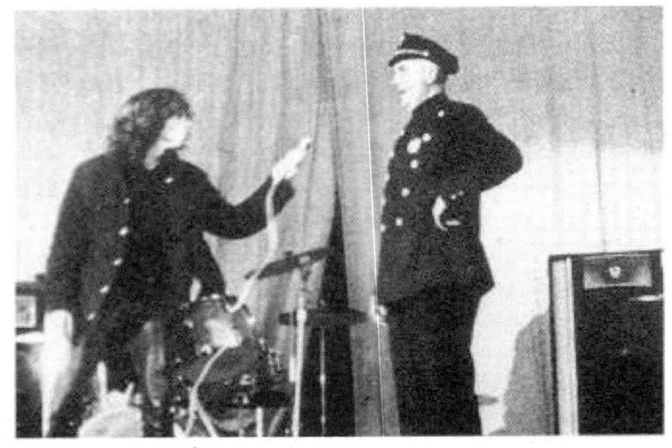

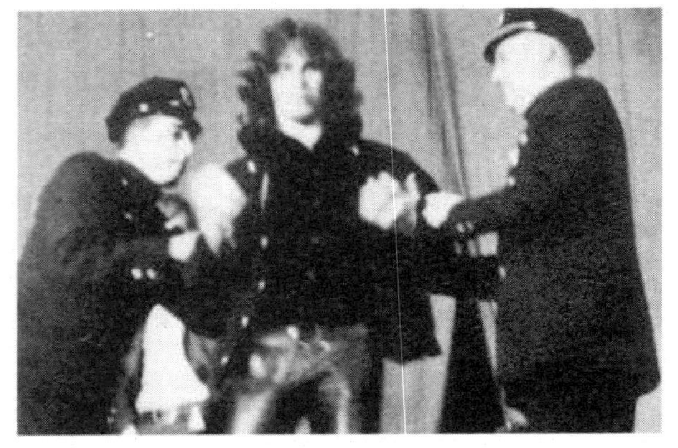

52

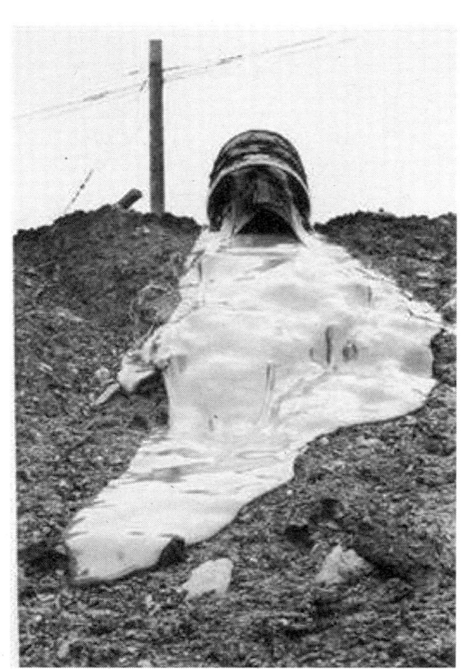

53

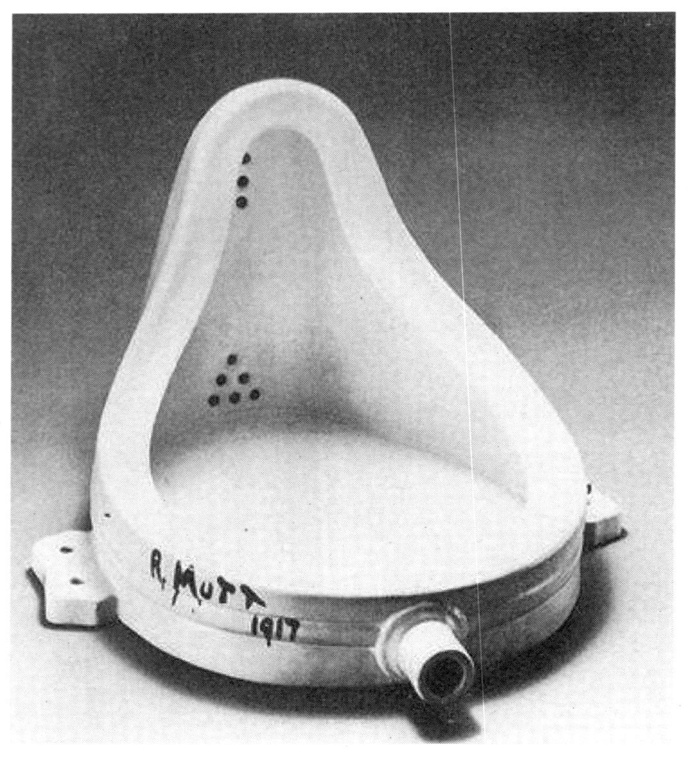

54

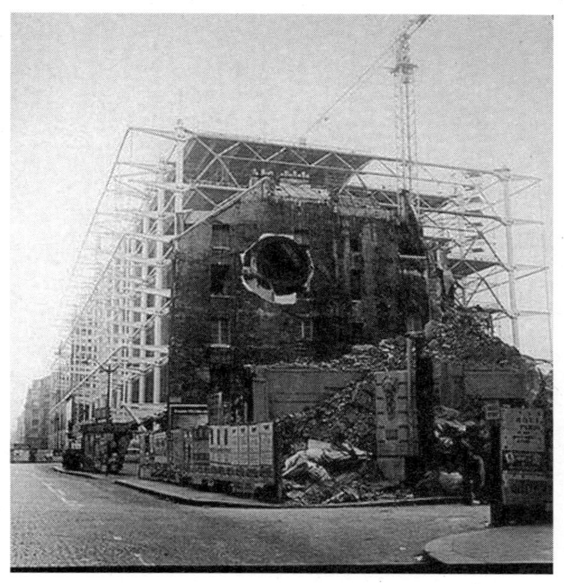

55

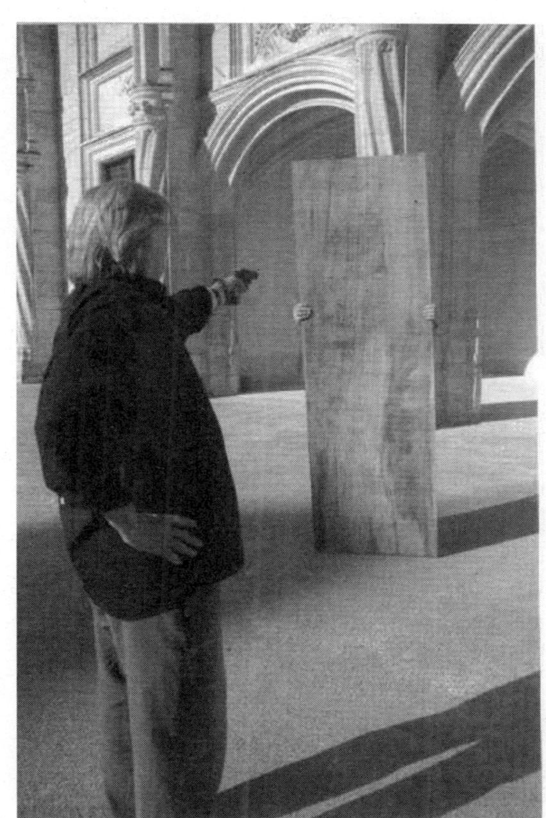

56

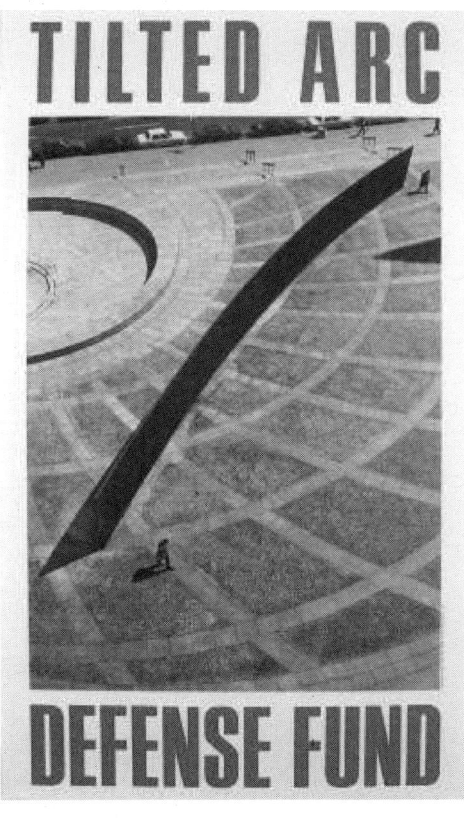

57

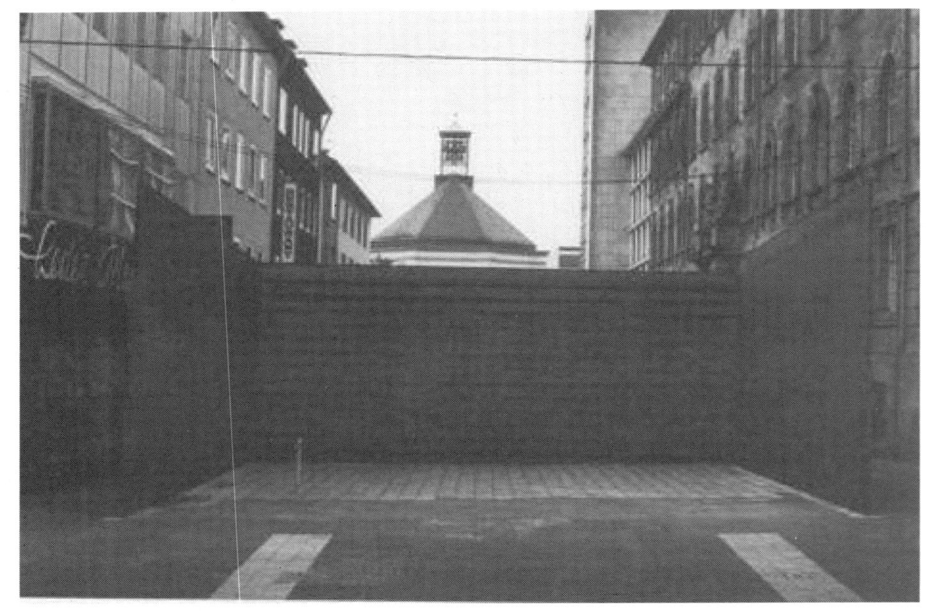

58

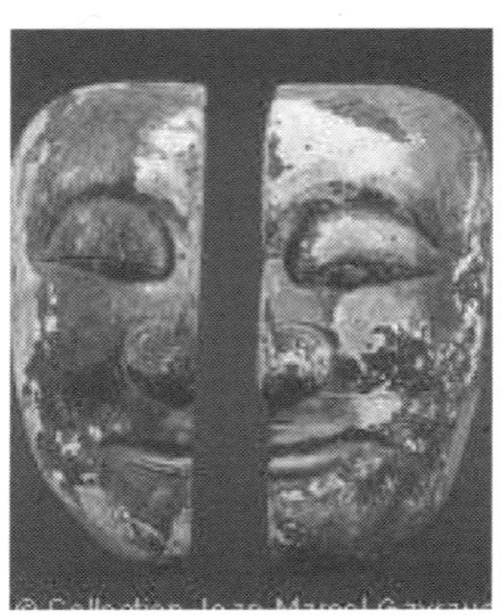

60

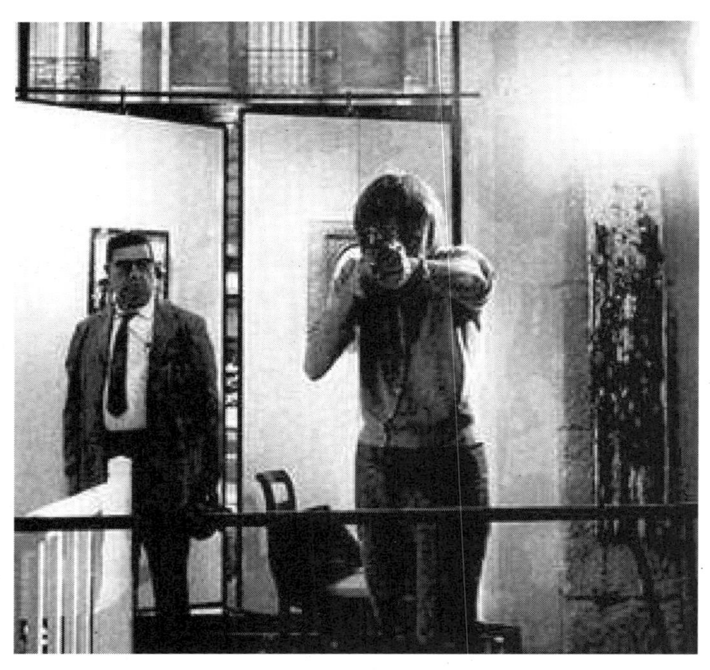

59

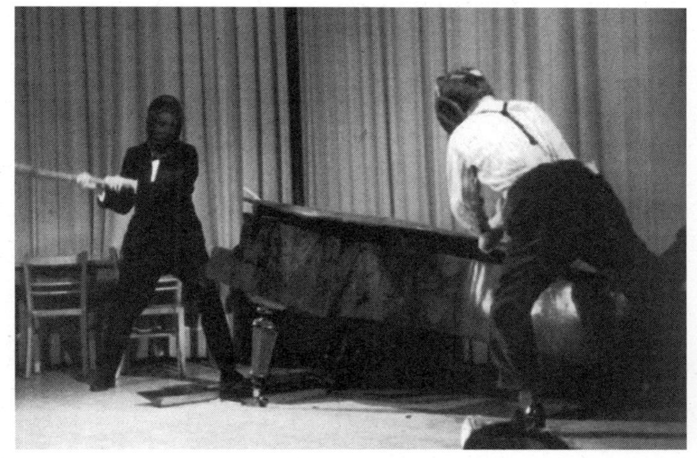

61

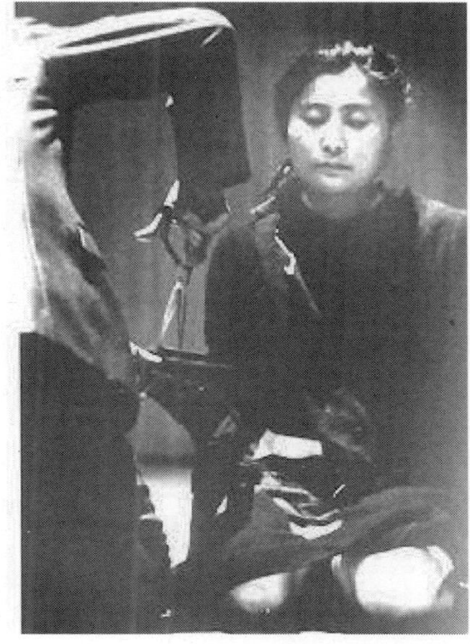

62

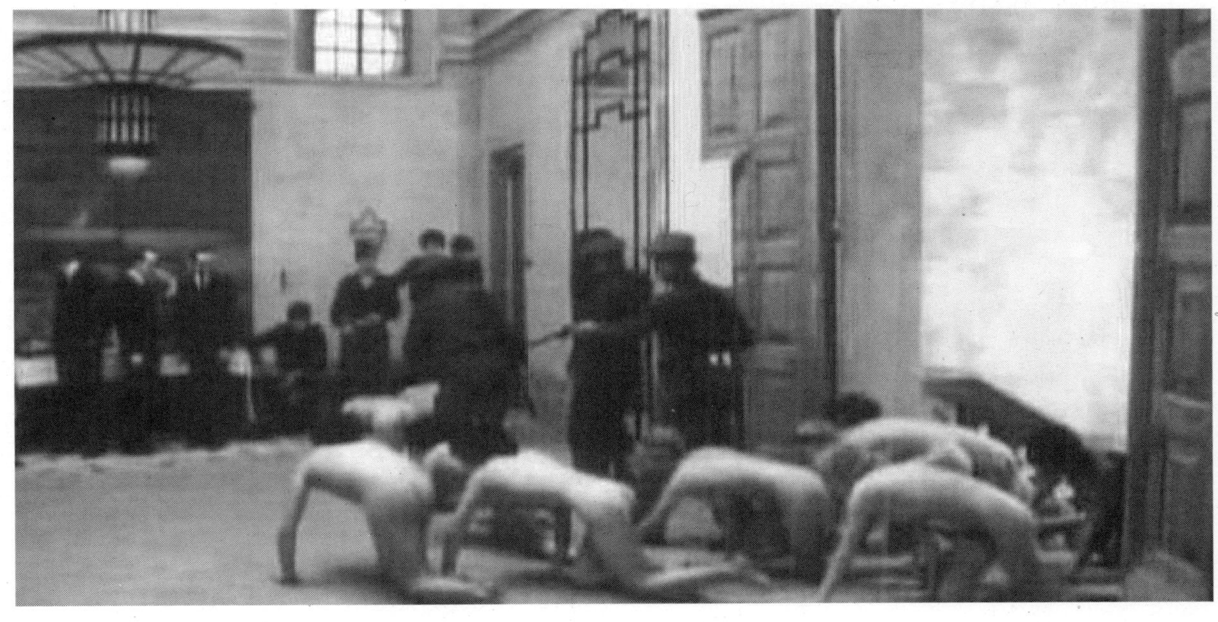

63

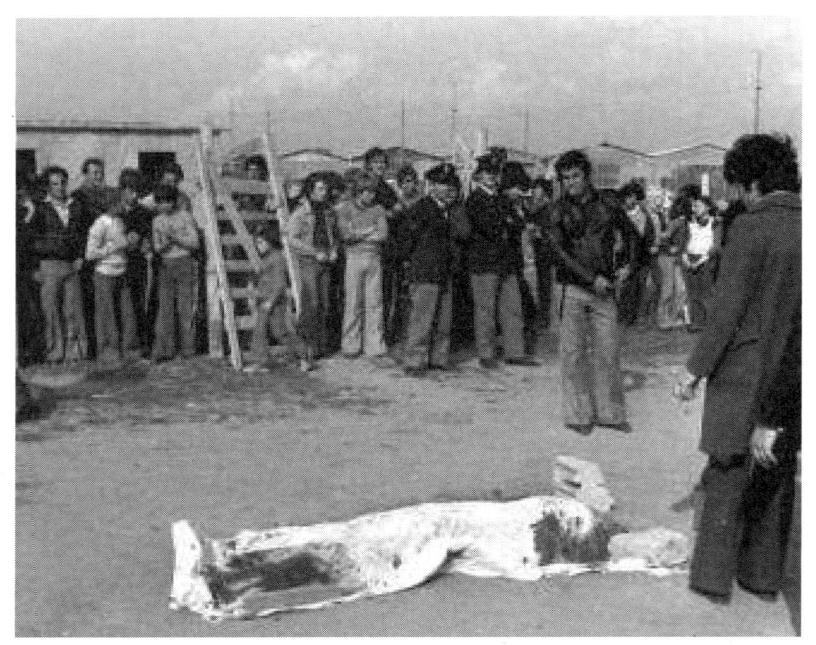

64

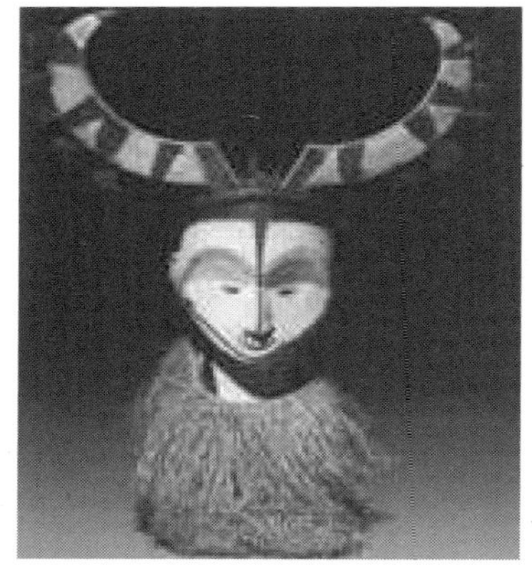

65

66

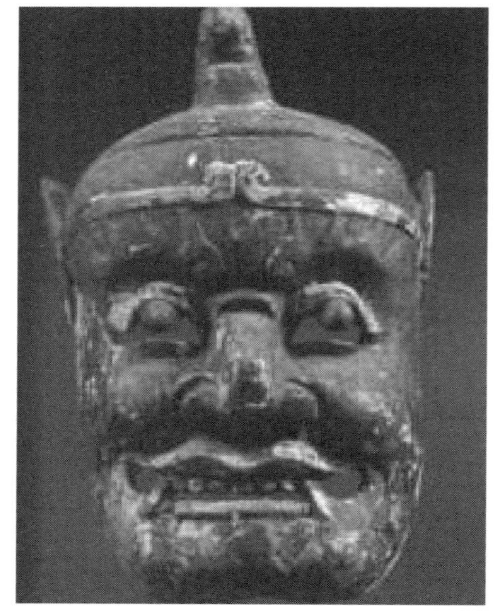

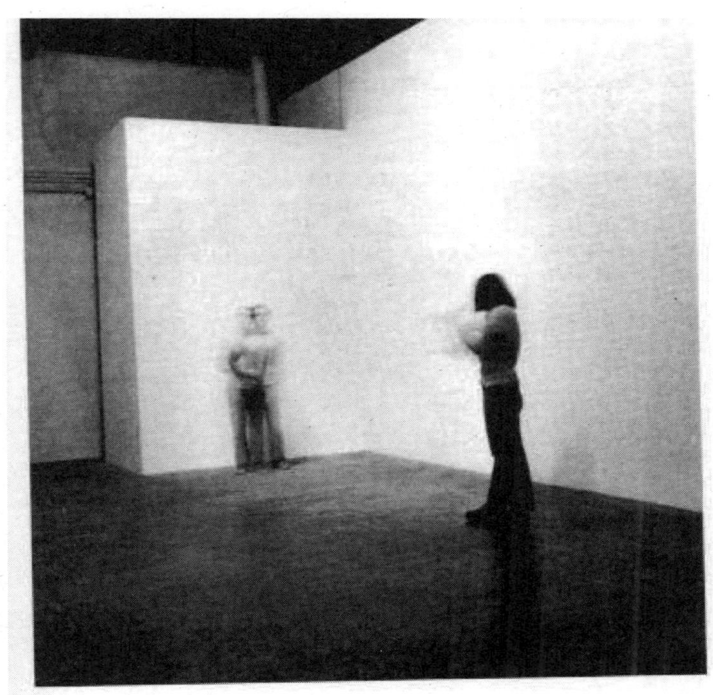

67

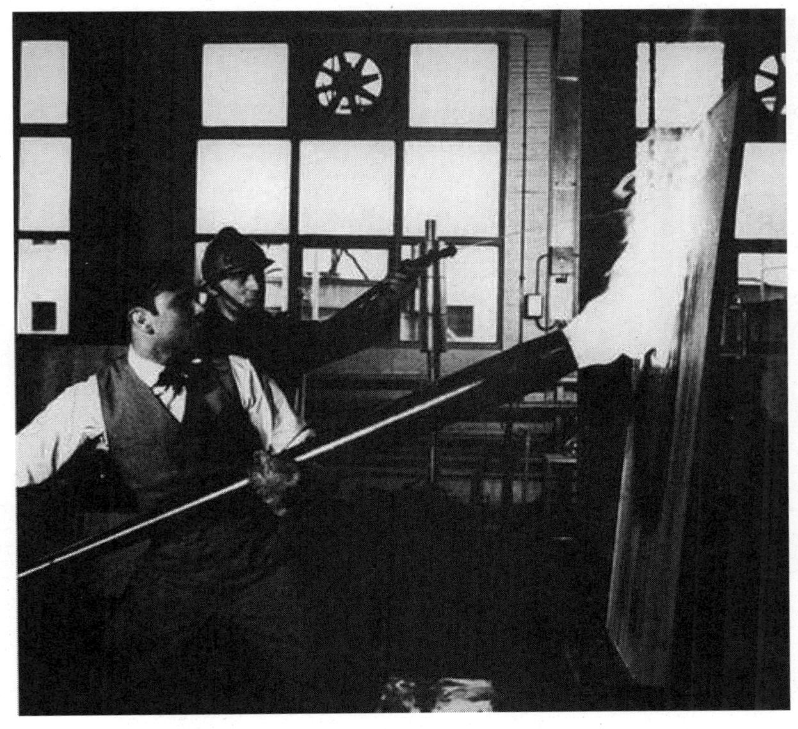

68

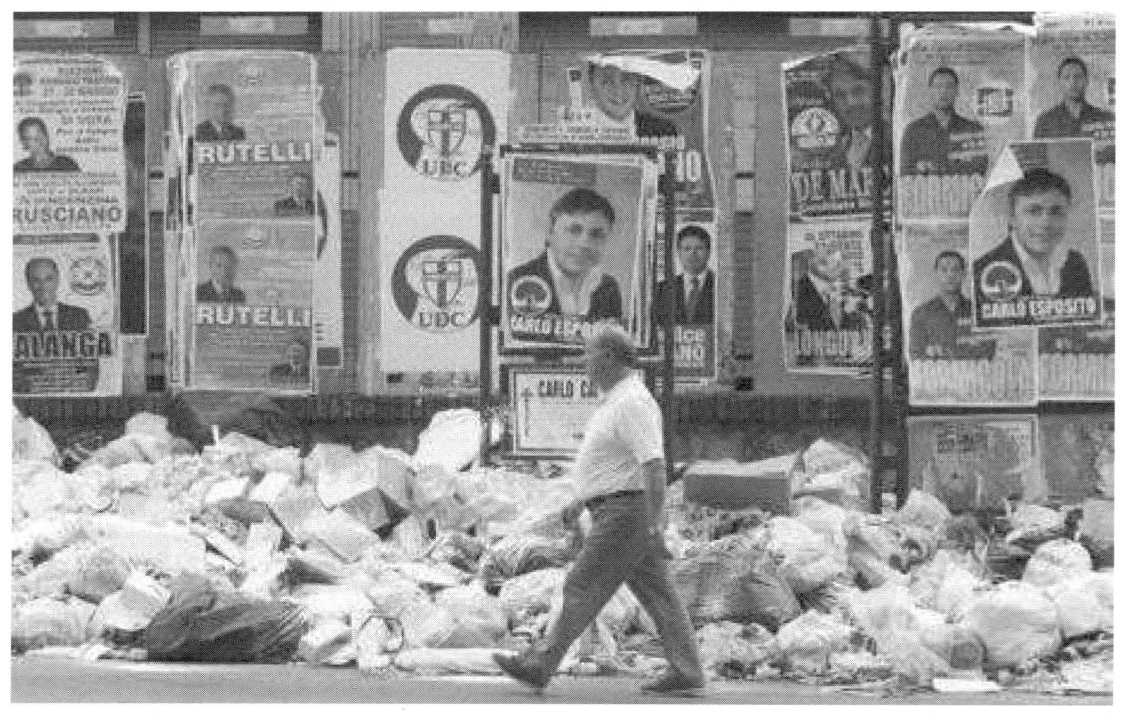

69

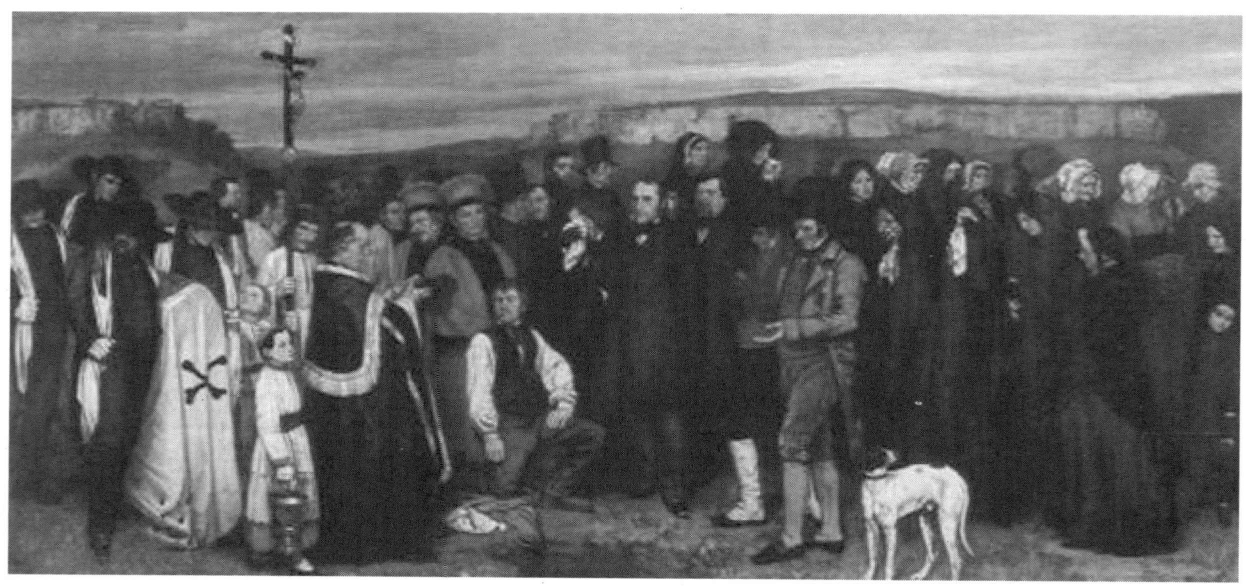

70

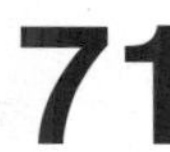

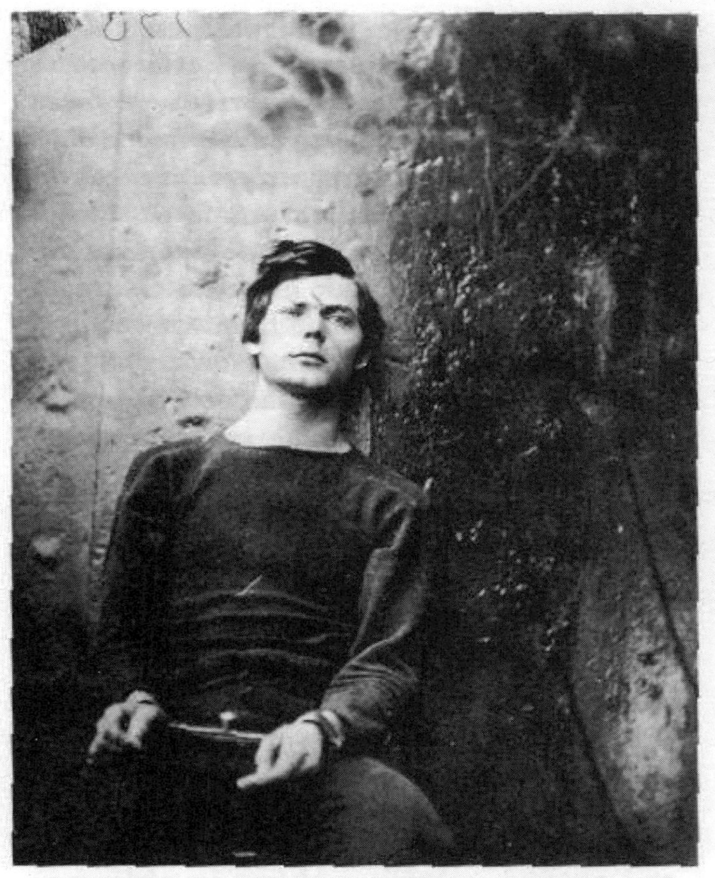

« Il est mort et il va mourir. »

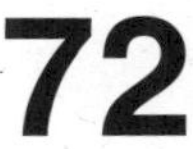

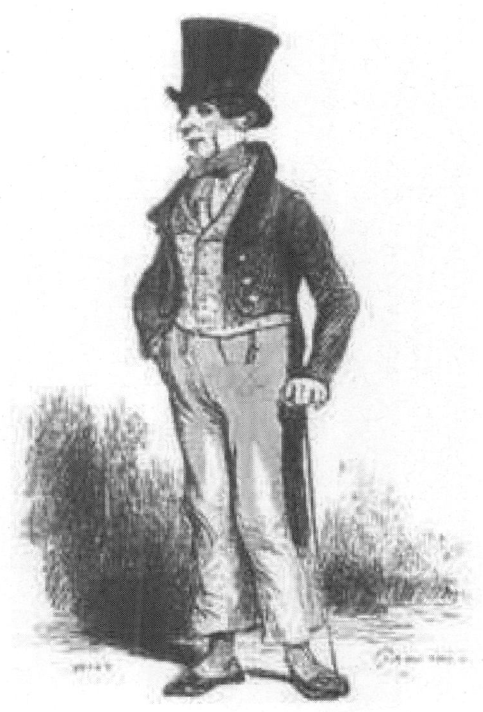

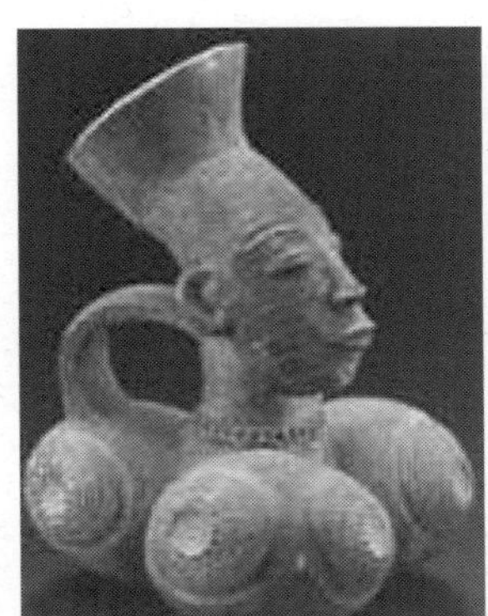

73

74

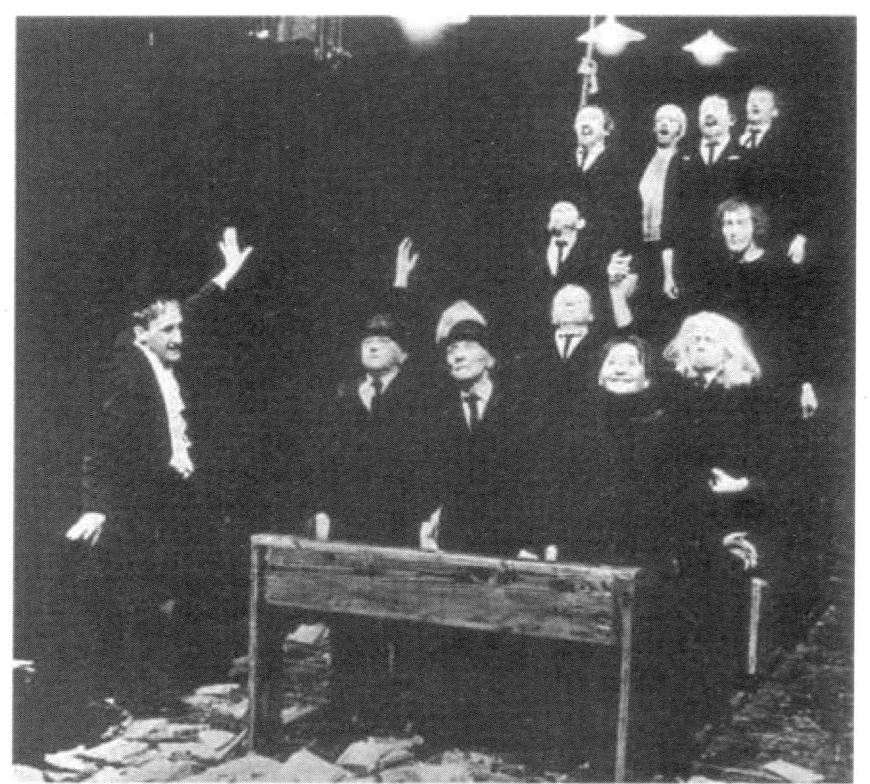

La classe morte, 1975 (*Voies de la création théâtrale*, XI, p. 86)

75

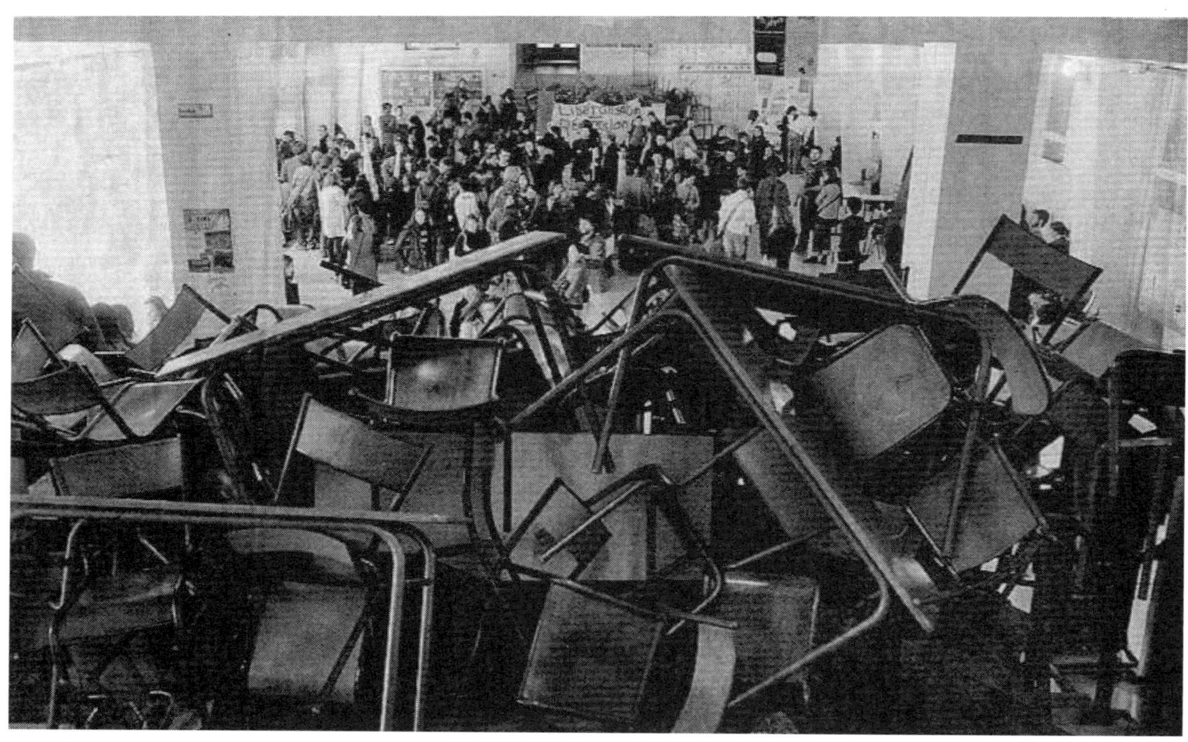

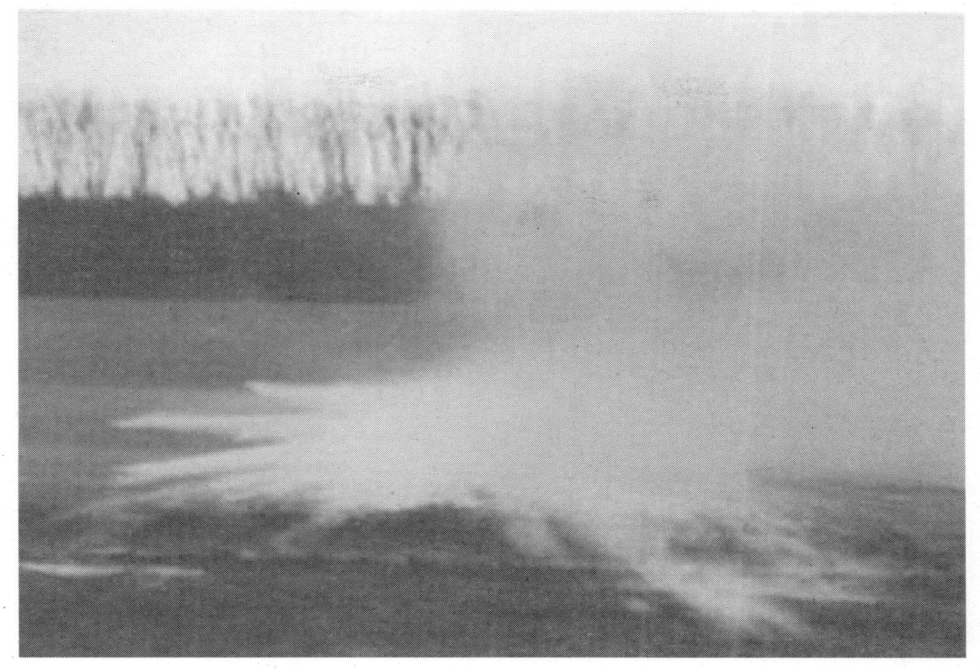

76

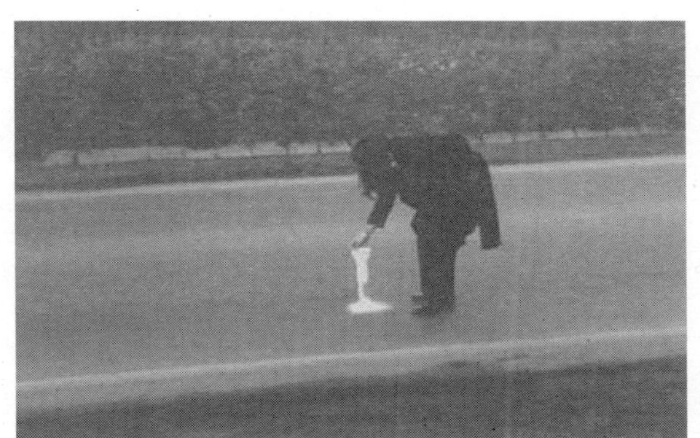

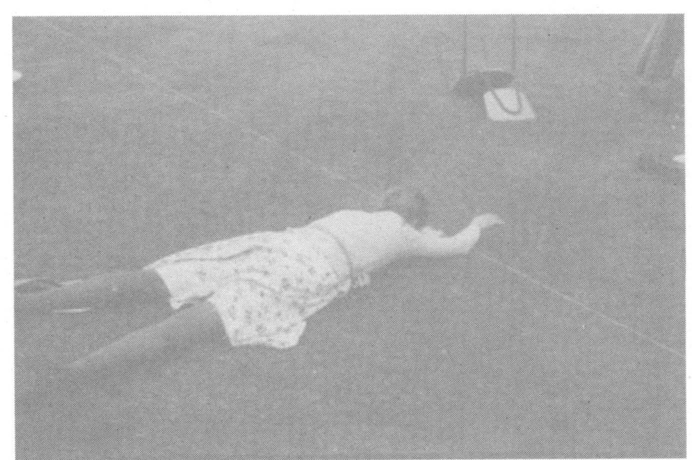

77

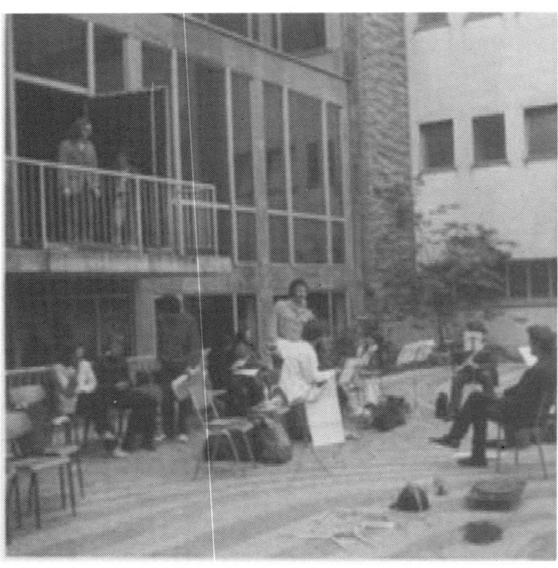

78

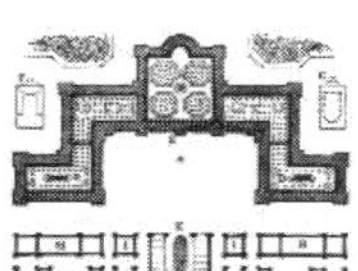

79

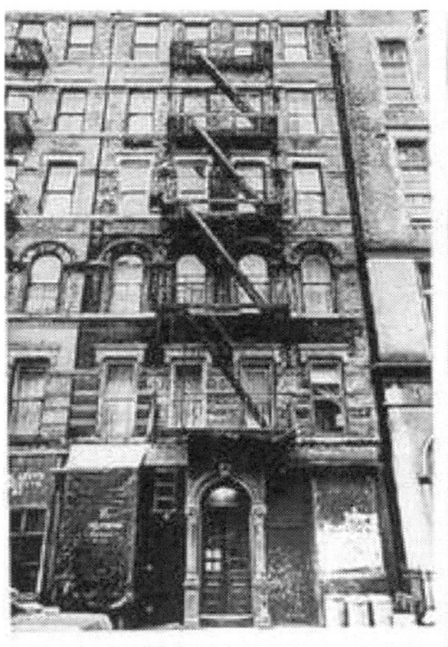

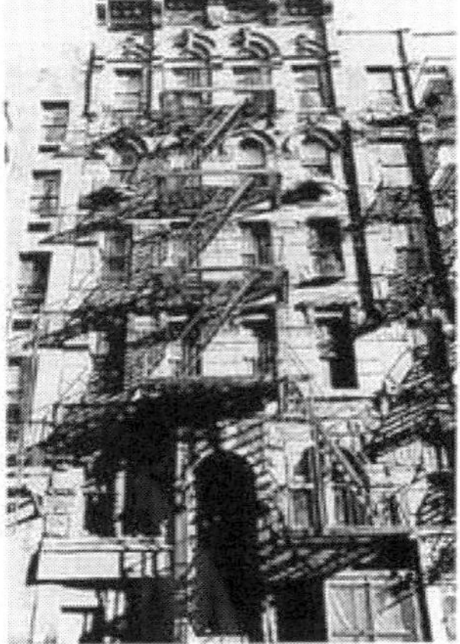

80

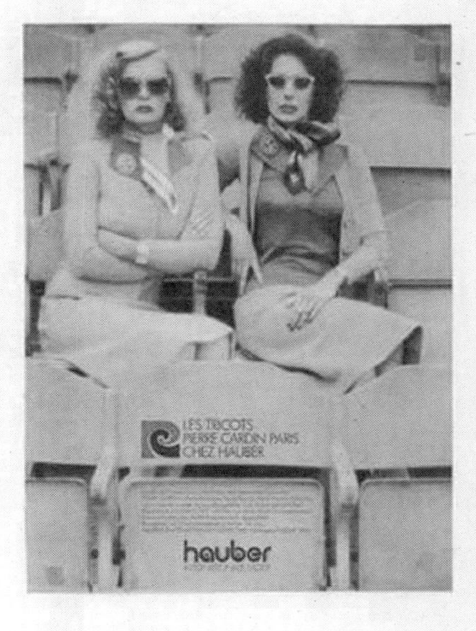

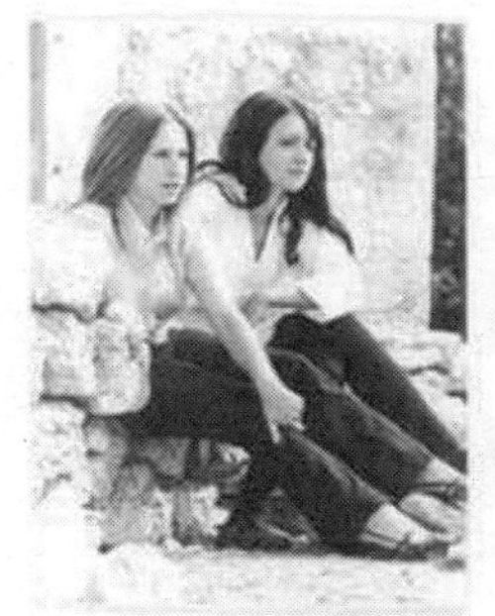

81

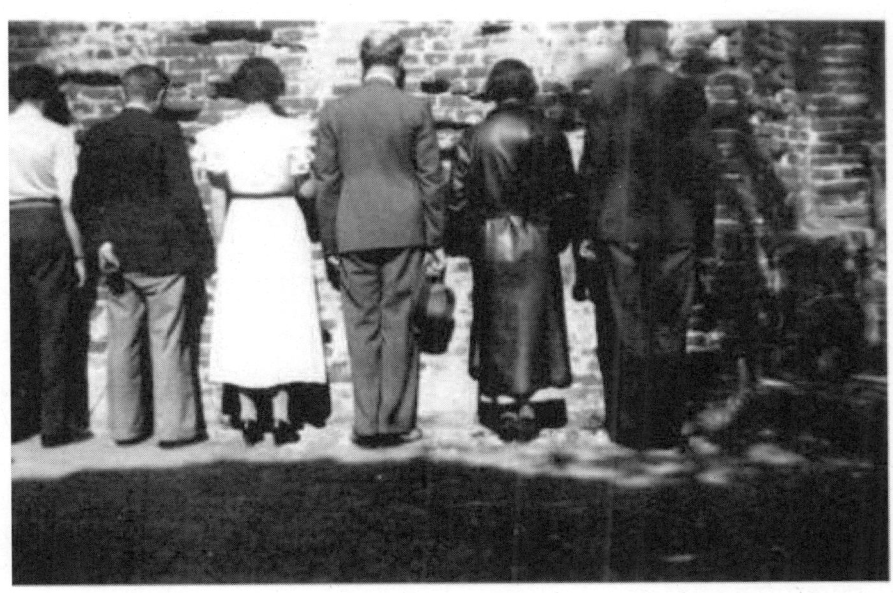

82

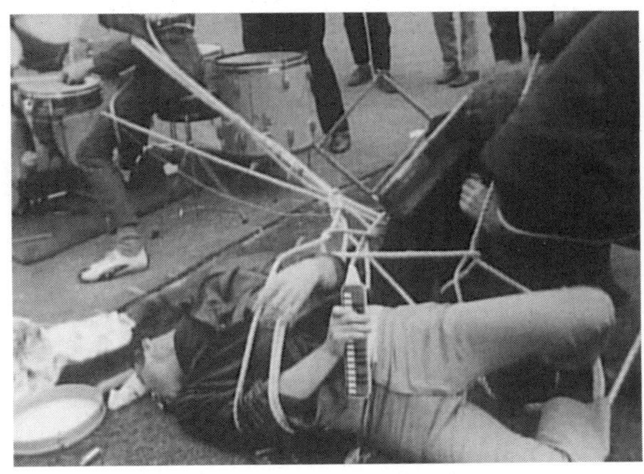

83

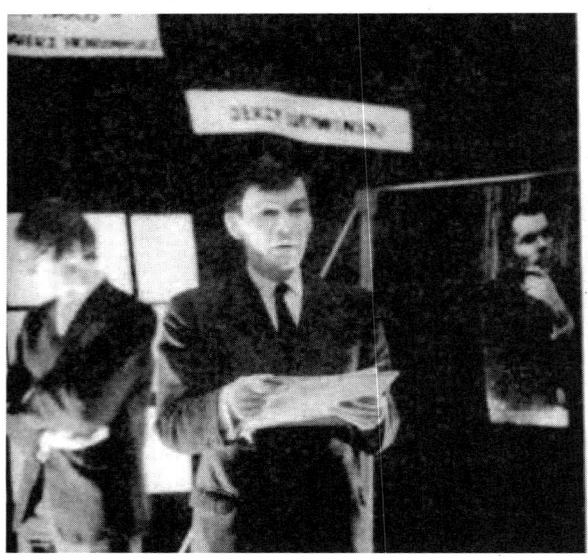

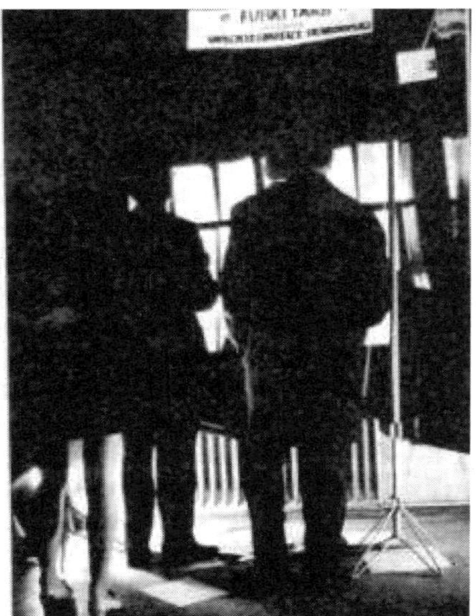

85

84

The process of disintegration
of the notion of a work of art

the years 1960 – 1970

1. devaluation of the original
2. the most important concepts – ideas
3. elimination of the material object
4. different [type of] rendering

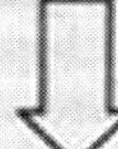

The blurring of borderlines between art disciplines

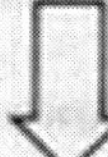

The blurring of borderlines between art and art theory

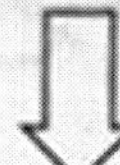

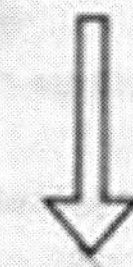

<u>meta-artistic constellation</u>

the blurring of borderlines
between art and reality

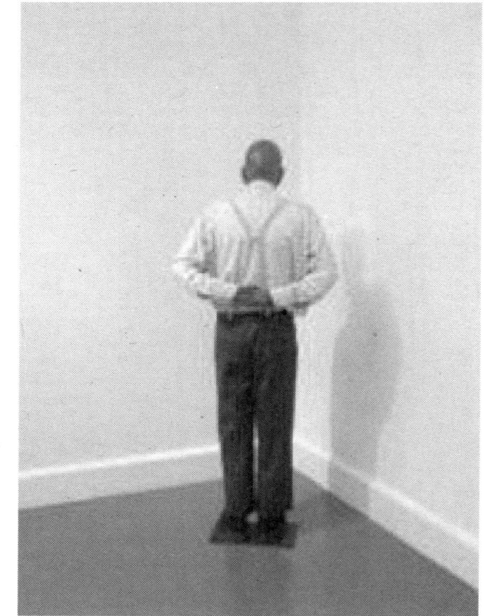

86

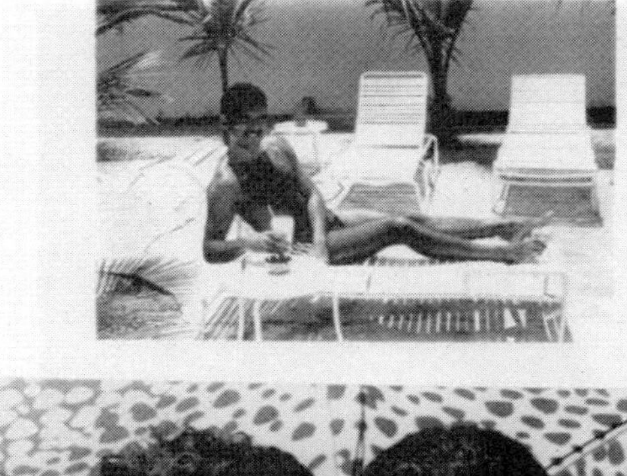

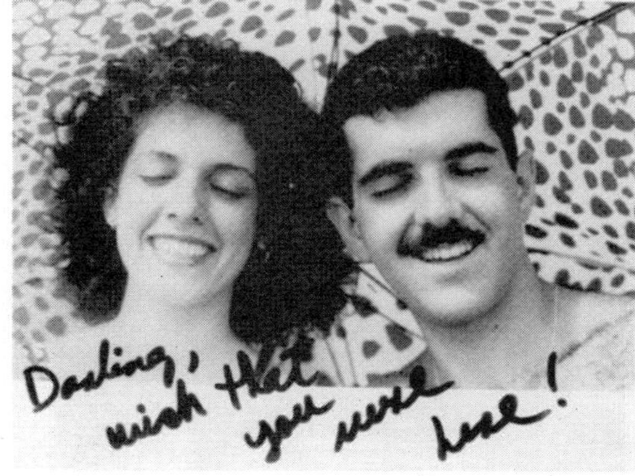

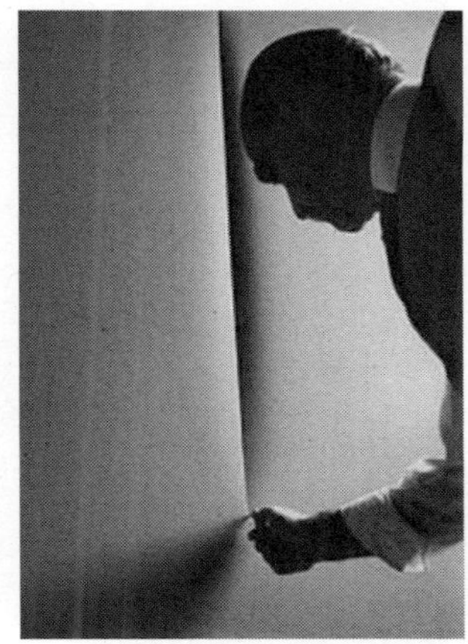

87

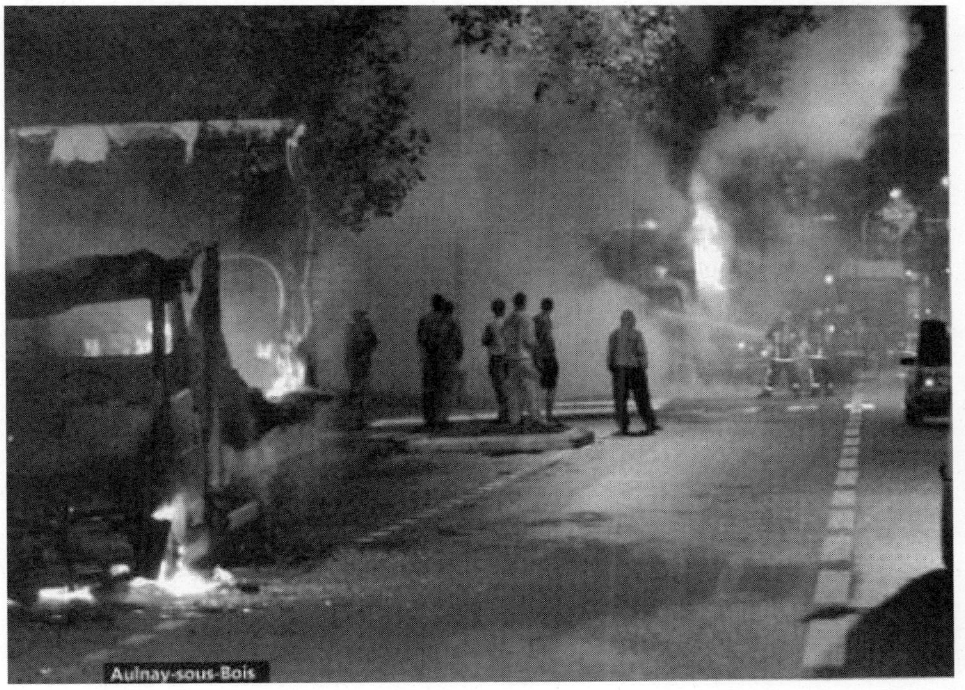

89

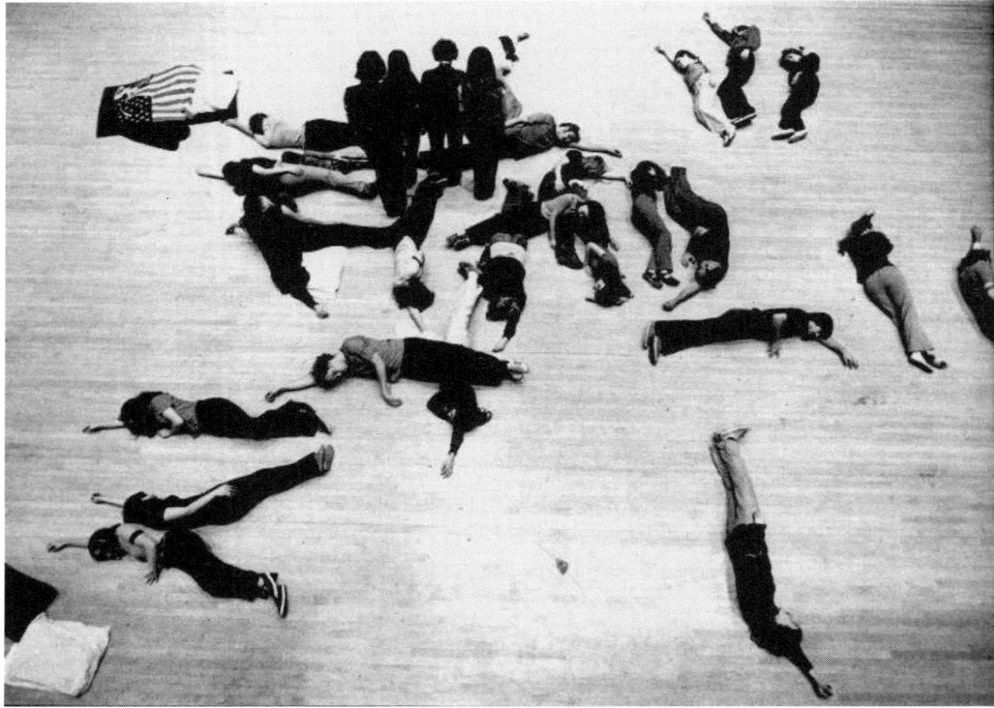

91

90

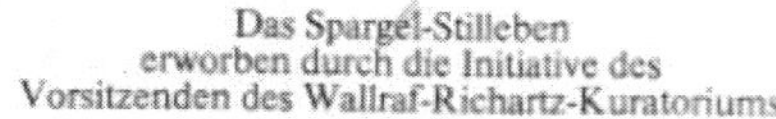

Das Spargel-Stilleben
erworben durch die Initiative des
Vorsitzenden des Wallraf-Richartz-Kuratoriums

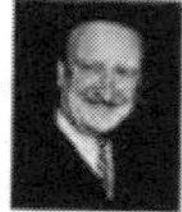

Hermann J. Abs

Geboren 1901 in Bonn. – Entstammt wohlhabender katholischer Familie. Vater Dr. Josef Abs, Rechtsanwalt und Justizrat, Mitinhaber der Hubertus Braunkohlen AG. Brüggen, Erft. Mutter Katharina Lückerath.

Abitur 1919 Realgymnasium Bonn. – Ein Sem. Jurastudium Universität Bonn. – Banklehre im Kölner Bankhaus Delbrück von der Heydt & Co. Erwirbt internationale Bankerfahrung in Amsterdam, London, Paris, USA.

Heiratet 1928 Inez Schnitzler. Ihr Vater mit Georg von Schnitzler vom Vorstand des IG. Farben-Konzerns verwandt. Tante verheiratet mit Baron Alfred Neven du Mont. Schwester verheiratet mit Georg Graf von der Goltz. – Geburt der Kinder Thomas und Marion Abs.

Mitglied der Zentrumspartei. – 1929 Prokura im Bankhaus Delbrück, Schickler & Co., Berlin. 1935-37 einer der 5 Teilhaber der Bank.

1937 im Vorstand und Aufsichtsrat der Deutschen Bank, Berlin. Leiter der Auslandsabteilung. – 1939 von Reichswirtschaftsminister Funk in den Beirat der Deutschen Reichsbank berufen. – Mitglied in Ausschüssen der Reichsbank, Reichsgruppe Industrie, Reichsgruppe Banken, Reichswirtschaftskammer und einem Arbeitskreis im Reichswirtschaftsministerium. – 1944 in über 50 Aufsichts- und Verwaltungsräten großer Unternehmen. Mitgliedschaft in Gesellschaften zur Wahrnehmung deutscher Wirtschaftsinteressen im Ausland.

1946 für 6 Wochen in britischer Haft. – Von der Alliierten Entnazifizierungsbehörde als entlastet (5) eingestuft.

1948 bei der Gründung der Kreditanstalt für Wiederaufbau. Maßgeblich an der Wirtschaftsplanung der Bundesregierung beteiligt. Wirtschaftsberater Konrad Adenauers. – Leiter der deutschen Delegation bei der Londoner Schuldenkonferenz 1951-53. Berater bei den Wiedergutmachungsverhandlungen mit Israel in Den Haag. 1954 Mitglied der CDU.

1952 im Aufsichtsrat der Süddeutschen Bank AG. – 1957-67 Vorstandssprecher der Deutschen Bank AG. Seit 1967 Vorsitzender des Aufsichtsrats.

Ehrenvorsitzender des Aufsichtsrats:
Deutsche Überseeische Bank, Hamburg – Pittler Maschinenfabrik AG, Langen (Hessen)
Vorsitzender des Aufsichtsrats:
Dahlbusch Verwaltungs-AG, Gelsenkirchen – Daimler Benz AG, Stuttgart-Untertürkheim – Deutsche Bank AG, Frankfurt – Deutsche Lufthansa AG, Köln – Philipp Holzmann AG, Frankfurt – Phoenix Gummiwerke AG, Hamburg-Harburg – RWE Elektrizitätswerk AG, Essen – Vereinigte Glanzstoff AG, Wuppertal-Elberfeld – Zellstoff-Fabrik Waldhof AG, Mannheim
Ehrenvorsitzender:
Salamander AG, Kornwestheim – Gebr. Stumm GmbH, Brambauer (Westf.) – Süddeutsche Zucker-AG, Mannheim
Stellvertr. Vors. des Aufsichtsrats:
Badische Anilin- und Sodafabrik AG, Ludwigshafen – Siemens AG, Berlin-München
Mitglied des Aufsichtsrats:
Metallgesellschaft AG, Frankfurt
Präsident des Verwaltungsrats:
Kreditanstalt für Wiederaufbau – Deutsche Bundesbahn

Großes Bundesverdienstkreuz mit Stern, Päpstl. Stern zum Komturkreuz, Großkreuz Isabella die Katholische von Spanien, Cruzeiro do Sul von Brasilien. – Ritter des Ordens vom Heiligen Grabe. – Dr. h.c. der Univ. Göttingen, Sofia, Tokio und der Wirtschaftshochschule Mannheim.

Lebt in Kronberg (Taunus) und auf dem Bentgerhof bei Remagen.

Photo aus Current Biography Yearbook 1970 New York

18. Hans Haacke : *Une botte d'asperges (Manet-Projekt)*, détail, 1974.

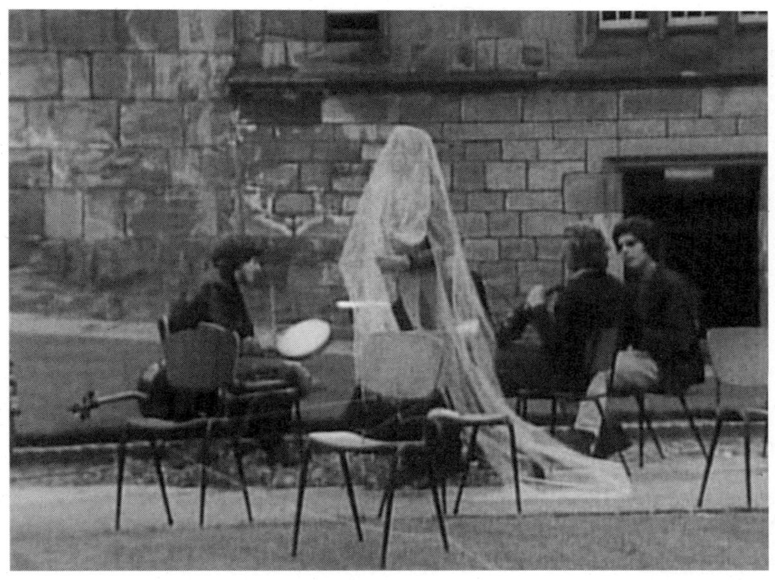

93

94

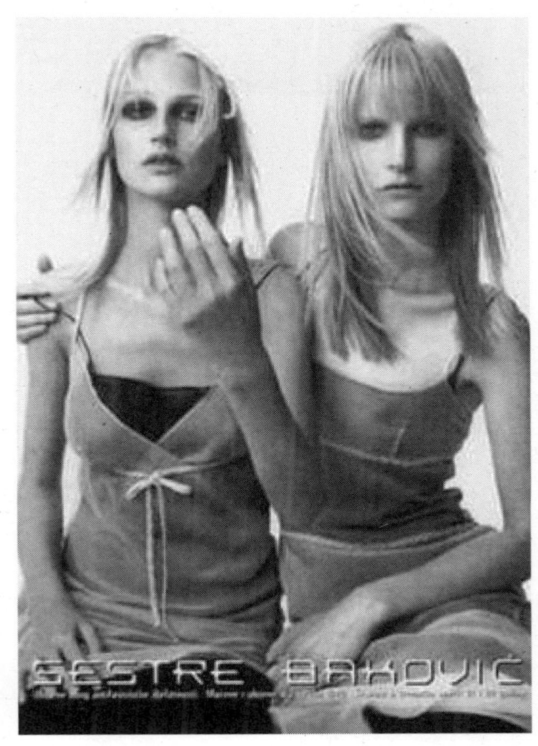

92

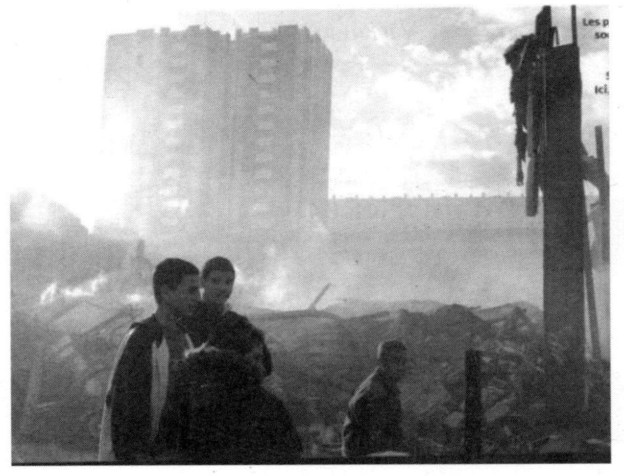

95

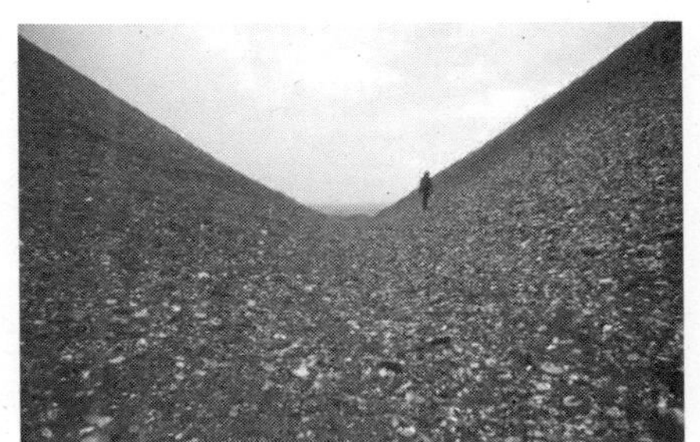

96

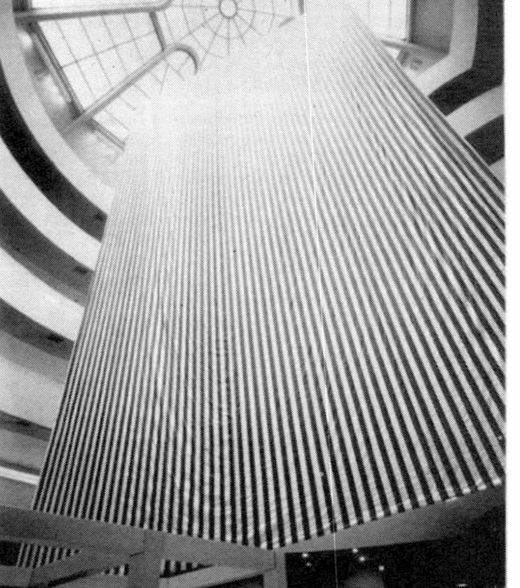

8. Daniel Buren: *Peinture-Sculpture*, travail in situ, 1971, VI Guggenheim International Exhibition, Guggenheim Museum, New York.

97

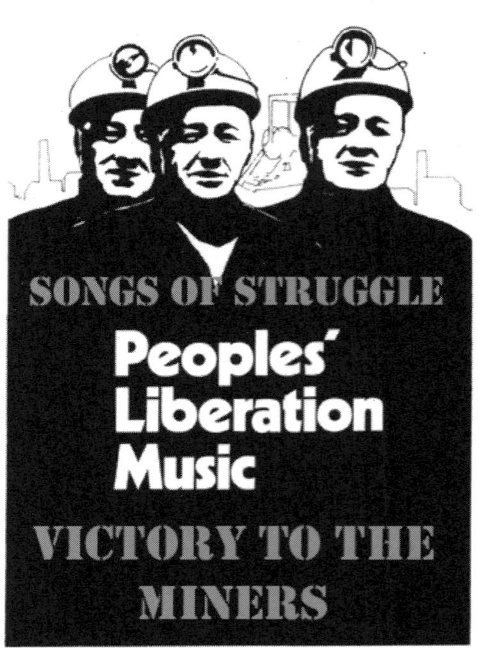

98

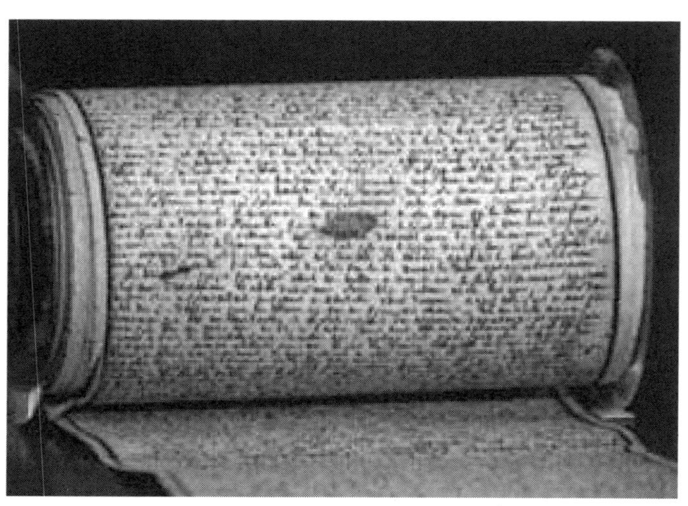

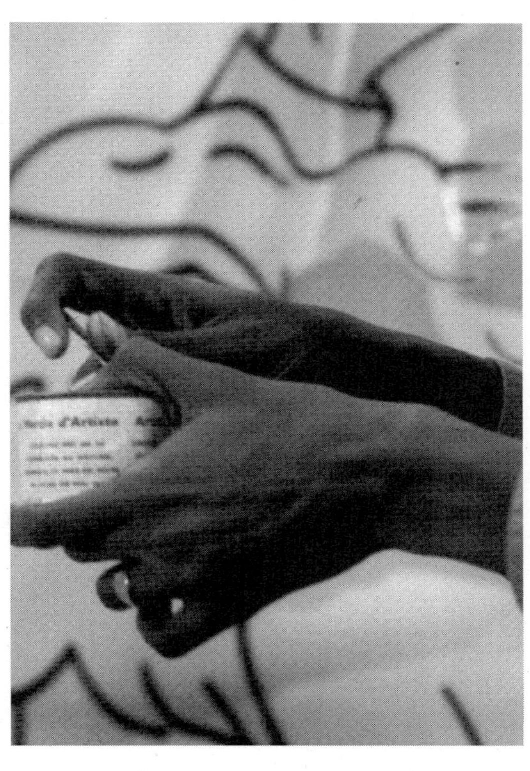

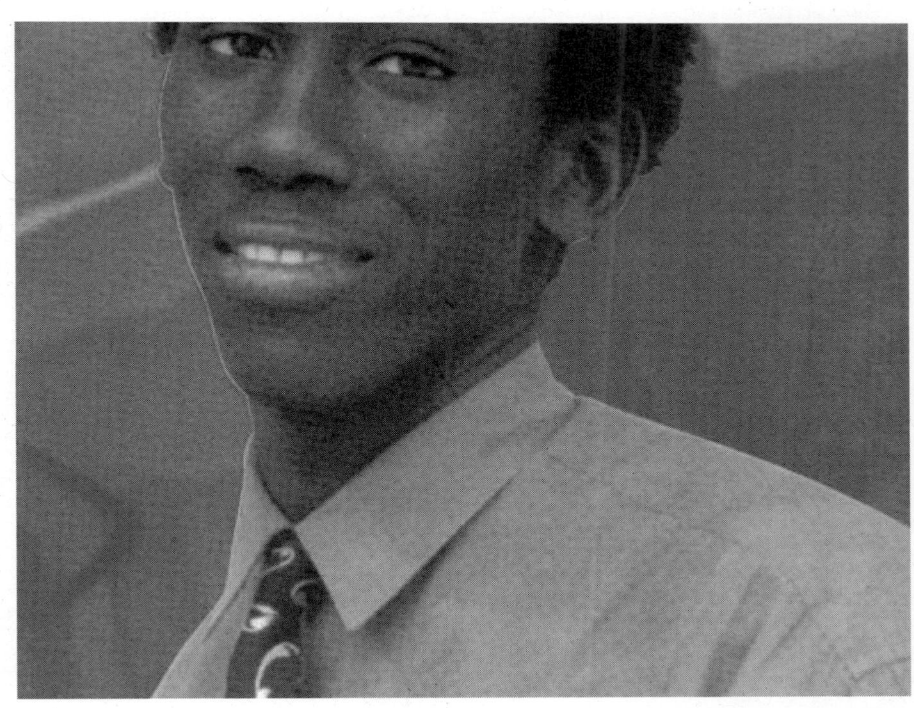

Reversibility Sketch – working list

1 Jerry Lee Lewis in concert
2 Gustav Metzger, Auto-destructive Art Manifesto, 1959
3 Bernard Bazile, Boîte de Piero Manzoni ouverte, 1989
4 Rafael Ferrer, Three Leaf Pieces, Leo Castelli Gallery (during a Cy Twombly exhibition), New York, December 4, 1968
5 Anna Halprin, Parades and Changes (Dressing/Undressing), 1965
6 May '68, Paris, 1968
7 Robert Rauschenberg, Erased de Kooning Drawing, 1953
8 Chris Burden, Kunst Kick, Basel Art Fair, 1974
9 Jimmie Durham, St. Frigo, 1997
10 Chris Burden, 747, 1973
11 Gustave Courbet in jail during the Paris Commune, 1871
12 Instrument destruction, image from Wikipedia
13 Robert Smithson, Asphalt Rundown, Rome, 1969
14 Marcel Broodthaers, La pluie (projet pour un texte), 1969
15 Niki de Saint-Phalle and Jean Tinguely shooting at a Saint-Phalle relief, Paris, 1961
16 Barricades during the Paris Commune, 1871
17 Robert Smithson, The Sand-Box Monument, 1967
18 Raphael Montañez Ortiz, Destructivism: A Manifesto, piano destruction, 1957-62, New York
19 Édouard Manet,The Execution of Emperor Maximilian, 1868-69, Kunsthalle Mannheim
20 Destruction in Art Symposium (DIAS), London, 1968
21 Icon, not dated
22 Pete Townshend smashing his guitar at the National Jazz and Blues Festival, 1966
23 Ritual Mask
24 Robert Smithson, Partially Buried Woodshed, 1970
25 Édouard Manet, The Dead Christ with Angels, 1864
26 Allan Sekula, Meat Mass, 1972
27 Gustav Courbet, The German Hunstman, 1859
28 Place Vendome, Paris: a statue of Napoleon lies broken after being dismantled by the Paris Commune, 1871
29 Marta Minujin, La Destrucción, Paris, 1963
30 Robert Smithson, The Fountain Monument, 1967
31 The Leader of the Luddites, 1812
32 Destruction in Art Symposium (DIAS), Judson Memorial Church, 1968
33 Michael Asher, George Washington at the Art Institute of Chicago, 1979
34 Jimmie Durham next to Public Monument for the Birthday of Rome, Rome, 1995
35 May '68, Paris, 1968
36 Gustave Courbet, The Quarry, 1856-57
37 Destruction in Art Symposium (DIAS), London, 1968
38 Peasant protests, France
39 David Askevold, 1970
40 Kenneth Kemble, 1961
41 Gustave Courbet, Hunter on Horseback, Redcovering the Trail, 1864
42 Seth Siegelaub, One Month, New York, March 1-31, 1968
43 Fields of GMOs
44 Chris Burden, TV Hijack, 1972
45 Chris Burden, Samson, 1985
46 Gustav Courbet, The Trout, 1873
47 Weiner group, 1959
48 Marcel Broodthaers, This is not a work of art, 1968
49 Marcel Duchamp, 3 Standard Stoppages, 1913-14
50 Peasant protests, France
51 Marcel Broodthaers, This is not a work of art, 1968
52 Jim Morrison arrested on stage, Miami, 1969
53 Robert Smithson, Glue Pour, Vancouver, Canada, December 1969
54 Marcel Duchamp (R. Mutt), Fountain, 1917
55 Gordon Matta-Clark, Conical Intersect, Paris, 1975
56 Jimmie Durham, Shoot Oiron, 2008
57 Richard Serra, Tilted Arc, New York, 1981

58 Richard Serra
59 Niki de Saint-Phalle, Feu à volonté, 1961
60 Ritual Mask
61 Weiner group, 1959
62 Yoko Ono, Cut Piece, 1964
63 Pier Paolo Pasolini, Salò, or the 120 Days of Sodom, 1975
64 The corpse of Pier Paolo Pasolini lying on the beachside in Ostia, 1975
65 Exorcism Mask
66 Ritual Mask
67 Chris Burden, Shoot, 1971
68 Yves Klein, Peinture de Feu, 1961
69 Street cleaners' strike, Italy
70 Gustave Courbet, A Burial At Ornans, 1849-50
71 Alexander Gardner, Portrait of Lewis Payne, 1865 from Roland Barthes' La Chambre Claire, 1980
72 Un Canut, Lyon
73 Vase
74 Tadeusz Kantor, Dead Class, 1975
75 Student protests, Paris, 2007
76 Braco Dimitrijević, Accidental Sculpture, 1968
77 Cornelius Cardew, Journey to the North Pole, 1971
78 A music performance by Cornelius Cardew
79 Charles Fourier, the Phalanstery, 19th century
80 Hans Haacke, Shapolsky et al. Manhattan Real Estate Holdings, a Real Time Social System, as of May 1, 1971
81 Sanja Iveković, from the series "Double Life", 1975
82 René Magritte, The Last Judgment, 1935
83 Cornelius Cardew, Journey to the North Pole, 1971
84 Jerzy Ludwiński, Notes from the Future of Art: Selected Writings of Jerzy Ludwinski, 1969
85 Jerzy Ludwiński reading Włodzimierz Borowski's instruction during anti happening, 1969
86 Martin Kippenberger, Martin, into the Corner, You Should Be Ashamed of Yourself, 1989
87 Félix González-Torres, The Beach is Nice, 1983
88 Lucio Fontana
89 Revolts at the banlieue, Paris, 2006
90 Hans Haacke, Manet project, 1974
91 Yvonne Rainer, War, 1970
92 Revolts at the banlieue, Paris, 2006
93 Cornelius Cardew, Journey to the North Pole, 1971
94 Sanja Iveković, Baković Sisters, 1997-2001
95 A detail of shale deposit from John Latham's Five Sisters, 1975
96 Cornelius Cardew, Peoples' Liberation Music
97 Daniel Buren, Peinture-Sculpture, 1971
98 Marquis de Sade, Manuscript of Les 120 Journées de Sodome, 1785
99 Bernard Bazile, opening of Piero Manzoni's Merda d'artista, Marseille, 1989

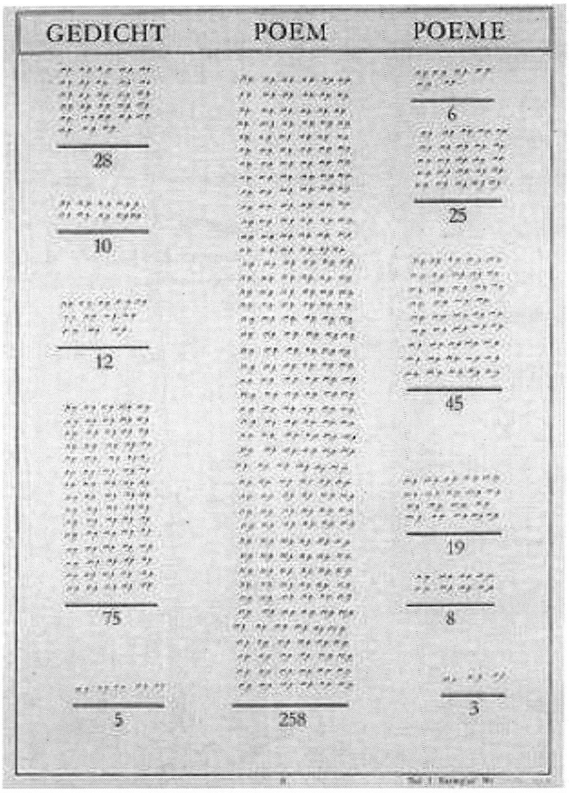

GEDICHT POEM POEME

28

10

12

75

5

258

6

25

45

19

8

3

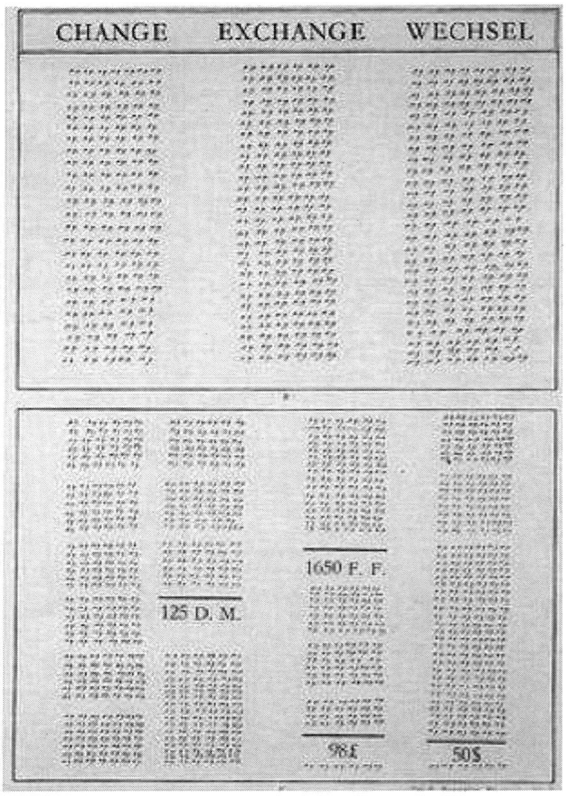

CHANGE EXCHANGE WECHSEL

125 D. M.

1650 F. F.

98£

50$

PIERRE BAL-BLANC

Dear Deimantas,

I am happy to learn that Mot and GB are purchased the El Lissitzky desk. We are working on the research for the gun from Russian revolution... Would it be possible for you to take some time to write me an answer to my proposal like a summary on what we have discuss together and some first things on the description of your proposal. It would be helpful for me, because I use the e mail exchange as a explanation of the process.
Anyway I am working on a letter addressed to you after our discussion.
My best,
Pierre

DEIMANTAS NARKEVIČIUS

Dear Pierre,
I was travelling last moths and checking my mails at the internet coffees. I think I have lost your project proposal text. If it would be possible to you to re-send it to me, it would help me to write a response.
With best wishes,
Deimantas

PIERRE BAL-BLANC

Dear Claire,

many thanks to took time to write me.

I am on the way to write to you a new letter to exchange on your work and the reversibility project.

I need more time to do and to translate into english, I will as soon as I can.

In the mean time and due to the delay we have.

First:

After to receive your work material from Hollybush, I am very interested to show the video piece «world of Interior» because of the legal question. It is like a de-creation from the outside (the desagreement of the magazine». Could you tell me what you think and how you would want to show? could you see with Lisa and Malin if they accept to take the risk to show it even if there is a legal question to do?

second: I like very much the «auditorium» (and the hidden love affair in the back) what would you propose for this piece in the context of the reversibility project?
do not hesitate to tell me what you feel,

best

Pierre

here are some video links:
Pete Townshend demonstrates the art of guitar destruction
MOBILISATION MORLAIX
Jim Morrison (The Doors) gets arrested in Miami 1969
Riposte contre un symbole : attaque contre un Mac Donald
Manifestations au campus de Grenoble
Manifestation d'agriculteurs à Eurodisney
CORSE CLEMENTINES
Situation universitaire
Manifestation d'agriculteurs en Bretagne

[fig 18, 19, 20, 21] Rafał Bujnowski, *Banners*, 2006, performance during Frieze Art Fair. Courtesy Raster, Warsaw

CHAPITRE III: EPILOGUE

Isidoro Valcárcel Medina, *No Necesita Titulo* (1990-2012)

Avec Andrea Büttner, Esther Ferrer, Félix González-Torres, Sanja Iveković, Ben Kinmont, Jiří Kovanda, Marcello Maloberti, Teresa Margolles, Emilie Parendeau, Martha Rosler, Santiago Sierra, Slaven Tolj, Isidoro Valcárcel Medina.

Peep-Hole, Milan, avril 2012

No Necesita Titulo (1990-2012) de l'artiste espagnol Isidoro Valcárcel Medina est une installation de plusieurs tables de restaurant dressées et placées dans l'espace d'exposition qui accueille l'œuvre. Nappes, assiettes et verres sont disposés pour recevoir de 6 à 8 repas, l'absence de couverts et de serviettes à chaque place indique par défaut que le visiteur est invité à consommer du regard les plats et non à s'asseoir et se nourrir. Pourtant les repas sont frais et comestibles, puisqu'un cartel placé à coté de chaque assiette informe des différentes provenances des aliments qui sont servis quotidiennement par autant d'associations caritatives situées autour de la ville qu'il y a de places autour des tables. Ces repas sont les mêmes que ceux qui sont offerts aux personnes qui bénéficient des dons de ces organisations sociales publiques ou privées. *No Necesita Titulo* dessine une cartographie vivante de la ville où l'œuvre est exposée, en prenant comme repères les dispensaires qui compensent le manque de ressources pour certains de ses habitants. Cette coupe dans le chaos de la ville rend à son immanence une œuvre qui cherche à échapper à une représentation dictée, issue d'un calque appliqué sur la réalité. Si elle n'a pas besoin de titre, c'est pour se distinguer d'une production métaphorique qui renverrait à un double dans la réalité. Si elle n'est pas "sans titre", c'est pour résister à la convention de l'art qui assujettit l'œuvre à un régime d'identification par la filiation. *No Necesita Titulo* a toute sa consistance, elle est une réalité tangible, par la proximité de la provenance et l'odeur familière des plats et c'est à ce titre qu'elle fait œuvre. La réalité générée par l'œuvre d'Isidoro Valcárcel Medina est délivrée en temps réel depuis l'organisation sociale qui gouverne la cité. La collectivité est présente à travers l'action qu'elle entreprend pour compenser le déficit de ressource de certains de ses membres. Avec *No Necesita Titulo* la réalité de l'espace public envahit celui de l'exposition en remplissant quotidiennement les assiettes du manque qu'il produit.

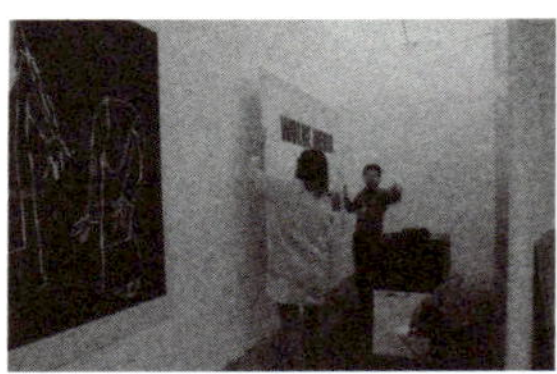

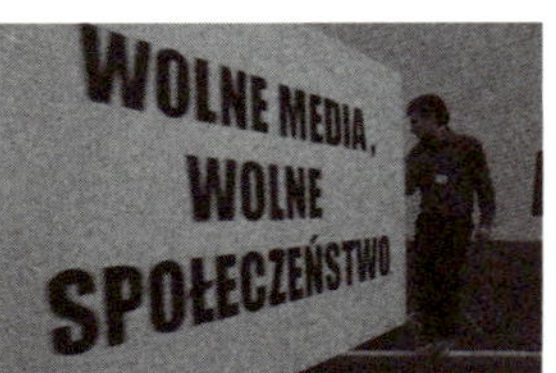

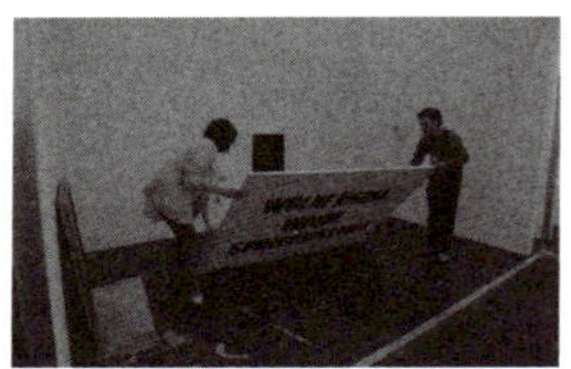

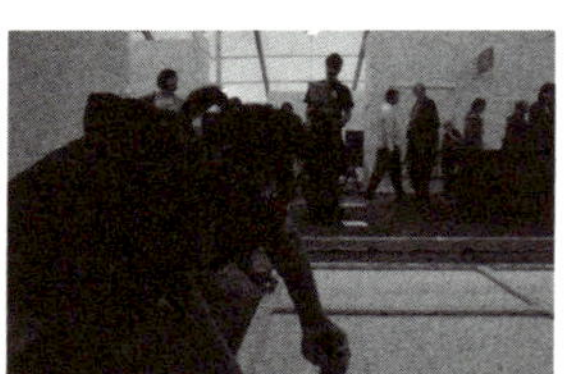

Coexistant avec cette œuvre d'Isidoro Valcárcel Medina qui introduit l'exposition dans l'espace social du cadre non-commercial de Peep-Hole, *Untitled (A Corner of Baci)* (1990) de Félix González-Torres émerge directement de la mémoire de ce lieu. Avant l'existence de cet espace à but non lucratif, la galerie privée Massimo De Carlo occupant les lieux avait réalisée la première exposition personnelle de Félix González-Torres en Europe. Les bonbons chocolatés qui composent l'œuvre prêtée pour l'occasion par

[→ pag 98]

[fig 10, 11] Robert Breer, *Floating Wall*, 2009

ANDREA BÜTTNER

Dear Pierre,

Thank you very much for the Courbet funeral!

I like Dominique Petitgand's letter.

Would you want to decreate something you love? Would you want to decreate a Van Gogh painting?
Would you decreate a piece that already integrates doubt, decay, mould (for example a Dieter Roth)? Would - in that case - decreation be a destruction of something complex and beautiful?

I like Gustav Metzger's drawings best, "inside drawings and outside drawings". I love the idea that he creates drawings and carries them with him.

I spoke with Lars Bang Larsen about decreation yesterday; he mentioned Bachtin who used the pages of his manuscript on "Bildungsroman" as cigarette paper during the war because he was a strong smoker and cigarette papers were rare. We thought we would like to do the same with our favourite sentences and smoke some cigarettes on the fair.

The thing that I've been thinking about most is shame.

I suggest 2 pieces:
A clay sculpture that nestles up against the floor and the wall and that dries out during display and thus changes its shape and decomposes. It looks like pure material but at the same time belongs to a system of language (like our body in shame; and like Valie Export showed it with her body nestling up against architecture). It belongs to a context of other works. I suggest to show it with a screen print showing three people under a piece of cloth. Also here questions you raise and I wrote about are implicated and I would not want to go into this framework with a forceful gesture (like one of the many male Avantgarde artists who destroyed pianos). I can imagine a direct and simple gesture of withdrawl and delegate the curatorial task to decreate once again): Lisa and Malin can take the piece down during the fair if they feel it's right and put it onto the floor and cover it. Maybe they don't want to. If they want to I am of course interested in their explanation.

Let me know what you think - and if you have time to meet in Paris.

Best,
Andrea

NATHALIE BOUTIN

Dear Pierre,

Hereby the answer from deimantas.
We have to organise the shoot in brussels. He may not come to London.
Kiss.

From Deimantas
Dear Nathalie,

I would like all the components of the table put into a pale (on top of eachother) and two shots would be made with a riffle (from the time of October revolution) through. The parts can be packed again and shipped to London.
The table (with the shots) can be assembled after transportation.
Perhaps, I will not go to London for the Frieze.
Best,
Deimantas

LISA PANTING AND MALIN STÅHL

Dear All,

We think we really need to have a skype meeting
For example, we have a bill from Pierre for the translation of the letter, which in our opinion should be a shared expense.
What is happening about exhibitor passes etc?
we propose tomorrow, tuesday for a 'skype' typing session.
We have other expenses that also remain unpaid....
Is this possible?

Yours

Lisa+Malin

NATHALIE BOUTIN AND SOLÈNE GUILLIER

Dear All,

Yes, we can have a skype meeting tomorrow, should we say around 11 am?

Regarding the translation cost, of course we should all share. The letters part is very important inside the project as an element, as a trace, but also draws the limits of it. It is a lot of work for pierre and at the end it will cost some money for the translation. Everybody should give his point of view on this aspect.

What are the expenses remains? I email MDF (for the walls) for asking them more time for being paid. I really think all the invoices should be paid by Hollybush, If we pay you before lisa and malin, does it bother you? It seems to be more simple but please let us know your feelings. Regarding the passes, i can probably do it this week please give me the names you want. I don't have the forms yet but we can do it soon.

Also, regarding the insurance, I presume we all have our private ones, and do not have to subscribe to theirs isn't it?

We talk tomorrow.
nathalie and Solène

HEIDI BALLET

Hi to all,

I didn't have the time yet to let you all know that i got some good news today regarding the gun. I found a great help at the army museum.
I was chocked to find out that the Russian army was provided with revolvers made in Belgium, during the 1st WW.

I talked with a specialist, Mr Dubrunfaut, he says that they are 'NAGANT' revolvers, they were made in Liège by two brothers. They provided the whole Russian army. He knows the size of the caliber etc by heart.
Apparently they have them at the museum + the person I was talking to would be happy to do the shooting. He has done a similar performance some time ago, and likes these things. The point now is: he needs to get a permission from the director to shoot there.
I still have to write him a long e-mail today, which he will forward to explain and get the exceptional permission to do the shooting.

So, let's try this track for now, I will keep you updated when I hear from him.

Fingers crossed,
Very best,
Heidi

[fig 22, 23] Rafał Bujnowski, *Banners*, 2006, performance during Frieze Art Fair. Courtesy Raster, Warsaw

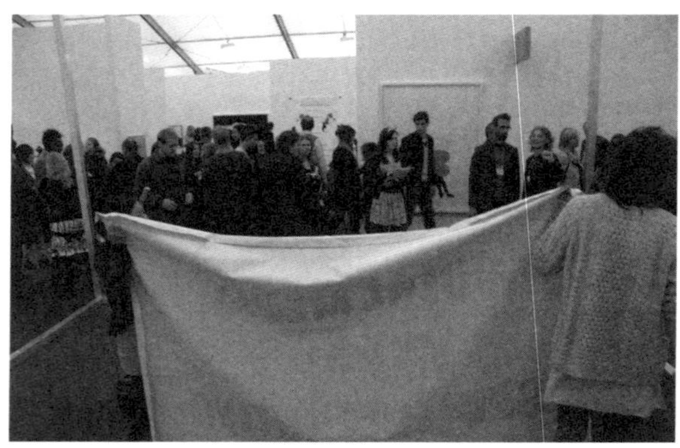

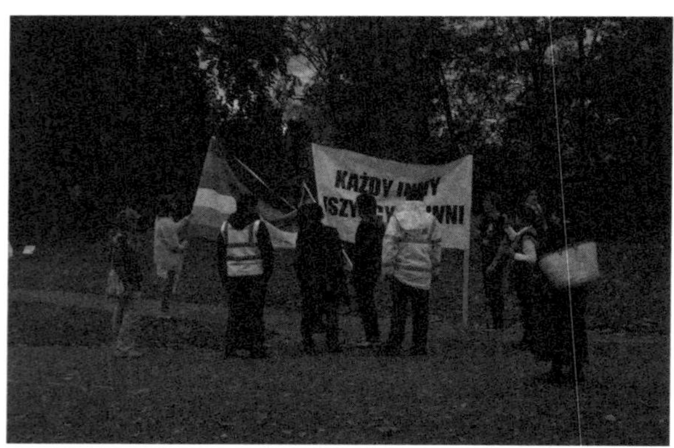

ANDREA BÜTTNER

Dear Pierre,

Thank you for the Polish letter!
And very good to meet you!

I asked Malin to email some images from the ICA show (you can also see pictures at http://www.ica.org.uk and from the show at Hollybush Gardens (my computer died and I lost documents) so we can start to think about the prints to show with the clay sculpture (best maybe one woodcut and one screenprint?)

I spoke with Malin about our plan to install clay along the walls – we decided to order the clay next week, probably 600 kg.

I will email the piano destruction project I mentioned (from 2002) when I'm back in London (or just give it to you when we meet).

I also attach a still from a new film 'Ich schäme mich' (2008) - a reply to "Martin in die Ecke und schäme Dich" in your letter – very glad shame is there.

Maybe you can write some remarks on my graphic work – and reversibility and decreation?

Best,
Andrea

NATHALIE BOUTIN AND SOLÈNE GUILLIER

Dear All,

So I am doing a little sum up regarding the expenses for the Fair Gallery at Frieze 2008

The Booth payement
£ 18 000 Pounds
Paid

The MDM bill (construction of the walls)
1 265,10 Pounds
Paid

The translation cost for press release
303 euros

The fees for the curator
3 000 euros

One question: Pierre, how many letters do you want to translate?

The cost of the trip of Pierre
106 euros
Hotel Pierre: 360 Pounds

For gb artists' production:

Deimantas:
Furniture: 1.942
Transport from Bruxelles?
The Gun?

Pratchaya:
Lamp?

Regarding the passes:

There are 9 for the fair gallery (two for each galleries plus one for pierre)
Plus 3 working pass (for installing and dismantling)
So Pierre can you send me a picture.
Do the other galleries want to send me their pictures or do you want to do it yourself? See below:

Regarding the transport Heidi, do you know the company name that will make the transport from bruxelles (deimantas plus david sculpture?)
I will bring personnaly pratchya painting with me.
Raster, do you have a transport company to mention?

Pierre we do not have any storage isn't it? But maybe we need to store Lamela crating?

Do we have carpet on the floor?

Maybe we should all complete production costs and at the end we will know more.

All our best
gbs

MALIN STÅHL

Dear Pierre,

Did you tell Claire already that you are interested in showing "World of Interior"? As I explained, this piece has been banned by the magazine 'World of Interiors' and therefore you two would have to find a way of showing it that does not compromise this ban. Claire seems to be working on a different idea so you should catch up with her.
We will investigate how much it will cost to get a mic on static, we have an amplifier if one can just use a normal stereo amp, what about speakers?
We are also looking into if we could possibly find some volunteers to do the lecture, could it be anyone?

bests
malin

PIERRE BAL-BLANC

dear lisa and malin,
a short e mail to let you know that all is going well
I have seen Andrea last saturday, it was great we are on discussion
she will let you know
I plan to see benoit next saturday
I am working on answers to andrea and claire by letter
it take a lot of time for me but I enjoy very much to do
concerning claire I tell her that I am intersted to show the video world of interior as you also suggested, I wait from her precision on how it is display
concerning my proposal to do a dealy lecture on the booth:
could you tell me if you would have the possibility to get a loan of a micro-phone on static, and an amplifier?
could you please tell me what could be the cost for somebody to be paid to come everyday making for one hour this lecture?
best, pierre

ANDREA BÜTTNER

Dear Pierre,
since the letters might be read - I think I would like this poem to be read too.
Best, Andrea

le MOCA – Musée d'art contemporain de Los Angeles doivent provenir d'une usine précise, située en Italie. Les sucreries qui forment la sculpture en angle sont offertes aux visiteurs qui le souhaitent. L'œuvre créée dans les années 1990 ressuscite le don et la communion avec le visiteur à la fin de la période Reagan qui ne faisait pas preuve d'un tel altruisme. Si l'œuvre emprunte au rituel chrétien, elle est aussi fortement inspirée par l'épidémie de SIDA qui règne à cette époque. Comme on l'observe pour toutes ses œuvres, Félix González-Torres programme un jeu d'ambivalence en appuyant l'aspect sensuel de l'expérience (dans ce cas avec le nom de la marque "Bouche" en italien) pour lui et pour les spectateurs qui incorporent littéralement son travail.

Ben Kinmont entreprend une alimentation régulière de son œuvre dans l'exposition comparable à *No Necesita Titulo* et *Untitled (A Corner of Baci). Congratulations* (1995) est une œuvre issue d'une intervention réalisée lors d'une exposition pour laquelle le lieu à Houston aux Etats-Unis ne pouvait pas prendre en charge la venue de l'artiste. Pour *Réversibilité* Ben Kinmont réitère le même protocole depuis New York où il vit en utilisant le budget de production de son intervention pour adresser régulièrement pendant la durée de l'exposition un bouquet de fleurs coupées commandé à un fleuriste de Milan accompagné par une carte signée "Congratulations". Le protocole d'envoi d'une offrande qui convient aux félicitations à l'occasion d'un acte ou d'un événement est dans ce cas limité à son propre exercice. Est-ce un retournement de l'acte artistique en divertissement? Est-ce pour souligner à nouveau la part négligeable que représente la présence physique de l'artiste dans le processus d'exposition qui privilégie les objets au détriment des personnes? Le bouquet est-il adressé au lieu pour féliciter le commissaire du spectacle de l'exposition ou bien au visiteur pour sa visite?

A LOUER # est un mécanisme proposé par Emilie Parendeau qui a pour objet l'activation d'une œuvre programmatique. L'œuvre ou les œuvres à l'état de langage lors de leur conception par leurs auteurs et que l'artiste se contente de sélectionner en fonction d'un contexte particulier, en prenant soin d'en faire la demande de prêt à l'artiste ou son représentant, sont considérées comme des partitions disponibles à l'emploi. La réalisation sous une forme matérielle par Emilie Parendeau d'une ou des œuvres constitue l'activation de sa propre œuvre. Le processus convoque autorité, héritage et genre et se conclut à l'issue de l'exposition par la production d'une documentation de cette expérience. *A LOUER # 8* (2012) réalisé pour *Réversibilité* consiste en la succession, en deux périodes égales en fonction du calendrier de l'exposition, de l'activation des œuvres de Jiří Kovanda *Untitled* (2008) et de *IN AND OUT. OUT AND IN. AND IN AND OUT. AND OUT AND IN* de Lawrence Weiner (1971), en utilisant pour la réalisation des deux œuvres les morceaux de sucres alimentaires prévus par le protocole de la première.

Dans la photographie d'une action menée à Mexico City en 1996, *Collection of rotten vegetables to be suspended at the entrance to the subway, Mexico City, Mexico, May 1996*, qui prend l'aspect d'un procès verbal policier, Santiago Sierra récupère les aliments invendus sur l'un des plus grands marchés mexicains pour les remettre en circula-

[→ pag 104]

[fig 12] Sanja Iveković, *Eve's game*, 2009

[fig 13] Robert Breer, *Untitled*, 1969

Ein Lied	**A Song**
Hinter meinen Augen stehen Wasser, Die muß ich alle weinen.	Behind my eyes are waters I have to cry them all.
Immer möcht ich auffliegen, Mit den Zugvögeln fort;	Always I want to fly away with the migrant birds.
Buntatmen mit den Winden In der großen Luft.	breath with the winds In the big air.
O ich bin so traurig - Das Gesicht im Mond weiß es.	Oh, I am so sad - The face in the moon knows it.
Drum ist viel samtne Andacht Und nahender Frühmorgen um mich.	Therefore is much velvet devotion And early morning approaching around me.
Als an deinem steinernen Herzen Meine Flügel brachen,	When my wings broke At your stone heart,
Fielen die Amseln wie Trauerrosen Hoch vom blauen Gebüsch.	The blackbirds fell like mourning-roses High from the blue bushes.
Alles verhaltene Gezwitscher Will wieder jubeln,	All cautious chirp Wants to jubilate again,
Und ich möchte auffliegen Mit den Zugvögeln fort.	And I want to fly away With the migrant birds
Else Lasker-Schüler	Else Lasker-Schüler

ŁUKASZ GORCZYCA AND RAFAŁ BUJNOWSKI

Dear Pierre, Dear Rafał,

After discussion with the artist, we send you enclosed Rafał's proposal. There are 3 project selected from the artist's recent ouevre which - in his and our mind - do correspondend to your idea. From a technical point of view, each of them could be presented in London, all of them are available. Regarding the final shape of the presentation and its processual aspect - that is to be discussed between you both...
best,

lukasz / raster

HEIDI BALLET

Dear gb and Pierre,

The person working in the museum is planning to use the first gun, the Nagant 1895.
Good to know that they are available if something goes wrong with that plan.

I have talked with Deimantas yesterday, and cc him for doublecheck if I understood all well.

We will shoot two times through the 3 elements of the table, still in cardboard packing, on one pile (table desk at the bottom, side cupboard on top of that, single table leg on the very top). One shot goes through the leg + all elements from top to bottom, the other one doesn't hit the table leg. The table will be transported like this, in the cardboard boxes, no art transport is

needed. The table will be assembled in London at Frieze. The gun is not part of the installation, we only need it to do the shooting. So if the army museum person is willing to do it, no costs there. It would be nice though to thank him somehow financially/with a nice present.

We are asking permission to shoot in/around the army museum, if not, we'll have to go to the army school, and will have to pay a rent fee there. We don't know how much that is yet. Since the table desktop is 140x140 cm in one piece, we'll have to rent a small van to transport it back and forth to the place of shooting.
The shooting will be registered on video, quite low-fi.
The army person wants to have a copy of it, I'm sure. Let me know if there's a problem with giving him a copy of the registration video.

Wish you a nice Saturday,
Congratulations again for the Vincent!
Heidi

PIERRE BAL-BLANC

Dear Rafał, Dear Łukasz,

Thank you for your different proposals.
I am interested about the piece:
Rafał Bujnowski, Recycled canvas, 2006
Collection of 150 unsuccessfull paintings of the artist pressed into 4 kg canvas brick
But my question would be.
Are you exhibited the brick as a piece or are you agree to follow my proposal to de create this work at the occasion of the fair?
I would be also interested to work with you on the piece:
Banners, 2006
the gay-flag banner painted by the artist
from the gay-lesbian manifestation in Kraków, 2006;
and / or the banners from the manifestation in Kraków, 2006; all banners painted by Rafał Bujnowski

I am interested on the processes of import export of the banners between art field and social manifestation field
What is actually the status (the situation) of these banners ?
Are you still store them ?
If I understood well you have put the banners on a frame painting after using as banners in the street?
What would you think to "de framed" and to use as banners during a small manifestation we could organise together around the frieze fair ?
Hope to get your feedback soon

My best,

Pierre

NB:
I am sending you the stand layout with the David Lamelas piece installed.
All the others pieces will be inside outside and around this tridementional structure.
The drawings with the chairs, the mic and the speakers show the display for a daily lecture done by an actor of the e mail exchange between me, the artists and the galleries. The last view is the David Lamelas piece exhibited in basel as an example.

ŁUKASZ GORCZYCA AND MICHAL BUDNY

Dear Pierre,
please find attached Michał's proposal for your project.
all my best
lukasz / raster

"TRANSPARENCY" - DECREATION, 2008
Process of decreation should be rather mental than physical.
1. First, I list all elements composing my piece "Transparency" (2008):
– Light and shadow
– Wall
– Illusion of distance
– Time (process of seeing – time light needs to go through the piece)
Form (circle, lines and shapes in space)
Transparency, 2008, cardboard, aluminum foil, adhesive tape, 38 x 43 x 36 cm
2. I look for materials/objects equivalent to all - listed above - elements of "Transparency":
– Light, Wall = white painted stretched canvas
– Shadow = piece of cardboard, painted black
– Illusion = piece of aluminum foil
– Time = white painted stretched canvas is not a brand new one and it is a bit dirty
– Form (circle, lines and shapes in space) = shape of a circle attached to the black
cardboard, wooden stick painted black
3. All found materials/objects representing elements of "Transparency" form a new visual
Composition

Sketch for the presentation at the Fair Gallery stand. All materials are provided by the
artist. Installation should be completed after directions included on the drawing below (rys.
1 – front view, rys. 2 – view from above). All elements are free-standing, only the black
wooden stick should be glued to the wall. The black&white photocopy of the original piece
("Transparency") could be mounted (unframed) next to the installation.

PIERRE BAL-BLANC

Dear Andrea,
Thank you very much for this nice poem
Sure it will be read ! (in german or do you have a English version?)

After our discussion I am more interested to associate to the clay, with the wood pictures (with religious figures) than the print.
It make more sense with the situation, it is more radical on my view, more material too!!
What do you think?

I am very interested to receive from you the piano destruction series.

My best,
Pierre
Pj Ein klein geschenk :
Marcel Broodthaers « Gedicht Poem Poème Change Exchange Wechsel »

ANDREA BÜTTNER

Dear Pierre,

Thank you very much für das kleine Geschenk! The poem should be read

tion, cette fois gratuitement, devant l'entrée d'un accès aux transports publics. Santiago Sierra réalise une installation plastique, les légumes emballés sont présentés en suspension pour manifester leur disponibilité, tout en requalifiant la notion d'exposition comme un dispositif de mise en circulation des denrées disponibles.

La tendance nécrologique du medium photographique est exacerbée dans l'image légendée *Vra am se za 5 minuta, (Come back in 5 minutes)* (2010) qui traduit la participation de Slaven Tolj à un festival de performances. Pour lequel il réduit sa contribution au message conventionnel propre à la vie active: "Je reviens dans 5 minutes", griffonné à la main sur un papier, laissé à l'endroit où on attend son intervention. En l'absence physique de l'auteur, le retrait se substitue à l'action, une passivité dont les narcotiques, cigarettes et verre d'alcool trahissent la passion tourmentée. Dans *Birra, Amore e Fantasia/"Oh" u Oha (Beer, Love and Phantasy/"He" and Her)* appartenant à la série "Sweet Life" (1975-76), Sanja Iveković confronte les photographies de sa vie personnelle à Zagreb en ex-Yougoslavie avec celles qui paraissent dans les magazines de l'époque. Le caractère normatif de la photographie est dans ce cas associé au conditionnement des médias sur les comportements intimes dont on ne distingue plus s'ils sont le fruit d'une relation voluptueuse ou d'une prescription publicitaire dont l'alcool semble avoir le rôle d'anesthésiant. Chez Jiří Kovanda, *Bez názvu (Ohne Titel / Untitled)* (2009), ce n'est plus la photographie qui fixe l'absence du corps, c'est directement l'angle de l'espace d'exposition qui cadre les vapeurs d'alcool de son ivresse. Une alcoolémie d'une part et d'autre part un coin d'espace dont on connait l'usage répressif que l'éducation a pu en faire, qu'on retrouve dans le dessin d'Andrea Büttner *D. Roth and M. Kippenberger are meeting at the Bridge of Sighs* (2006) qui fait à la fois référence à l'œuvre *Martin, ab in die Ecke und schäm Dich (Martin, Into the Corner, You Should be Ashamed of Yourself)* (1989) de Martin Kippenberger et à la dépendance aux stupéfiants que Kippenberger partage avec Dieter Roth.

Le dispositif anti-représentatif de *No Necesita Titulo* de Isidoro Valcárcel Medina inscrit le troisième chapitre de *Réversibilité: Un théâtre de la Dé-Création* dans une réalité qui lève, à l'occasion de son épilogue, le rideau sur les intentions antithéâtrales qui sont à l'origine de ce projet. Les termes "théâtre" et "mise en scène" sont employés à l'envers en vue de contrer "l'artifice", avec son arme et sur son terrain symbolique. *Réversibilité* est bien une exposition régie par l'idée d'un commissariat qui s'inscrit dans un champ d'immanence, peuplé par des œuvres qui opèrent par matière et non par substance, par fonction et non par forme. "Ce n'est pas un fantasme, c'est un programme" d'artistes qui construisent des relations par contagion et non par filiation. Comme Teresa Margolles avec *Plato de Fruta* (2004), qui ne s'inscrit pas dans une tradition artisanale, mais qui produit un métabolisme entre une technique de médiation du travail manuel et les conditions (au Mexique où le plat est fabriqué) de vie nocives qui l'environnent. Le plat garni de fruits frais à l'instar de l'exposition ne sert pas à peindre une nature morte, mais propose de restituer le chaos vivant de la nature.

[→ pag 110]

[fig 14] Marianne Maric, *Je ne vois pas la ... cachée dans la forêt* (detail), 2009

in German I guess. I tried a translation into English too, let‘s see.
And what are your thoughts why the woodcuts would be more radical in this situation?

I am just thinking about the term „bad conceptualism“ for the prints (like bad painting) that makes me realise how embarrassing bad painting as a concept is. Anyway, we could cover a woodcut with a screen print during the fair if we feel like it.

I hope this finds you well.

All best wishes,
Andrea

ŁUKASZ GORCZYCA

Dear Pierre,

yes, I did forward your visual letter to Michał. The address you have is the right one - I don't know, maybe it doesn't work with certais servers...
"Budny Michał" <budnymichal@wp.pl>
anyway, we can always forward your e-mails to him.
Regarding installation of his project, he thinks, his presence in London is not necessary and he would prefer don't visit the fair.

best

lukasz / raster

PIERRE BAL-BLANC

Dear Lisa and Malin,

I have spoken with Claire this week end about the two proposals
"World of Interior" and "Auditorium
She's working on both pieces
I am interested on how she could propose to show the banned piece
I am also curious by her proposal for auditorium.
Concerning the display for the daily lecture:
Mic ampli speaker
As you can see on the sketch enclosed I would like to find a compact solution for amplifier and speaker together
If possible if not we can superpose them. But it has not to be too big, and it is not necessary to have a big sound.

The daily lecture
I was thinking about theatre student (young actor) because I would like to work every day on different kind of performance.
If it is difficult to find one for the five days, I could work with two or three different persons, like one theatre student one art student, one normal person etc.. it has to be a cute boy

I would like to rent some furniture
6 Event chairs smoke white
Order at www.jmt-uk.co.uk/frieze <http://www.jmt-uk.co.uk/frieze>
art. no: 135027

Please tell me if you take care of that
My best,
Pierre

MALIN STÅHL

Dear Pierre

Sorry for late reply we have been traveling.
We are looking into your requests, chairs, mic, amp cute boys and so on and will get back to you soon
bests

malin

Dear Oreet,

Hope you are well.
I was just looking up Queen Mary because we are in need of the help of one or more male acting students, and there I found your name. I don't know if you can help but the situation is the following: We are doing a project at Frieze in the name of 'The Fair Gallery',this is a collaboration between us, Jan Mot(Brussels), gb Agency (Paris), Raster (Warsaw), we have invited a curator, Pierre Bal Blanc, to curate our booth(Pierre curated 'Live Currency' at Tate Modern recently). Pierre/ is curating a project around the idea of 'Reversability' and the de-materialisation of an artwork or the reverse action of making - the un-making. With this concept as a starting point he has written a manifesto and initiated a correspondence with the artists that he has invited from each gallery. At the fair Pierre wants to organise a daily performance in our boot, which will involve reading his manifesto and the correspondence with the artists. It would be a performace for 1 hour per day for 5 days. Do you think that any of the drama/performace students at Queen Mary would be interested in doing this?
Pierre works at CAC Brétigny
Centre d'art contemporain de Brétigny
www.cacbretigny.com

This is what he has said about it so far
"The daily lecture I was thinking about theatre student (young actor) because I would like to work every day on different kind of performance. If it is difficult to find one for the five days, I could work with two or three different persons, like one theatre student one art student, one normal person etc.. "

Let me know if you want more information, it would be great if you could help us to find someone whom would find this kind of thing interesting. If you want I can send you Pierre's manifesto
all the best

Malin

PIA RÖNICKE

Dear Pierre and Nathalie

I send you here a drawing for a possible setup

With this drawing I also send you the text of Rosa´s Letters (the fragments that you find in the film Rosa's Letter). I send you both part 1 and part 2.

Extract part 1
I suppose I must be out of sorts to feel everything so intensely. Sometimes it seems to me that I am not really a human being at all but rather a bird or a beast in human form. Inwardly, I feel so much more at home in a plot of garden like the one here and still more in the meadows when the grass is humming with bees than at one of our party congresses. Surely, I can tell you this since you will not immediately suspect me of betrayal. You know that, in spite of all, I really hope to die at my post in a street fight or in prison. But, my innermost self belongs more to my titmice than to the comrades. And not because I find a restful refuge in nature like so many morally bankrupt poli-

ticians. On the contrary in nature too with every step, I find so much that is cruel that I suffer very much.

Extract part 2
I do not think a newspaper should be trimmed like an English lawn. Rather it should be somewhat untamed, like a wild orchard.
The style is conventional, wooden, stereotypical.
To my mind the reason behind it is that when people write they mostly forget to reach deep into their own selves, to relive the importance and truth of the subject. One should experience the subject matter through and through, get emotionally involved. Only then will the old, familiar truths, expressed in the words become new and bright, go for the writer's heart to the reader's heart.

Also I send you the link (again for Nathalie) for Hannah Arendts Sonning price speech.

I ask you to think about how these text fragments could be an element.
I will look at the speech again and possible select fragments from it.

Also another thing came to my mind and that is the film: The life of Schindler house. I think that film is very mush dealing with questions of reconstruction and erasier.
Do you have that film in the gallery (it was also shown in the cinema model), maybe you could show the film to Pierre.

xxx
pia

HEIDI BALLET

Hi all,

All is going ok here production-wise, and Jan will be back on Tuesday
One question that I have: I don't think it's necessary to pay for storage from our side, since we'll have only cardboard boxes + blankets for the transport of the Lamelas + Deimantas, no crates. Just to make sure, since I haven't been there before, do you think we can store this somewhere besides the paid storage?
Another thing: David's Dos Espacios is 500 x 360 x 350. We'll put it up ourselves, it's an easy system without screws.
But: any (high) ladder that we can get for it is welcome. Same question for the ladders regarding storage, possible to store them?
We need to order storage space at latest today...

Thanks for any info,
Best,
Heidi

ŁUKASZ GORCZYCA

Dear Pierre,

I have discussed your proposals with Rafał.
In general he is open to work further with the pieces you have suggested.
Regarding banners - there is selection of them available with different slogans (mostly in polish). They were presented once and then Rafał decided to store them for a couple of years to see how will they work in a changed historical context (of course, if the context will ever changed).
So, yes, it is possible to bring some of them to London, unstreched, and use as "real" banners. the question is how do you imagine them acting at Frieze?

Regarding the second piece - recycled canvas - would kind of decreation you mean? Physical or rethorical?

Ce théâtre de la dé-création est plus un théâtre des opérations au sens d'une logistique qu'une scène d'expression de l'imagination. Son épilogue est une composition de vitesses et d'affects (les œuvres) sur un plan de consistance (l'exposition), un programme qui vaut aussi bien pour l'animé que l'inanimé, l'artificiel que le naturel. Un diagramme qui distribue les rôles imposés (artiste, commissaire, spectateur) seulement pour les récuser. Une exposition en somme pour encourager les combinaisons hétérogènes où les termes ne se distinguent que par la vitesse et la lenteur, les actions et les passions. A l'image de la braise du soleil qui chute dans l'eau d'une carte postale, portée par les volutes contenues dans un paquet de cigarettes Cleopatra: Marcello Maloberti, *Cleopatra* (2012). Ou des animaux qui s'abreuvent comme des humains, dans le monde sans homme du dessin d'Andrea Büttner *Trinkende Tiere, (Drinking Animals) by Friedbert Büttner* (2007).

L'exposition épilogue à *Réversibilité: Un Théâtre de la Dé-Création* est inaugurée par la performance d'Esther Ferrer *Intime et personnel*, offerte ici et maintenant qui nous situe aussi dans le contexte politique de l'Espagne franquiste de sa conception en 1967. La partition de cette pièce, dictée par les critères de beauté du régime totalitaire de cette époque, prévoit d'entreprendre les mesures, sans rapport avec la fonction physiologique des organes, d'un corps vivant (indifférement, masculin ou féminin) exposé nu devant une assistance. Les dimensions tirées de cette étude charnelle sont reportées sur un mur de l'espace d'exposition où est dessiné le contour de l'unité anatomique, pour être ensuite convertis en calcul énoncé à l'audience.

Le parcours de l'exposition scandé par les œuvres précédemment évoquées se termine par la vidéo de Martha Rosler *Semiology in the Kitchen* réalisée en 1975, présentée sur un moniteur dans les réserves du lieu, au milieu des outils de montage d'exposition. Ce film réalisé dans la cuisine personnelle de Martha Rosler, face à son plan de travail, décline dans l'ordre, à voix haute, un abécédaire à partir des noms communs des ustensiles de sa cuisine. L'artiste fait la démonstration du verbe d'action de chaque outil culinaire en le manipulant parfois plusieurs fois, pour lui faire rendre son énergie érotique et carnassière. En termes d'appartenance au monde, rien ne sépare ces deux expériences performatives (ce qui n'est pas le cas par rapport aux critères des disciplines de l'art), même si l'une est donnée en temps réel (performance) parmi une assemblée, alors que l'autre est restituée en différé (vidéo) depuis le milieu domestique. Seuls un mouvement et un repos, une lenteur et une vitesse les distinguent dans leur programme en rupture avec la filiation et le genre, au profit d'une alliance entre intimité et collectivité.

CONCLUSION DE L'ÉPILOGUE

On a vu que le régime juridique propre à chaque cadre (commercial, public, privé) qui accueille ce projet, concourt à la sélection d'une œuvre qui infère sur cet environnement et se combine avec d'autres œuvres par contamination. On sait avec Marcel Mauss ("Essai sur le don") que le don ne re-

[→ pag 118]

[fig 15] Marianne Maric, *Je ne vois pas la ... cachée dans la forêt*, 2009

Lets keep in discussion,

best
lukasz

LISA PAINTING

Dear All,

Just to let you know where we are with expenses with Frieze:
As you know we have all payed for the booth.

We did not charge you for VAT on the last invoice, so you will not receive any VAT back.

The VAt amount that we owe you from the previous invoice is @ 350 GBP.

We have payed the wall building invoice which was about 1200 GBP which roughly covers your VAT rebate from us, so you will not get anything back - there might be a few ££ put we have to work out the exact amounts, and you can all get copies of the invoices etc.

In addition we have paid for three extra passes to allow for the artists to install their work which seems to be necessary. If you do not agree then we will pay for our two, but we have also payed for David Lamalas at 30 £ each + VAT.

There is now electricity to pay and there is the translation - as we have not had the VAT back from the last booth invoice we have currently invested over 2,000 of cash flow more than you (which we get back in the end) - but can someone else take care of these invoices for now, as we don't have cash flow.

Thanks

Lisa

PIA RÖNICKE

Dear Nat and Pierre

I send you here the speech as pdf document 14 pages, that should be easy to print out, otherwise I will send it to you on monday, also this weekend I will make the desition if it should just be a fragment of the speech.
I think it would be good to decide if "the Rosa model" should be a part in the fair show, because then I will have to start arranging the shipping.
Also my next week is a little cracy...because on the wedding (mine!) on the 4th of october.
I think still it could be nice for Pierre to see the film "life of the Schindler house".
Sorry for putting so many balls in the air...
xxpia

PIERRE BAL-BLANC

Dear Łukasz, dear Rafał,

I am very happy to show the banners work. It is great that all are in polish language
I suggest to send to London 2 or 3 banners framed as painting and to exhibit one of them.
Then with Rafał, or if he is not there, Łukasz me or some volunteers, we will unstreched
during the frieze and use for a little march outside the fair. After, back to the booth, we will let the banners as they are.

Take care to preview some wood to make the banners...

I suggest these two and another of your choice
the gay-lesbian manifestation in Kraków, 2006; the gay-flag banner painted by the artist.
Free Media, Free Society, 2006, oil on canvas, 149 x 220 cm

Concerning the recycled canvas, I was suggesting physically!!
In the way to follow my proposal :
The artists will be free to choose the process and the time necessary for the work's
return to its material state if this takes the form of an object.

In order to attest to the work's return to the physical or symbolic realm, the artists
must agree to sign a disclaimer relinquishing their rights as author over the remains
of the work or works.

This is depending if Rafał is in London to share together this experience
And if he agree to follow this direction?

Any way this piece can be transported to London too and exposed like that

Best

Pierre

NATHALIE BOUTIN

Dear Pia, dear Pierre,
First of all I apologize for answering so late, I was in England and not focused on our project.
Thank you Pia for sending the drawing. The speach is beautiful and very full of philosophical and ethical political ideas.
To explain to Pierre, the Sonning Prize speech has been written by Hannah Arendt in 1975. Then some scandals have been published on the attitude of Danish administration with jewishes during the 2 world war. In the installation, attached doc, you put the speech on the table and press article about the history on the wall. And you erased some parts? Am I correct Pia as I never saw this piece in real?

More I think of the Reversibility project more I think we shouldn't mix all the works. This project with the speech could work but it would be by itself.
Le Klint presentation with the table the slide show plus the models could work also very well alone.
And the process plus texts of Rosa letter also would work but I think alone.
Please tell your feelings maybe i am wrong but somehow i feel we should focuse on one history.
What do you both think?
Many kisses

Nathalie

LISA PAINTING

Dear Pierre,
Just to let you know that art school only begins 6 October, but I have been told that they will definitely find you people - but they will be younger (max age 25)
Tell me if you would prefer this, to have more bodies or you would like just this guy.
Bests

LIsa

PIERRE BAL-BLANC

dear Lisa
I love the pretty max 25 young boy from art school
I would suggest to organise a casting on the 14th of october to finalised the choice you can inform as wrote in my e mail to owen.

We will need also volunters for a performance march for Rafał works
I don't have here the student contact you sent me
what do you think are you contacting them or should I do for each
tell me
do you have ordered the seats «event chairs white»?

concerning andrea did she select the woodcut?
i would like one with religious reference I will contact here

concerning Claire did she decided for the 16mm projector for «auditorium»?
I also want to show «world of interior»
I want to propose her to decide on the booth how we can show this banned piece
for example showing on a monitor whiout the image but the sound or with the image parasited with the sound
and an explaination of the rights problems.
do you have a monitor like a sony cube?

concerning Benoît I have agree to show two pieces, the one with the palm tree
the other with the poster, do you have seen that with him? more precisely concerning the translation?

I doulble chech all that with the artists

my best to you and Malin

best

pierre

LISA PAINTING

Dear Pierre,

Ok, we will organise a 'casting'. I will some words about the Rafał 'march' as the art school only allows persons because it is 'interesting'. Also I have to give them a valid argument as to why only boys, this is a big issue there.

I spoke to Andrea yesterday who is going to bring some wood cuts to the booth to try out there in situ, she is thinking about dancing nuns - either small or large

regarding claire - auditorium is not 16mm, but video. I think she is working on a wall based piece?

We have a cube monitor, not sony but as nice. (nicer in fact, some classic italian brand)

Those chairs are no longer available. How about plain Ikea chairs, please look at link:

http://www.ikea.com/gb/en/catalog/products/90070404

We have get some of these - if so how many?

We have asked Benoît about the translation of his poster, we can help him if he needs us.

Bests

LIsa

ŁUKASZ GORCZYCA

Dear Pierre,

It's me again writing you instead of the artist. I should explain it now. Rafał ask me to tell you that he is very keen to be a part of your project and he appreciate your experimental approach, however he is not able to express in english a feeling of embarassment he got during the process of discussion about the final shape of his work at the fair gallery booth. In general, he agrees for all what you have proposed even if the idea of phyisical de-creation of 'recycled canvas' is somehow against what he meant working on this piece. The same time we all agree that the result can be interesting, even if not spectacular at all
Technically, it will be hard to get 'recycled canvas' splited into single pieces of canvas. We'll rather get a bunch of scraps. Anyway, we gonna try that!
Regarding banners, we check what we have stored in the gallery and will send you the proposal. Rafał doesn't like to be a part of Frieze manifestation as his role in this project was always only to prepare the banner for certain group of activists and not to support them by physical presence. However he may come to London to help with (un)streching the canvases and to work on the 'recycled canvas'. He will decide soon.

so, I hope we are close to reach a final consensus:)

keep in touch,
lukasz

PIERRE BAL-BLANC

lisa,

the jeff ikea chairs are ok
I will send you soon as i come back to my office friday the rafal march details

Concerning the valid argument as to why only boys, it is just simply because I am homosexual
I am prefering boy
If I would say I just want girl, it could be interpreted as basic heterosexual instinct
If I would say doesn't matter the sex identity, it would be a neutral statement
I don't want to be neutral
I want to exhibit my choice

Concerning the video monitor I choose the classic italian brand.

for claire, she told me about to re use the video rushes of auditorium into 16mm film projection
I ask her

yes take care to benoit

see you
yours
pierre

produit qu'un principe de domination inscrit dans l'échange marchand, s'il n'est pas ressaisi par un contre-don ou un potlatch, une cérémonie collective d'échange de cadeaux qui va jusqu'à la destruction des richesses.[6] "C'est le vol qui empêche le don et le contre-don d'entrer dans une relation échangiste".[7] En détournant les repas du circuit social vers le circuit artistique d'une part, en les périmant d'autre part (les plats ne sont pas consommés et sont remplacés par de nouveaux quotidiennement), l'œuvre *No Necesita Titulo* d'Isidoro Valcárcel Medina rétablit le contre-don dans le geste charitable, en interrogeant dans ce cas de surcroit le contexte culturel espagnol de la structure à but non lucratif elle-même, condamnée à fonctionner avec des donations privées.

L'exposition à la manière d'un calcul chez Ferrer ou d'un abécédaire chez Rosler a la tâche de régler le rythme des vitesses asynchrones générées par les œuvres, à tous les niveaux de leur exercice, au stade de leur production comme à celui de leur présentation. Pour conduire à une émission et une réception de temporalités au sein de l'exposition qui adoptent par symbiose avec l'œuvre d'Isidoro Valcárcel Medina un mode de consommation englobant au même titre les objets et les corps. Les œuvres d'Isidoro Valcárcel Medina, de Félix González-Torres, de Ben Kinmont, d'Emilie Parendeau ou d'Esther Ferrer procèdent par induction directe depuis et sur la situation qui leur donne une consistance. Les œuvres de Sanja Iveković, Santiago Sierra, Slaven Tolj et Martha Rosler convoquent la photographie ou la vidéo comme la médiation différée d'"une manière d'être", aux prises avec la normalisation sociale et culturelle. Celles de Jiří Kovanda, Teresa Margolles, Marcello Maloberti, Andrea Büttner combinent les genres pour favoriser des participations contre nature. Mais pour paraphraser Deleuze et Guattari "la nature ne procède qu'ainsi contre elle-même".[8]

L'économie du don et du contre-don particulièrement présente dans les œuvres d'Isidoro Valcárcel Medina, d'Emilie Parendeau, de Ben Kinmont ou de Félix González-Torres pour l'épilogue de Milan succède au processus de création et de dé-création des œuvres de Deimantas Narkevičius, Pratchaya Phinthong ou Dominique Petitgand du prologue de Londres "[...] les dons peuvent être réciproques, [...] toute la finalité de l'acte de donner est de forcer le partenaire à agir, d'extraire un geste de l'autre, de provoquer une réponse: de lui voler, en somme, son âme."[9] Le vol appartient à l'économie du don, comme la dé-création participe aux échanges culturels. La notion de réversibilité qui s'ajoute à celle de dé-création entend défaire le dualisme entre cette dernière et ce qui devient son envers: la création. Elle vise aussi au démantèlement d'un dualisme entre le théâtre et l'exposition, même si le duel organisé entre ces deux disciplines à l'occasion de ce projet a permis la conduite d'une pratique liminaire entre mise en scène et commissariat: "Les dualismes sont l'ennemi, mais l'ennemi tout à fait nécessaire, le meuble que nous ne cessons pas de déplacer."[10]

La consommation dont Isidoro Valcárcel Medina généralise le mode avec *No Necesita Titulo* en récusant qu'elle se distingue de la production (la production et la consommation dans nos sociétés capitalistes ne sont que création de manques) avec *Intime et personnel* ou *Semiotics in the Kitchen* est

[→ pag 126]

[fig 16, 17] Annie Vigier & Franck Apertet (les gens d'Uterpan), *Pièce en sept morceaux*, 2009

[Tr.VIII]

PIERRE BAL-BLANC

Cher Pratchaya,

Je suis heureux d'avoir eu de tes nouvelles et d'apprendre que tu es arrivé en Europe. L'état d'urgence a été décrété en Thaïlande et les images que je consulte sur le web montrent que les manifestations sont d'une grande ampleur à Bangkok. Mon dernier e-mail comportait des liens vidéo à des archives sur différents types de manifestations en France, à différentes époques: cultivateurs en Corse, paysans et Marins pécheurs en Bretagne, étudiant à Grenoble, ainsi que des actions symboliques contre un McDonald's et le parc Disneyland. J'ajoutais à cela des liens aux vidéos de Pete Townshend démontrant l'art de la destruction de guitare et de Jim Morrison arrêté pour attenta à la pudeur sur scène à Miami en 1969. Je ne pensais pas que ces liens allaient avoir un relief particulier pour toi. Cela me permet de constater que nous vivons dans des régimes où la contestation, ne s'exprime pas de la même manière, en tout cas avec la même intensité. En Europe les gouvernements ne sont plus renversés par des manifestations populaires et je t'envoyais ces liens justement pour mesurer combien ici l'expression de la contestation c'est régulé dans des actes symboliques pour ne pas dire plastiques depuis plusieurs années. Même si on a décrété l'état d'urgence en 2006 en banlieue Parisienne pour quelques jours, cette mesure était en fait la réappropriation d'un acte symbolique par le pouvoir en place à des fins médiatiques, plutôt qu'une réelle nécessité de sécurité civil.

J'ai toujours été fasciné par l'action menée par des ouvriers qui détruisent leur outil de travail pour revendiquer leur droit, par les paysans qui déversent dans les centre-ville leurs récoltes pour sauver leur agriculture et même par les éboueurs qui laissent s'entasser les déchets dans les rues pour montrer l'importance de leur rôle dans la société. A mes yeux, ces actions ont une qualité artistique justement parce qu'elles ne se revendiquent pas comme telles. Elles créent par contre à un moment et dans un lieu où on ne l'attend pas, une prise de conscience de la réalité et de sa construction. En associant ce qui est ordinairement séparé, par exemple en déversant des quantités de légumes sur l'asphalte des rues des centres ville, l'action des cultivateurs déconstruit le principe de réalité qui s'impose à eux pour faire émerger une image qui n'obéit pas à ce principe. Un des souvenirs les plus intenses de mon enfance est la marche silencieuse sans banderole des métallurgistes en bleu de travail, en lutte contre les licenciements dans le lotissement réservé à la direction et aux ingénieurs de l'usine. Le bruit des pas était suivi par celui des volets des maisons qui se ferment. La texture et la couleur des habits de travail portés dans la rue en plein jour dégageaient une sensualité et une vulnérabilité indécente par rapport à leur usage convenu.

Ma proposition d'inviter des artistes dans le cadre d'une foire d'art contemporain à décréer une œuvre au lieu d'en créer une à cette occasion est sans doute liée au souvenir que je conserve de l'image du défilé informel des ouvriers en uniforme de travail et dont mon père faisait partie. C'est aussi sûrement dû au lien que j'ai pu faire plus tard entre cette image et une œuvre de Santiago Sierra dans laquelle des personnes

Dear Pratchaya,

It was very nice to hear from you and to know that you arrived safely in Europe. A state of emergency has been declared in Thailand and the images I viewed on the web reveal the huge scale of the demonstrations in Bangkok. My last email contained video links and archives of various demonstrations in France from different eras: agriculture workers in Corsica, farmers and fishermen in Brittany, students in Grenoble, as well as symbolic actions against McDonald's and EuroDisney. I also added links to videos of Pete Townsend demonstrating the art of destroying a guitar and Jim Morrison's arrest for public indecency during a concert in Miami in 1969. I wasn't sure that these links would have any particular relevance to you. They allowed me to realize that we live within political systems in which protest is not expressed in the same way – at least, not with the same intensity. In Europe, governments are not overthrown by popular demonstrations, and it was my intention, sending you these links, to measure how much protest as a form of expression has, over a number of years, been relegated to symbolic, if not artistic, actions. Even if a state of emergency was declared for several days in the Paris suburbs in 2006, this measure was in fact the reappropriation of a symbolic action by the powers in place and was aimed at the media, rather than arising out of any real need for public safety.

I have always been fascinated by the actions of workers destroying their means of production as a way of claiming their rights, by farmers who dump their crops in city centers in defense of their agricultural production, and even sanitation workers who leave piles of waste in the streets to show and affirm their place in society. To my mind, if such actions have artistic qualities, it is precisely because they make no claim to being art as such. Rather, they create, at a fortuitous time and place, a consciousness of reality and its construction. In bringing together what is normally separated (for example, dumping a quantity of vegetables on the tarmac), the action of agricultural workers deconstructs the reality principle which enforces itself upon them in order to elicit an image that no longer obeys that very principle. One of the most vivid memories I have as a child is the silent march, without banners, of metalworkers in blue overalls fighting against job layoffs on the site reserved for management and engineers at the factory where they worked. The sound of their steps was punctuated by the sound of shutters being closed in the surrounding buildings. The texture and the color of the blue work overalls being worn in the street in the middle of the day radiated a sensuality and a vulnerability that appeared obscene compared with the reason for which they are normally worn.

My proposal to invite artists to de-create a work of art rather than creating one within the context of a contemporary art fair is undoubtedly related to my memory of this image of an informal march of uniformed factory workers in which my father took part. It is surely also inspired by the association that I later made between this image and a work by Santiago Sierra in which individuals are paid to stand facing a wall for an hour in a gallery space.

If the images produced by street demonstrations have artistic qualities – be it those of workers, farmers or students – I don't, at the same time, think of artists' works in the same way. I believe that the process that leads to the creation of an artwork is far more complex and the results far more open to interpretation than the impulses present in a street demonstration.

sont rémunérées pour faire face au mur d'un espace d'exposition pendant une heure.

Si les images produites par les manifestations ouvrières, paysannes ou étudiantes ont des qualités plastiques, je ne considère pas pour autant les œuvres des artistes aux même titre. J'estime que le processus qui conduit à la création d'une œuvre est beaucoup plus complexe et que, ce qui en résulte, est beaucoup plus ouvert à l'interprétation que les impulsions présentent dans une manifestation.

Avec le projet *Réversibilité*, mon intention n'est pas seulement de réduire le point de vue sur la création à un exercice de déconstruction et de multiplier les exemples de destruction pour comprendre les raisons de la récurrence de cette figure aujourd'hui. Je cherche à organiser les conditions, qui permettent de saisir la présence dans les pratiques actuelles, de la double nécessité de la création et de la dé-création.

L'œuvre *No Patent on Idea* que tu proposes en réponse à mon invitation offre l'exemple parfait d'une ouverture du projet réversibilité à un aspect plus large que la déconstruction.

La lettre de Thomas Jefferson désignée par le titre "No Patents On Ideas" se réfère à l'article 1, Section 8, Clause 8 de la constitution américaine. Cet article concerne le droit et la circulation des idées. Il pose la question de l'hérédité, de la propriété et du lègue des idées en d'autres termes de la commercialisation ou non des idées et émet plusieurs hypothèses en se référant à la nature. Jefferson utilise aussi plusieurs métaphores pour illustrer son propos ce qui est intéressant pour pouvoir en tirer des conséquences dans un autre registre que celui du droit.

L'œuvre que tu proposes à partir de cet article est à mon avis une façon intéressante de poursuivre les conséquences des métaphores de Jefferson au niveau esthétique. Jefferson affirme qu'il serait curieux qu'une idée, la fermentation fugitive d'un cerveau individuel, le cas exemplaire d'un droit naturel, puisse être réclamée comme une propriété exclusive et ferme. Si la nature a rendu n'importe quelle chose moins susceptible que tous les autres d'être soumise à la propriété exclusive, c'est bien l'action de pouvoir réfléchir qui est appelé une idée. On est là au cœur du débat soulevé par cet article. Car si on prolonge cette réflexion de l'idée vers le corps qui la porte, c'est bien de la liberté individuelle dont il est question en creux. "No Patents On Ideas" affirme sans le dire: "No Patents On Bodies" c'est-à-dire pas de brevet sur les corps. Ceci pourrait n'avoir rien d'étonnant puisque Jefferson est un artisan de la Révolution américaine et un homme des lumières. C'est d'ailleurs à la lueur de cette métaphore qu'il poursuit: quelqu'un qui reçoit une idée de moi, reçoit l'instruction lui-même sans diminuer la mienne; comme qui allume son cierge au mien, reçoit la lumière sans m'obscurcir. Et plus loin: comme le feu est expansible sur tout l'espace, sans diminuer sa densité à n'importe quel autre point.

Comme nous renseigne le web: Thomas Jefferson avait des idées qui peuvent sembler contradictoires avec ses actions sur la question de l'esclavage. Pendant la Révolution américaine, Jefferson semblait vouloir supprimer l'esclavage et la traite des Noirs ; mais il n'était pas suivi par le Congrès. En 1782, Jefferson fit passer une loi facili-

With the *Reversibility* project my intention is not only to reduce the point of view of artistic production to an exercise in deconstruction and to multiply the examples of destruction in order to understand the reasons for its reappearance today. I am also attempting to set up the conditions that allow an understanding of the presence in current practices of the need for both artistic creation and de-creation.

The work *No Patent On Ideas* which you propose in response to my invitation offers a perfect example of the project's openness to a wider position than that of deconstruction alone.

The letter that Thomas Jefferson entitled "No Patents On Ideas" refers to Article 1, Section 8, Clause 8 of the American constitution. The article concerns the rights and the circulation of ideas. Jefferson raises the question of heredity, property and legacy of ideas in different terms than those of their commercialization or non-commercialization, and puts forth several propositions that refer to nature. He also employs a number of metaphors to illustrate his argument; this is interesting, in that it enables a number of conclusions to be drawn which go beyond the question of rights.

The work that you propose based on this article is, to my mind, an interesting way to pursue, on an aesthetic level, the consequences of the metaphors that Jefferson employs. Jefferson says it is curious that "an idea, the fugitive fermentation of an individual brain, could, of natural right, be claimed in exclusive and stable property. If nature has made any one thing less susceptible than all others of exclusive property, it is the action of the thinking power called an idea." Here we are at the heart of the debate that the article of the American constitution raises. For if we extend the reflection to include the body which carries the idea, it is precisely the question of individual freedom that is at stake. "No Patents On Ideas" silently affirms "No Patents On Bodies." This might not be surprising, given that Jefferson was a founder of the American Revolution and an important figure of the Enlightenment.

As the web informs us: Thomas Jefferson had apparently conflicting ideas concerning his actions in relation to slavery. During the American Revolution it seems that he wanted to abolish slavery and the slave trade, but he did not get the full support of Congress. In 1782 he passed a law facilitating the emancipation of slaves. However, he was himself the owner of several dozen slaves on his estate. He freed a number of them, but slave labor was necessary for the running of his tobacco plantation, all the more so since he was badly in debt. His correspondence reveals racially tainted arguments which suggest that African-Americans are inferior to whites. At that time, he was convinced that if black people were freed from slavery they would be incapable of integrating themselves into society, and that the question of slavery threatened the fragile unity of the New World.

To a certain extent, the gap between obscurity and illumination in enlightened ideas is always present, but it has shifted without ever being clearly stated – between the bodies of blacks and whites. The "black bodies of slaves" clearly reveal that which remains obscured in the origin of the enunciation "No Patents On Ideas." Human law takes it upon itself to protect the ideas of the industrial regime which it sets in place, and in so doing it overlooks the place of bodies, which are subsequently threatened with becoming exchangeable goods. It makes no distinction, as such, between colors.

For if one system of governance replaces another, heredity (God) being replaced by equality (society), it is necessary to shift the production of progress to

tant l'affranchissement personnel des esclaves. Pourtant, Jefferson était lui-même propriétaire de plusieurs dizaines d'esclaves sur son domaine. Il en affranchit quelques-uns, mais la main d'œuvre servile était nécessaire au fonctionnement de sa plantation de tabac, d'autant qu'il était couvert de dettes. Sa correspondance témoigne enfin d'arguments teintés de racisme: selon Jefferson, les Afro-Américains étaient inférieurs aux Blancs. À cette époque, il était convaincu que les Noirs affranchis ne pouvaient s'assimiler et que la question de l'esclavage menaçait la fragile unité du nouveau pays.

D'une certaine façon, l'écart entre l'ombre et la lumière des idées libérées, est toujours présent, mais il s'est déplacé sans que cela soit dit clairement, entre le corps des noirs et des blancs. Le corps noir des esclaves permet ici de mieux souligner ce qui restait dans l'ombre à l'origine dans la proclamation "no patents on ideas". La loi humaine se charge de protéger les idées du régime industriel qu'elle installe, en faisant l'impasse sur les corps, menacés pourtant d'être traduits en biens exploitables et cela sans distinction de couleur.

Car si on remplace un régime par un autre, l'hérédité (Dieu) par l'égalité (la société), on est bien obligé de déplacer la production du progrès à un autre niveau. En considérant le droit exclusif de l'invention comme n'étant pas un droit naturel, mais un droit concédé par l'intention de la société, je sais bien la difficulté de tirer une ligne entre les choses qui valent au public l'embarras d'un brevet exclusif et celles qui ne le demande pas. L'instance qui décidera de l'inclusion ou de l'exclusion des idées dans le circuit de la commercialisation des biens fait naître le libéralisme et la société dans laquelle nous vivons. Dans le même temps les membres du conseil que la loi a autorisé à accorder ou à refuser des brevets découvrent l'arbitraire qui érige de nouvelles frontières entre ce qui est et ce qui n'est pas assujettissable.

Dès le départ "no patents on ideas" pose le problème à l'envers en utilisant la forme négative. Cette déclaration avoue en creux que le système de pensée dominant est maintenant un régime industriel qui remplace un régime divin et qui traduit tout, en matériel exploitable donc assujettissable aux variations de la valeur. Seule l'instance qui remplace Dieu peut décider des limites et des frontières entre ce qui est et ce qui n'est pas de cet ordre, comme les idées et les corps par exemple. L'article "no patents on ideas" exprime en filigrane l'interdiction de la propriété sur une idée ou un corps. Il substitue à l'échange des idées et des corps un échange réglementé par le brevet qui reconstituera ailleurs cet échange, pour le bien et le progrès de la communauté. Comme la monnaie s'efforce elle-même d'assurer sourdement l'exercice de l'échange des idées et des corps au nom et dans l'intérêt des institutions. La frontière est mince et les limites fragiles entre ces catégories. Déplacer l'échange en labellisant des brevets ou en indexant une monnaie sur un cour, ne protège ni la liberté des idées, ni ne garantit l'intégrité des corps des personnes impliqués dans ces échanges.

Comme Sade l'a fait remarquer dès le début de la Révolution française en rédigeant sa lettre "Français encore un effort si vous voulez être républicain !". A partir du moment où

another level. "Considering the exclusive right to invention as given not of natural right, but for the benefit of society, I know well the difficulty of drawing a line between the things which are worth to the public the embarrassment of an exclusive patent, and those which are not." The [instance] that determines whether an idea is included or excluded from the circulation of commercial goods gives rise to economic liberalism and the society in which we now live. At the same time, the members of the patent office whom the law authorizes to deliver or refuse patents are confronted by the arbitrariness of distinguishing what is and is not subjected to their law.

From the beginning, "No Patents On Ideas" raises the question the wrong way around, in that it is formulated as a negation. It admits that the dominant system of thought is now the industrial regime, which replaces the divine regime and transforms everything into a material to be exploited and subject to discrepancies in value. Only the instance that replaces God can determine the limits and the boundaries between what is and is not of this order, such as bodies and ideas, for example. The article "No Patent On Ideas" implicitly advances the ban of property rights over ideas and bodies. It replaces the exchange of ideas and bodies with a regulated exchange via patent laws, which otherwise redefine exchange for the common good and progress of society. In the same way, money strives to tacitly assure the action of exchanging ideas and bodies in the name and interest of institutions. The boundary dividing these categories is small and its limits are fragile. Rechanneling exchange in issuing patents and indexing money on the stock market neither protects the freedom of ideas nor guarantees the integrity of the bodies of those engaged in these exchanges.

As Sade remarked at the beginning of the French Revolution when he drafted his letter "Yet Another Effort, Frenchmen, If You Would Become Republicans," from the moment when a man is free from the divine law which dominated the existence of everything on earth, the limits themselves no longer hold: "I have the right of enjoyment over your body, and I will exercise this right, without any limit stopping me in the capriciousness of the exactions that I might have the taste to satiate." What Sade sees in the French Revolution is the claim that it struggles for the freedom of desire, but it also results in the law being unbridled, free and without limits.

In your version of "No Patents On Ideas," with its reference to the title of Jefferson's letter, and as your contribution to the project *Reversibility*, you replace divine light with electric power, the energy which, along with Thomas Edison's light bulb, otherwise became one of the symbols of the industrial era. The projector whose light alters the ink of the text facing it represents a kind of reproduction of the effect of Enlightenment philosophy on ideas: at once the appearance and hope of a humanity freed from its former shackles and its disappearance, the announcement of its alienation – in a certain sense, the reversibility of an apparently inevitable process.

The slow disappearance of the poster's title, as it is affected by the light, which states that there is no patent on ideas and that, as a consequence, ideas are immaterial, ungraspable, or at least perishable, is presented as a work, as a commercialized "statement" – which suggests that we can acquire it as a saleable object and possession, and exchange it again.

What is offered to commerce is the paradoxical concept of the non-commercialization of ideas – not unlike the way Piero Manzoni signed a woman's body or various parts of a person's body. Manzoni thus legitimized both the act of announc-

l'homme se libère de la loi divine qui réglementait l'existence de toutes choses sur terre, les limites elles mêmes se libèrent. J'ai le droit de jouir de ton corps et ce droit, je l'exercerai sans qu'aucune limite m'arrête dans le caprice des exactions que j'ai le goût d'y assouvir. Ce que Sade voit dans la Révolution française, c'est qu'elle proclame qu'elle lutte pour la liberté du désir. Mais il en résulte aussi que la loi devient libre. Libre et sans limites.

Dans ta version "No patent On Ideas" qui reprend le titre de la lettre de Jefferson et qui est ta contribution au projet *Réversibilité*, tu remplaces la lumière divine par une puissance électrique, l'énergie qui sera d'ailleurs un des symboles avec l'ampoule de Thomas Edison de l'avènement de l'ère industrielle. Dans ce projecteur dont la lumière altère l'encre du texte de l'affiche qui lui fait face, il y a comme la reproduction de l'action de la philosophie des lumières sur les idées, à la fois l'apparition et l'espoir d'une humanité émancipée et sa disparition, son aliénation annoncée. En quelque sorte la réversibilité d'un processus qui semble inévitable.

La disparition progressive par l'action de la lumière du titre imprimé sur le poster qui stipule qu'il n'y pas de brevet sur les idées et par conséquent que les idées sont immatérielles, insaisissables ou pour le moins périssables se présente comme une œuvre, un "statement" commercialisé. Ce qui sous-entend qu'on peut s'en porter acquéreur, s'en emparer et l'échanger à nouveau.

Ce qui est donc offert au commerce est le concept paradoxal de la non commercialisation des idées. Un peu comme quand Piero Manzoni appose sa signature sur le corps d'une femme ou sur une partie d'un individu, il authentifiait à la fois l'acte d'énoncer une idée, de créer une œuvre et en même temps l'impossibilité de la figer dans un objet durable. L'œuvre disparaissait dans le décès de la personne. Je ne sais pas si Manzoni proposait à la suite de son paraphe ces œuvres vivantes à la vente, en tout cas rien n'empêche de le penser.

Dans ces deux cas peut-on dire que c'est une allégorie de la pure consommation? Ou bien doit-on penser que c'est le spectacle ralenti de la disparition des idées incarnées dans des corps? Ou encore que ce sont deux exemples de la matérialisation éphémère d'une monnaie vivante? Dans ta proposition tu retournes le concept sur lui-même en démontrant l'inverse de son affirmation. Peut-on dire alors que c'est une critique de l'art conceptuel ou devons-nous penser que c'est son prolongement? En tout cas, en regardant ton poster s'effacer on sait maintenant que dernière les concepts ce sont des corps qui s'échangent et se consument.

N'est ce pas ce qu'une autre de tes œuvres: *Please don't tell my mom, I smoke* cherche à nous dire autrement? Dans cette phrase d'adolescent reproduite comme un statement de Lawrence Weiner sur le mur de ton exposition personnelle chez gbagency à Paris, les notions de dématérialisation, de désincarnation et de conversion propre à l'art conceptuel sont resituées. Pas seulement entre une mère et son enfant, dans l'espace intime de la reproduction des corps, mais aussi au cœur de leurs impulsions.

Si le mouvement de l'art conceptuel déclarait dans les années 1970 sa volonté de dématérialiser l'œuvre, de produire la réduction de l'œuvre

ing an idea and that of creating a work, and at the same time he affirmed the impossibility of retaining it in a material and durable form. The work disappears with the person's death. I don't know if, after having signed them, Manzoni offered to sell these living works; at any rate nothing prevents us from imagining that he did.

In both cases, can it not be said that what we are confronted with is an allegory of pure consumerism? Or should we see this as a slow-motion spectacle of the disappearance of ideas objectified in bodies? Or, again, as two examples of the ephemeral materialization of living currency? In your proposal you turn the concept against itself by revealing the opposite of what it affirms. Should we understand this as a critique or an extension of Conceptual Art? In any case, in watching your poster erase itself, we know that behind concepts there are bodies that are exchanged and consumed.

Is this not what another of your works, *Please Don't Tell My Mom I Smoke*, is attempting to tell us? In this juvenile statement reproduced as if it were a statement by Lawrence Weiner on the wall of your solo exhibition at the gb agency gallery in Paris, the notions of dematerialization, disincarnation and exchange proper to Conceptual Art are restored. Not only between a mother and her child, in the intimate space of bodily reproduction, but also at the heart of human impulses.

If the Conceptual movement in the 1970s declared its desire to dematerialize the work of art, to reduce the artwork to its concept or the expression of an idea, it was not simply a means of stopping its immateriality from being subjected to the exchange of consumer objects. For it is necessary to state forty years later that Conceptual Art is, on the contrary, the most sophisticated commercial enterprise of ideas that is currently available on the market.

If your poster redeploys the strategies of Conceptual Art in order to situate itself within that heritage, it is also a critique and a rereading of the Conceptual movement; firstly, in renewing the primacy of the idea over and above the object as it was deployed in Conceptual practices, in reproducing the principle of dematerialization within the process of the work itself, and finally, in commercializing the ensuing immateriality in the form of a concept. But, more importantly, the work affirms that its mediation is dependent on the nature of commercial exchange between individuals. In any case, it has a lot to do with this, as one of your other works, *Farawaysoclose*, confirms. Made in Germany in 2001, *Farawaysoclose* reflects on the relationship between your official nationality and your clandestine identity through the exchange of a 10-bath coin against two euros using an obsolete vending machine.

As I suggested in my last mail, in an age where products disappear to be replaced by services, and where capitalism itself produces the most advanced form of dematerialization, it is important to be reminded, as Klossowski has suggested, that nothing in impulsive life is truly given for free. The voluptuous emotion in its proper coming into being is in no way free, but entails appreciation, value and exuberance – hence, the price to pay. Nothing is more opposed to pleasure than gratuity. This is what Sade suggests and what your poster reiterates, in affirming the opposite of what Jefferson claims.

For sale, the poster *No Patent On Ideas* escapes conservation, as an artwork that self-destructs and dematerializes in the very moment of its enunciation. "Nothing takes place but the place," as Stéphane Mallarmé said, opening in this way another space to the human spirit. If this space was the space of modernism, our cur-

traduite sous forme d'une prédation. Un mode de prédation dont on retrouve l'évocation indirecte dans la présence de l'organe partiel de la bouche, transfigurée dans les chocolats "Baci" que Félix González-Torres nous invite à mettre dans la nôtre: *Untitled (A Corner of Baci)*. Le manque produit par l'hypertrophie des besoins insatiables de la société industrielle rendu tangible par Isidoro Valcárcel Medina ou Santiago Sierra est chez Esther Ferrer ou Sanja Iveković un excès issu d'un appétit carnivore exprimé par les médias. Elles en traduisent la menace (fasciste, communiste ou consumériste): Martha Rosler (genre) et sous un angle différent Emilie Parendeau (autorité) en démontrent l'héritage (patriarcale, archaïque). Le corps démembré d'*Intime et personnel* et la cérémonie domestique ancestrale de *Semiotics in the Kitchen*, conduisent à une "anthropophagie" qui s'incarne dans *Plato de Fruta* réalisée par Teresa Margolles.

Dans son essai *Métaphysiques Cannibales* Eduardo Viveiros de Castro prolonge l'analyse de Lévi-Strauss sur les rituels de dévoration. S'agissant d'un cannibalisme rituel, la chair de la victime qu'on mangeait en termes quantitatifs était insignifiante, ce corps avait une valeur purement positionnelle. Ce qu'on mangeait c'était la relation de l'ennemi à ses dévoreurs, autrement dit, sa condition d'ennemi. Une intériorisation cannibale de l'autre comme condition de l'extériorisation du Soi, dont l'épilogue de *Réversibilité* à Milan invite à faire l'expérience rituelle, par le biais d'œuvres que le visiteur incorpore, tel des aliments au sens littéral comme au sens figuré. "Le problème du cannibalisme ne consiste pas à chercher le pourquoi de la coutume, mais, au contraire, comment s'est dégagée cette limite inférieure de la prédation à quoi se ramène peut-être la vie sociale".[11]

Endnotes

1 Clemens von Wedemeyer et Maya Schweizer, *Rien du tout*, 2006, 35mm/HDV, 30'00", coproduit par le CAC Brétigny at Berlin Biennale 4, "Of Mice and Men."
2 Boris Groys, "The Curator as Iconoclast", dans *Cautionary Tales: Critical Curating*, eds. Steven Rand et Heather Kouris (New York: Apexart, 2007), 46-55
3 Gilles Deleuze et Felix Guattari, *L'Anti-Oedipe: Capitalisme et Schizophrenie* (Les editions de Minuit, 1972-73)
4 Marcel Duchamp, *Duchamp Du Signe* (Flamarion, 1975)
5 Marshall McLuhan, *Understanding Media: The Extensions of Man* (New York: McGraw-Hill, 1964), 129
6 Marcel Mauss, *Essai sur le don. Forme et raison de l'échange dans les sociétés archaïques*, paru en 1923-24 (Paris: PUF)
7 Deleuze et Guattari, *L'Anti-Oedipe*
8 Glles Deleuze et Felix Guattari, *Mille Plateaux: Capitalisme et Schizophrenie 2*, (Les editions de Minuit, 1972-73)
9 Eduardo Viveiros de Castro, *Métaphysiques cannibales* (Paris: PUF, 2009)
10 Deleuze et Guattari, *Mille Plateaux*, 23
11 Claude Lévi-Strauss, "Nous sommes touts des cannibales" (Ed. du Seuil, coll. La Librairie du XXIe siècle, 2013). Publié pour la prèmiere fois sous le titre "Siamo tutti cannibali", dans *la Repubblica*, 10 octobre, 1993

[fig 18] Annie Vigier & Franck Apertet (les gens d'Uterpan), *Pièce en sept morceaux*, 2009

d'art à son concept ou à l'expression d'une idée, ce n'était pas seulement pour l'empêcher par son caractère immatériel d'être soumise à l'échange des biens de consommation. Car on est obligé de constater 40 ans plus tard que l'art conceptuel est au contraire l'entreprise de commercialisation des idées la plus raffinée qu'on trouve actuellement sur le marché.

Si ton poster réemploie la stratégie de l'art conceptuel pour s'y associer, il en produit la critique et en renouvelle la lecture. D'abord en reconduisant le principe de l'idée contre l'objet propre à ce mouvement, puis en reproduisant le principe de dématérialisation dans le processus même de l'œuvre et enfin en commercialisant l'immatérialité sous forme de concept. Mais surtout, l'œuvre affirme que sa médiation dépend de la nature des échanges commerciaux entre les individus.
En tout cas qu'elle a à voir fortement avec ça, comme le confirme d'ailleurs une de tes autres pièces *Farawaysoclose*, réalisée en Allemagne en 2001 qui proposait de réfléchir au rapport entre ta nationalité officielle et ton identité clandestine à travers la conversion entre une pièce de 10 bath et de 2 euro rendu possible par un distributeur de boisson déréglé.

Comme je l'évoquais dans mon précédent courrier, à l'heure où disparaissent les produits au profit des services et où la forme la plus abouti de la dématérialisation est réalisée par le capitalisme, il est important de rappeler avec Klossowski que rien dans la vie impulsionnelle ne semble proprement gratuit. L'émotion voluptueuse dans sa propre genèse n'est nullement gratuite, mais suppose l'appréciation, la valeur et la surenchère – donc le prix à payer. Rien n'est plus contraire à la jouissance que la gratuité. C'est ce que Sade dit et ce que ton poster répète en s'appuyant sur le contraire de ce que Jefferson prétend.

Le poster *No patent On Ideas* soumis à la vente, échappe à sa conservation, comme une œuvre qui s'autodétruit et se dématérialise dès qu'elle s'énonce. "Rien n'aura eu lieu que le lieu" disait Stéphane Mallarmé en ouvrant par là même un autre lieu ou un autre espace au génie humain. Si cet espace fut le modernisme, le post modernisme dans lequel nous sommes a épuisé les ressources de la tautologie et du monochrome pour qu'un espace s'ouvre à nouveau. La forme négative présente dans *No patent On Ideas* est maintenant un classique présent dans plusieurs œuvres qui sont intéressantes de comparer avec la tienne. Dans l'œuvre de René Magritte *Ceci n'est Pas une Pipe*. L'artiste présente la peinture d'une pipe sous titrée par un texte qui en nie l'existence, ou en minimise l'importance. Car si *Ceci n'est Pas une Pipe*, c'est donc alors une peinture! Le système de valeur: la peinture, est présenté contre l'image par l'intermédiaire d'un jugement proféré en sous titre. Chez Marcel Broodthaers l'exposition d'objets indexés par des étiquettes portant la mention "ceci n'est pas un objet d'art" affirme un système de valeur à l'envers. L'exposition se présente contre l'objet par l'intermédiaire d'un étiquetage. Si la forme négative présente dans ces œuvres permet de trahir l'apparence, celle employée par Jefferson permet d'en produire une.

C'est ce que tu déjoues en l'irradiant de lumière. Pas de brevet sur les idées "no patent on idea" pourrait très bien être un slogan émanant de l'art conceptuel né dans les années 70, si on

rent postmodernism has exhausted the resources of tautology and the monochrome in order that a space can again open itself.

The negation of *No Patent On Ideas* is now a classic rhetorical form which can be found in a number of works that are interesting to compare to your own. In *This Is Not a Pipe*, René Magritte presents the painting of a pipe accompanied by a text which denies the pipe's existence, or at least diminishes its significance. For if "this is not a pipe," it is therefore a painting! Within the system of values it sets up, the painting is presented in opposition to the image by way of a judgment expressed in the form of a caption. In Marcel Broodthaers' case, the exhibition of objects indexed through a series of labels which state that "this is not a work of art" asserts an inverted system of values. The exhibition is presented in opposition to the object through the act of labeling. If the negative rhetorical form present in the works allows the uncoupling of appearance, the form Jefferson employs, in effect, produces one.

This is what you undo in exposing Jefferson's statement to light. "No Patents On Ideas" could very well be a Conceptual Art slogan from the 1970s, if we wish to limit the reading of this movement to a resistance to art's commercialization. It is precisely because this sentence and the article of the American constitution maintain ambiguous links with Conceptual Art that you have chosen to confront them – in order to renew the reading of Conceptual Art as a movement and to suggest a way of pursuing the issues it raises and deals with in a different light.

The texts in Magritte's painting and Broodthaer's labels act like the light that faces your poster *No Patent On Ideas*: their action affects the presence of what they affirm to the point of erasing the contours. These works are the simulacra of destruction. They re-evaluate the relation between creation and de-creation. In the work of Magritte and Broodthaers, we still see one thing in the place of another: that which is de-created and that which is created. In your case, in each exhibition, the naked poster and the widowed lamp reflect one another before disappearing as a work in order to reappear before us in a material form within the world of commodities.

Pierre

PIERRE BAL-BLANC

Hi andrea,
Hope you are well
Will you be on Monday at the fair?
I was waiting of the piano destruction series?!
My best
Impatient to see you
Pierre

ANDREA BÜTTNER

Hi Pierre,
please find the piano destruction project in the attachment.
Best, andrea

Andrea Büttner
installation/performance piano destruction
Several famous male artists have destroyed pianos since the 1960s. They have repeated the singular gesture of destruction, thus writing themselves

souhaite réduire la lecture de ce mouvement à une résistance face à la marchandisation. C'est justement parce que cette phrase et cet article de la constitution américaine entretiennent des liens ambigus avec l'art conceptuel que tu as choisi de t'attaquer à eux. Pour renouveler la lecture du mouvement conceptuel et proposer d'en poursuivre les enjeux autrement.

Le texte dans la peinture de Magritte, l'étiquette chez Broodthaers agissent comme la lumière face à ton poster "No Patent On Ideas", leur action affecte la présence de ce qu'elle soulignent jusqu'a en faire disparaître les contours. Ces œuvres sont des simulacres de destruction. Elles réévaluent le rapport entre la création et la décréation. Chez Magritte ou Broodthaers on voit encore une chose pour une autre, ce qui est dé créé et ce qui se crée. Chez toi à chaque exposition, le poster nu et la lampe veuve se réfléchiront l'un dans l'autre avant de disparaître en tant qu'œuvre pour enfin revenir à nos côtés dans les champs mercantiles et matériels.

Pierre

into the art history of the Avant-garde artist while repetitively destroying traded means and instruments of art and cultural production.
This is a highly gendered form of repetition of a each time unique and final act mirrored by piano lessons as a traditional form of female education, implying another kind of repetition, that of musical exercises.

Documentary material of historic piano destructions will be looped and projected synchronically to mark their repetitiveness.
Surrounded by the projection of this film installation female pianists play a concert (possibly several pianists on several pianos or grand pianos, in unison).

Possible concert programs:
- the musicians' favourite pieces
- Chopin-evening
- Beethoven, Klaviersonaten op. 109, op. 110, op. 111
- Bach, Brandenburgische Konzerte, arranged for piano
- Bach, fugues
- Sampler-program of most popular piano pieces:
Beethoven: „Für Elise", „Mondscheinsonate C sharp minor op. 27/2", Mozart: „Rondo alla Turca aoMoll", Chopin: „Revolutionsetüde", Etude C minor op. 10/12, Mazurka C sharp minor op. 63, Schubert: Moment musical F minor op. 94
- Brahms, Intermezzi

Piano destructions, chronologically:

- Wiener Gruppe (Friedrich Achleitner, Konrad Bayer, Gerhard Rühm, Oswald Wiener), in *zwei welten*, „2. Literarischen Cabaret" by Porrhaus, Wien, 15.4.1959

- Nam June Paik, fourth and last movement of *Hommâge à John Cage*, Galerie 22, Kaiserstr. 22, Düsseldorf,13.11.1959 / Atelier Mary Bauermeister, Lintgasse 28, Köln, 16. o 18.6.1960 / Louisiana Museum, Humblebæk, 30.9.1961

- Jeam Tinguely / Billy Klüver, *Hommage to New York: A self-constructing and self-destructing work of Art*, Sculpture Garden, Museum of Modern Art, New York, 17.3.1960

- La Monte Young, *Piano Piece for Terry Riley #1*, Notation from November 1960

- Poul Gernes, DUT *(Die jungen Tonkünstler)*, Royal Danish Academy of Music, Copenhagen, 1961 (destroys a piano prepared by Nam June Paik with a sledge hammer.)

- Arman, *Musical Rage / Chopins Waterloo*, public piano destruction in Galerie Saqqârah in Gstaad, 2.8.1962

- Fluxus-members (George Maciunas, Nam June Paik, Wolf Vostell, Emmett Williams, among others), performance of Philip Corner's Piano Activity, at „Fluxus Internationale Festspiele für Neueste Musik," Städtisches Museum Wiesbaden, 23.9.1962, (photos: Archiv Sohm, Staatsgalerie Stuttgart, in: Armstrong/Rothfuss, Spirit, pp. 26f. and 100f.)

- Joseph Beuys, destruction of a piano prepared by Nam June Paik during a solo exhibition by Nam June Paik, *Exposition of Music Electronic Television*, Galerie Parnass, Moltkestr. 61, Wuppertal, 11.3.1963

- Raphael Montañaz Ortiz, *Destruction in Art Symposium* in London, 1966 (Film, b/w, 4,5 Min.)

- Nam June Paik, *A Tribute to John Cage*, Video, 60 Min., colour, 1973 (Scene from Stan Vanderbeek, *Violence Sonata*, 1969 (Abb.: Decker: Paik, p. 156ff., Abb. 101/102 Film))

- Sonic Youth performing Maciunas, *Piano Piece # 13 (for Nam June Paik)* (1999)

PIERRE BAL-BLANC

Dear Łukasz, dear Rafał,

I am very happy to show the banners work. It is great that all are in polish language
I suggest to send to London 2 or 3 banners framed as painting and to exhibit one of them.
Then with Rafał, or if he is not there, Łukasz me or some volunteers, we will unstreched
during the frieze and use for a little march outside the fair. After, back to the booth, we will let the banners as they are.
Take care to preview some wood to make the banners...
I suggest these two and another of your choice
the gay-lesbian manifestation in Kraków, 2006; the gay-flag banner painted by the artist.
Free Media, Free Society, 2006, oil on canvas, 149 x 220 cm

Concerning the recycled canvas, I was suggesting physically!!
In the way to follow my proposal :
The artists will be free to choose the process and the time necessary for the work's
return to its material state if this takes the form of an object.
In order to attest to the work's return to the physical or symbolic realm, the artists
must agree to sign a disclaimer relinquishing their rights as author over the remains
of the work or works.
This is depending if Rafał is in London to share together this experience
And if he agree to follow this direction ?
Any way this piece can be transported to London too and exposed like that
Best

pierre

CLAIRE HOOPER

Hi pierre,
First I'm really sorry I had lots of internet issues this month in berlin, and no internet at all in the last 2 weeks. I cc'd you an email to malin a few weeks back and I see that you didn't get it! The auditorium film didn't work out unfortunately - it got to complicated, and I was really busy with this other film while i was away, but now you have my FULL ATTENTION. So I think it's best to go with WOI. I am working right now on a story board collage using the original magazine pages and some slightly nasty sticky plastic, i have some test recordings of other people reading the text which I didn't use when I found Dallas (the obvious winner) which I would like to sample into a single sound piece. I think your idea is nice with the video blacked out - it will go with the collages very well, we need to leave a border of the image maybe 1 cm around the edge of the screen. but lets see how it all come's together Simple effective and stylish I hope.
will call later or maybe tomorrow
best wishes
cx

PIERRE BAL-BLANC

Deimantas,

Amazing, I am impatient to see the table in london
I don't have enough time to address you all my though and questions I will later

just give me more info on the piece: the title etc

finally you not choose to restore the object and send back to the furniture market as you suggest last time in Paris
what is your statement for that piece?

I need some information to be able to explain and present this piece the more close to your idea as possible.
best, pierre

DEIMANTAS NARKEVIČIUS

Hello Pierre,

I am also quite pleased with the production of the new sculpture with the table.

For the title, I would say: "White Revenge".

There is no need to do restoration of the table, as it has not lost its function. It is still a table, which is possible to use.

I have used replica of El Lissitzky's table (produced by Tecta) in order to refer to the revolutionary aesthetics of the 20's and the sharp ideological confrontation of the period. Aesthetics of Soviet functionalism was result of valiant reformation of the society, which was dramatic and had took millions of humans life away Using original Mauser pistol (another relic of October revolution) I produced a gesture to recall the human drama. The human drama is the cost of the aesthetic reformation. Shooting through piece of art in my opinion emotionally commemorates the loss much better then a traditional monument for a historic event. Actually, many monuments I do see as political cynicism, or, cynicism by politicians. Lissitzky's table particularly and his design in general is literally representing Soviet Russia of the 30's and it's revolutionary aesthetics, and the victory of the state of "the workers and peasants" over entire "bourgeois" class. October Revolution has failed. It's Ideals faded away, probably, already with the generation of Lissitzky's. Former communists became successful businessmen. 90 years later "Whites" took over the "Reds".Shooting trough the false Lissitzky's table I have performed violent act on the fake "revolutionary" object.
Here are my thoughts behind the act of shooting. I do not think the text is ready to be published, but you may use it as a reference and as an introduction into the logics of the work.

Best,

Deimantas

Perhaps, any com

iii. Epilogue

[fig 1] Slaven Tolj, *Vracam se za 5 minuta (Come Back in 5 Minutes)*, 2010. Courtesy: the artist

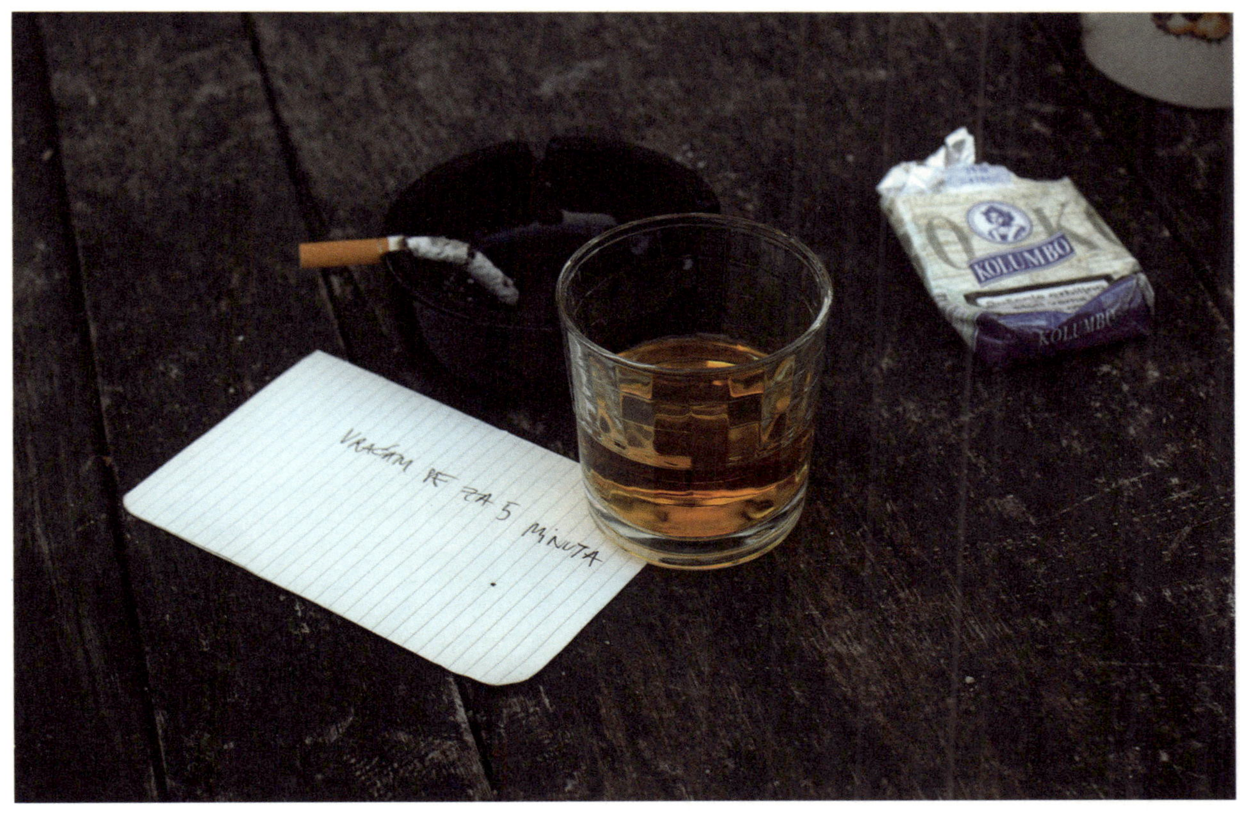
VRAĆAM SE ZA 5 MINUTA
KOLUMBO
KOLUMBO

[fig 2] Esther Ferrer, *Intime et personnel*, 1970s, performance. Courtesy the artist and FRAC Lorraine, Metz

[fig 3, 4] Esther Ferrer, *Intime et personnel*, 1970s, performance. Installation view at Peep-Hole, Milano, 2012. Courtesy: the artist and FRAC Lorraine, Metz

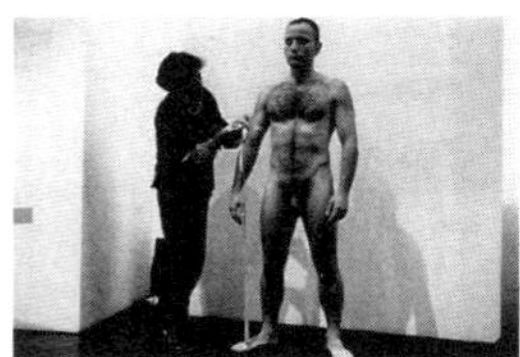

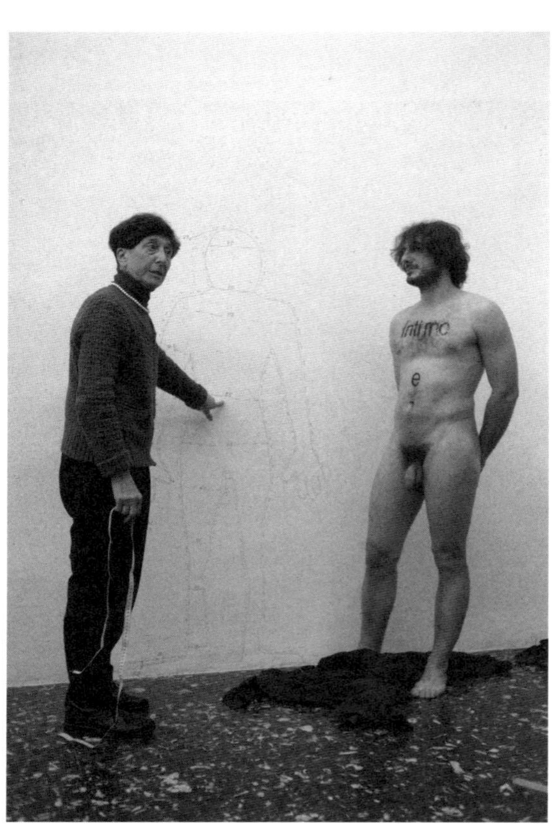

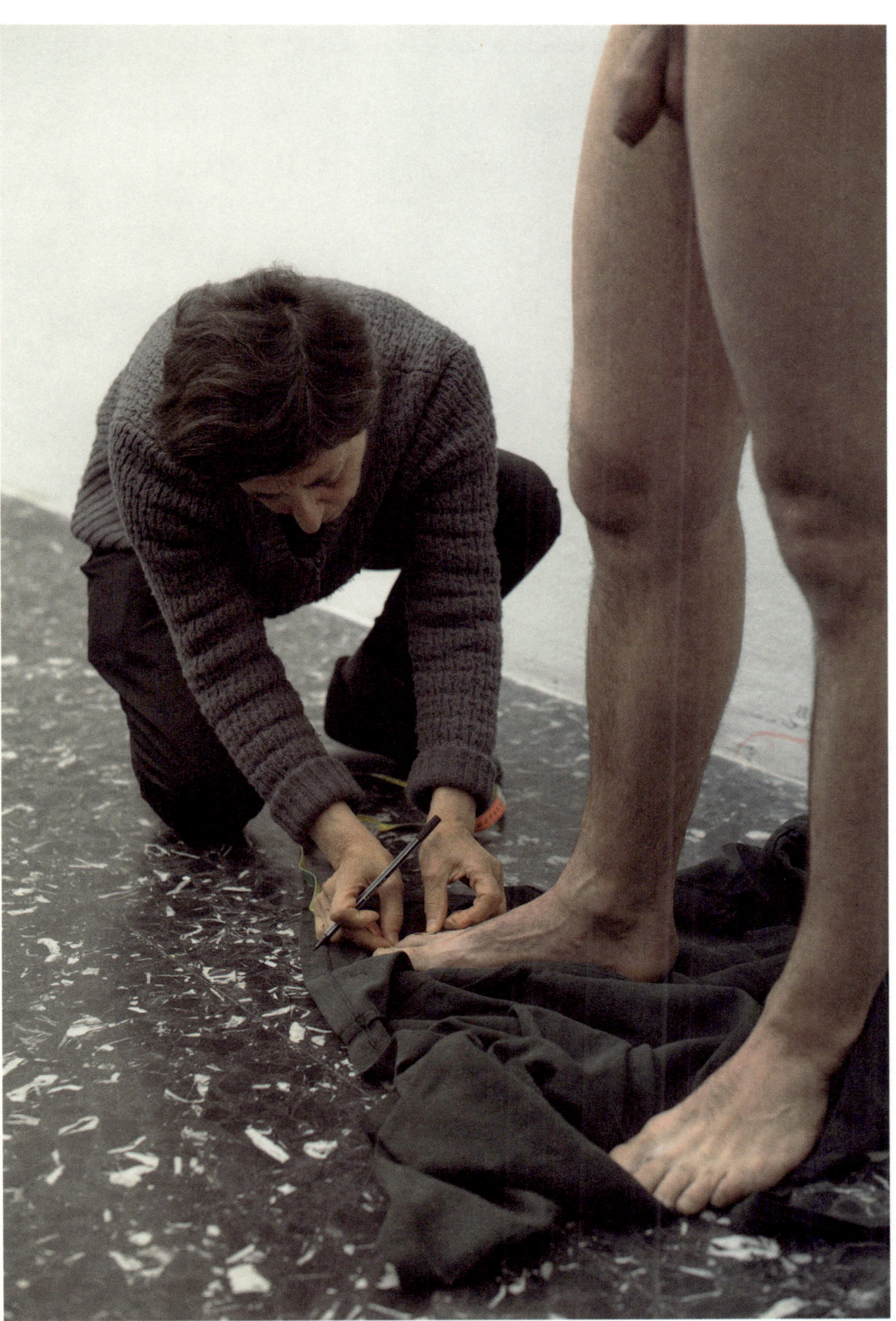

[fig 5, 6, 7] Esther Ferrer, *Intime et personnel*, 1970s, performance. Installation view at Peep-Hole, Milano, 2012. Courtesy: the artist and FRAC Lorraine, Metz

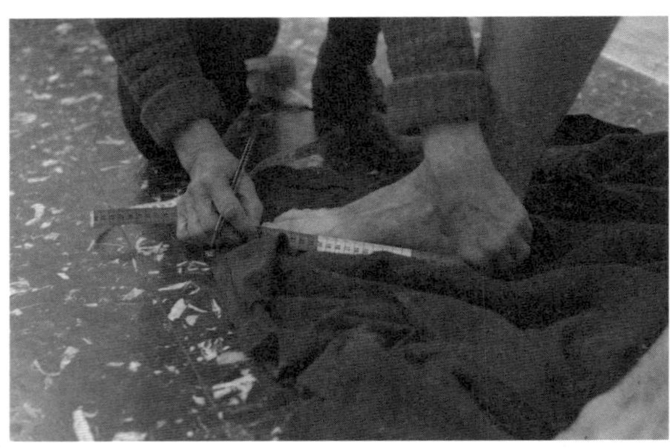

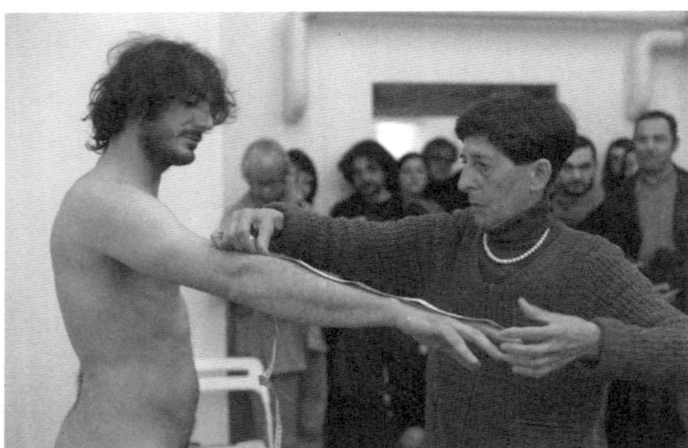

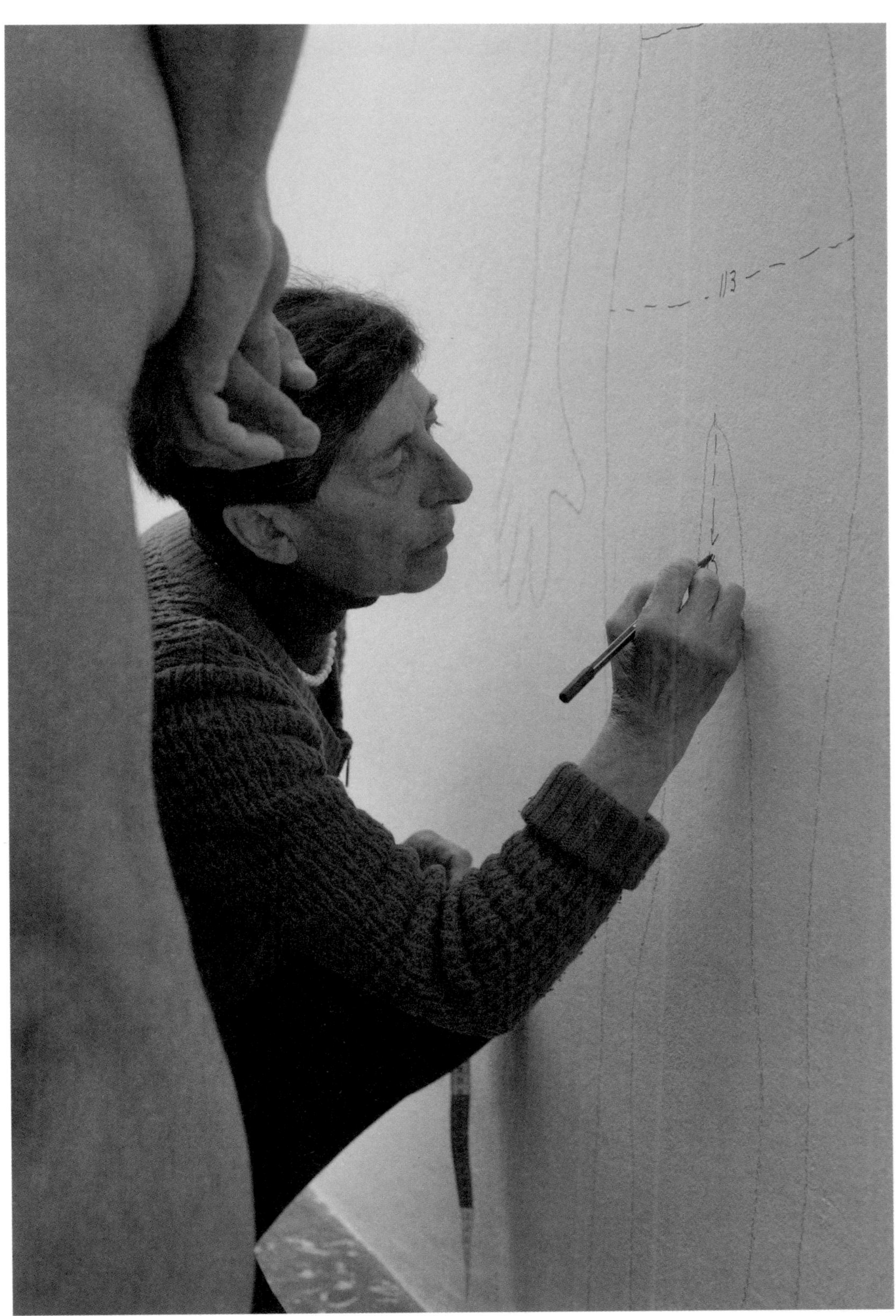

[fig 8] *Reversibility: A Theatre of De-Creation* (Chapter III, Epilogue).
Installation view at Peep-Hole, Milan, 2012

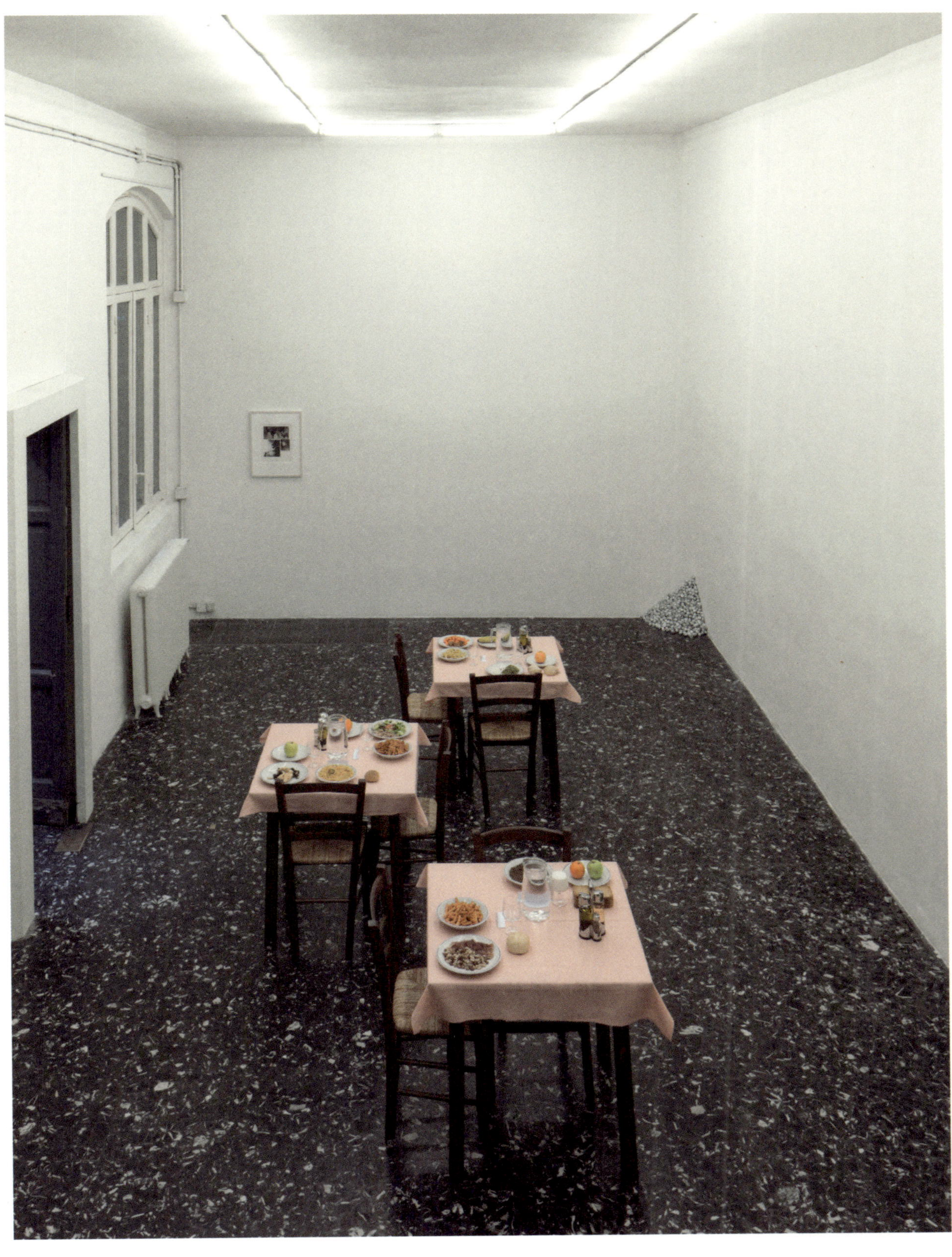

[fig 9] Félix González-Torres, *Untitled (A Corner of Baci)*, 1990.
Courtesy: The Museum of Contemporary Art, Los Angeles

[fig 10] Jiří Kovanda, *Bez názvu (Ohne Titel/Untitled)*, 2009.
Courtesy: the artist and gb agency, Paris

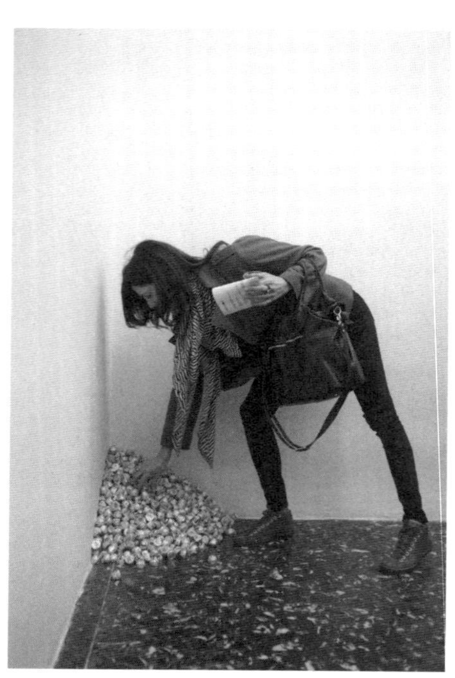

[fig 11] Andrea Büttner, *D. Roth and M. Kippenberger Are Meeting at the Bridge of Sighs*, 2006. Courtesy Hollybush Gardens, London

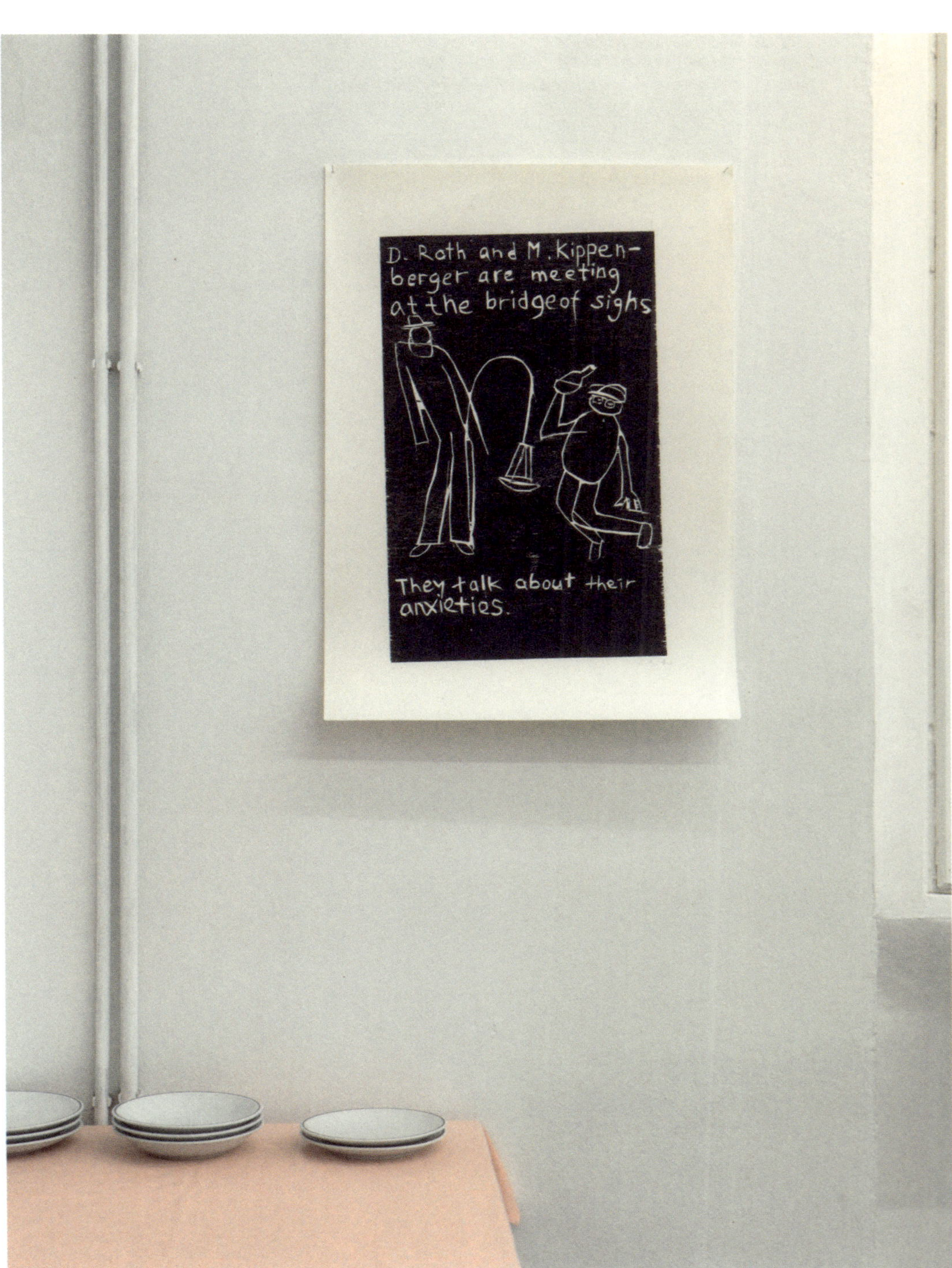
D. Roth and M. Kippen-
berger are meeting
at the bridge of sighs
They talk about their
anxieties.

[fig 12] Emilie Parendeau, *A LOUER # 8, JIRI KOVANDA, UNTITLED, 2008, LAWRENCE WEINER, IN AND OUT. OUT AND IN. AND IN AND OUT. AND OUT AND IN., 1971.* Courtesy: gb agency, Paris and Collection Ghislain Mollet-Viéville, Mamco, Geneva

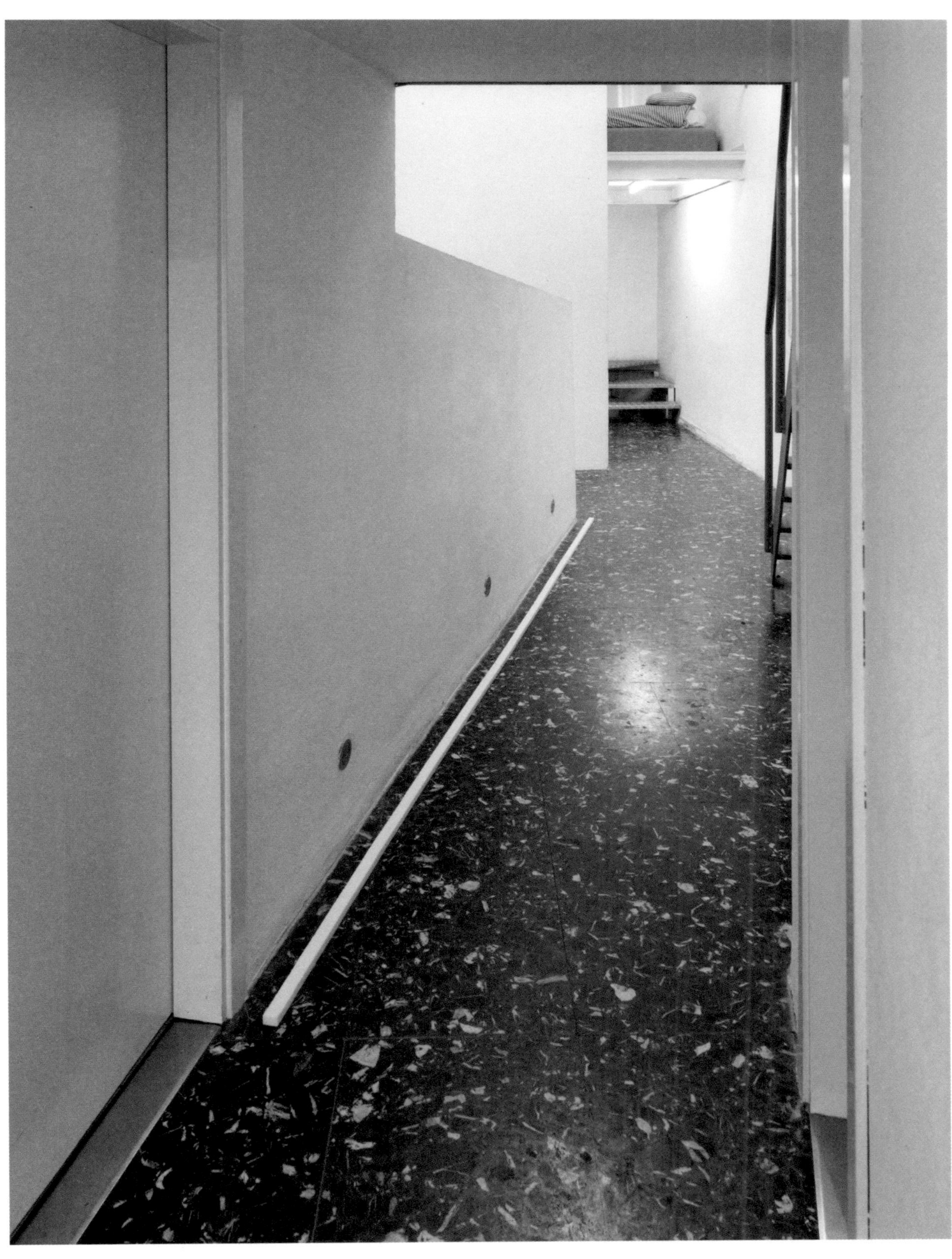

[fig 13, 14] Emilie Parendeau, *A LOUER # 8, JIRI KOVANDA, UNTITLED, 2008, LAWRENCE WEINER, IN AND OUT. OUT AND IN. AND IN AND OUT. AND OUT AND IN., 1971.* Courtesy: gb agency, Paris and Collection Ghislain Mollet-Viéville, Mamco, Geneva

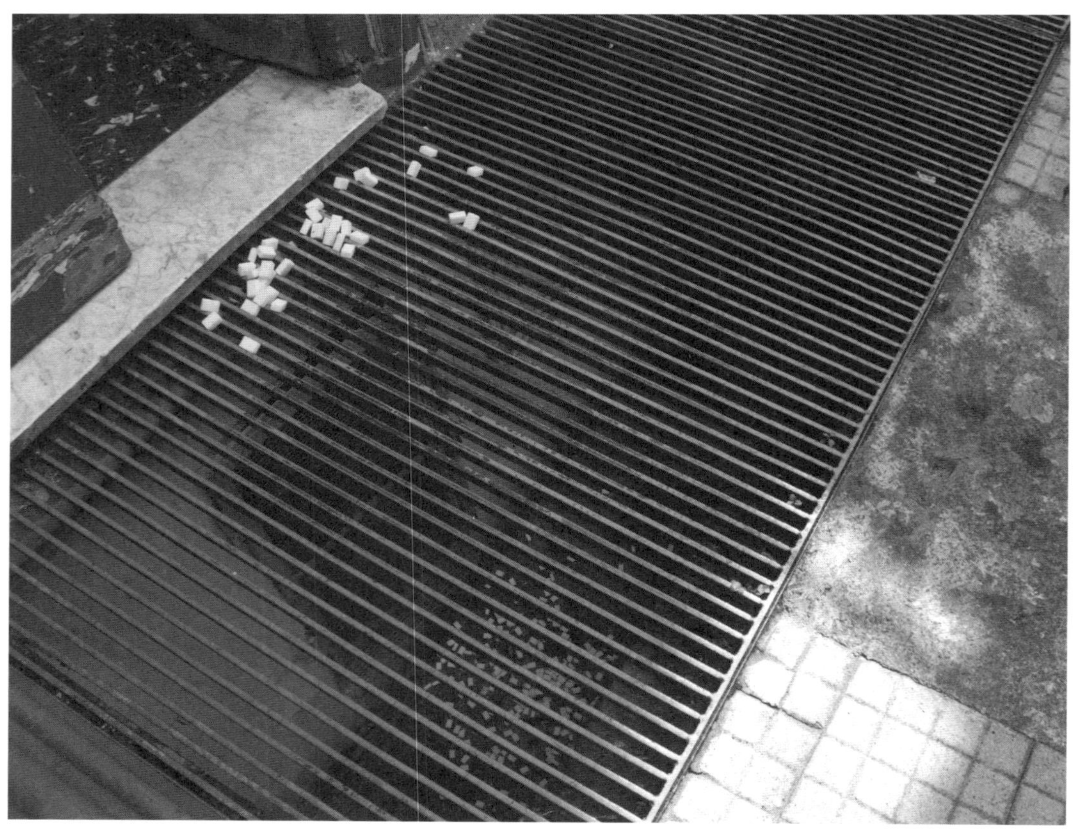

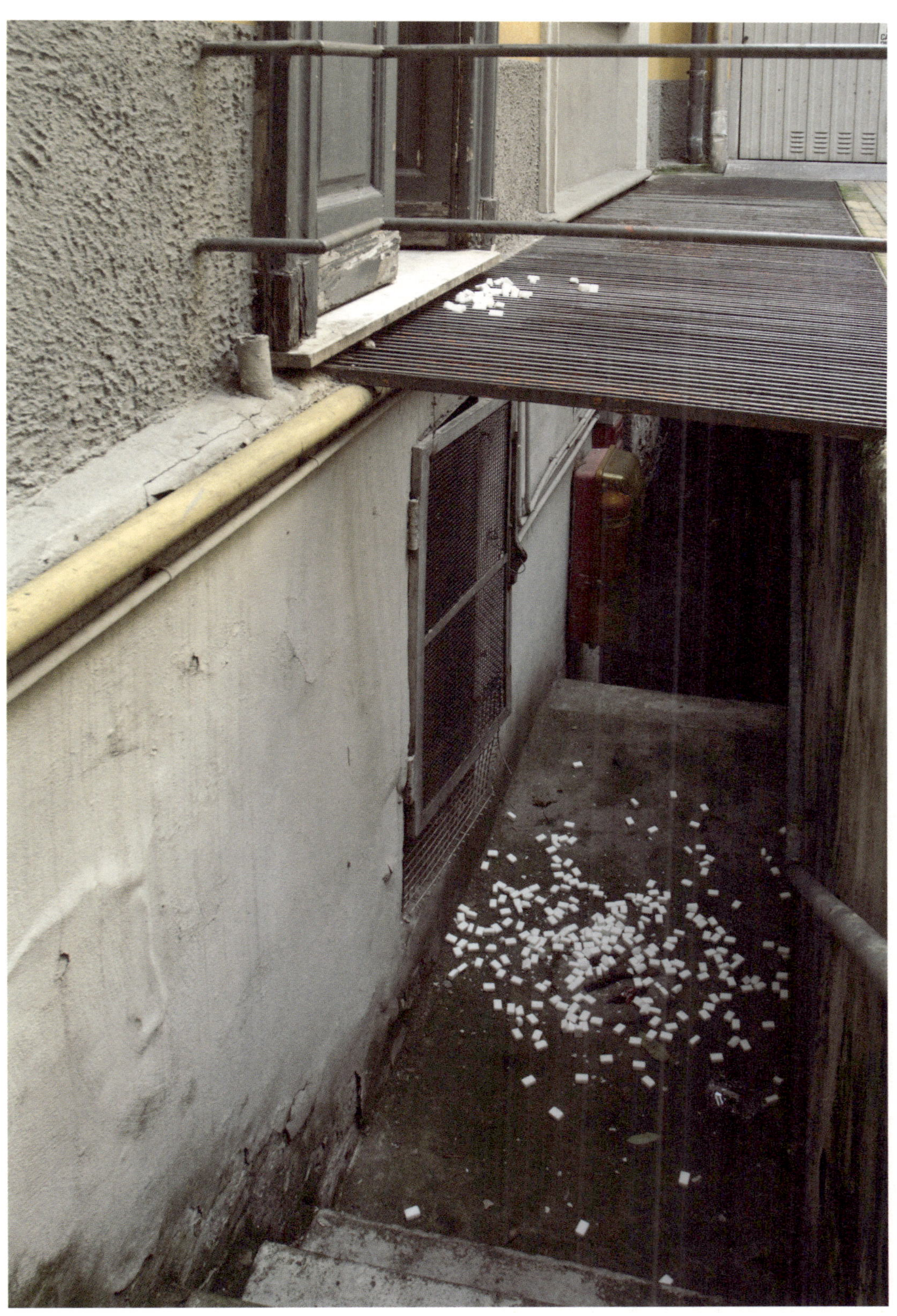

[fig 15] Ben Kinmont, *Congratulations*, 1995-2012. Courtesy: the artist and Air de Paris, Paris

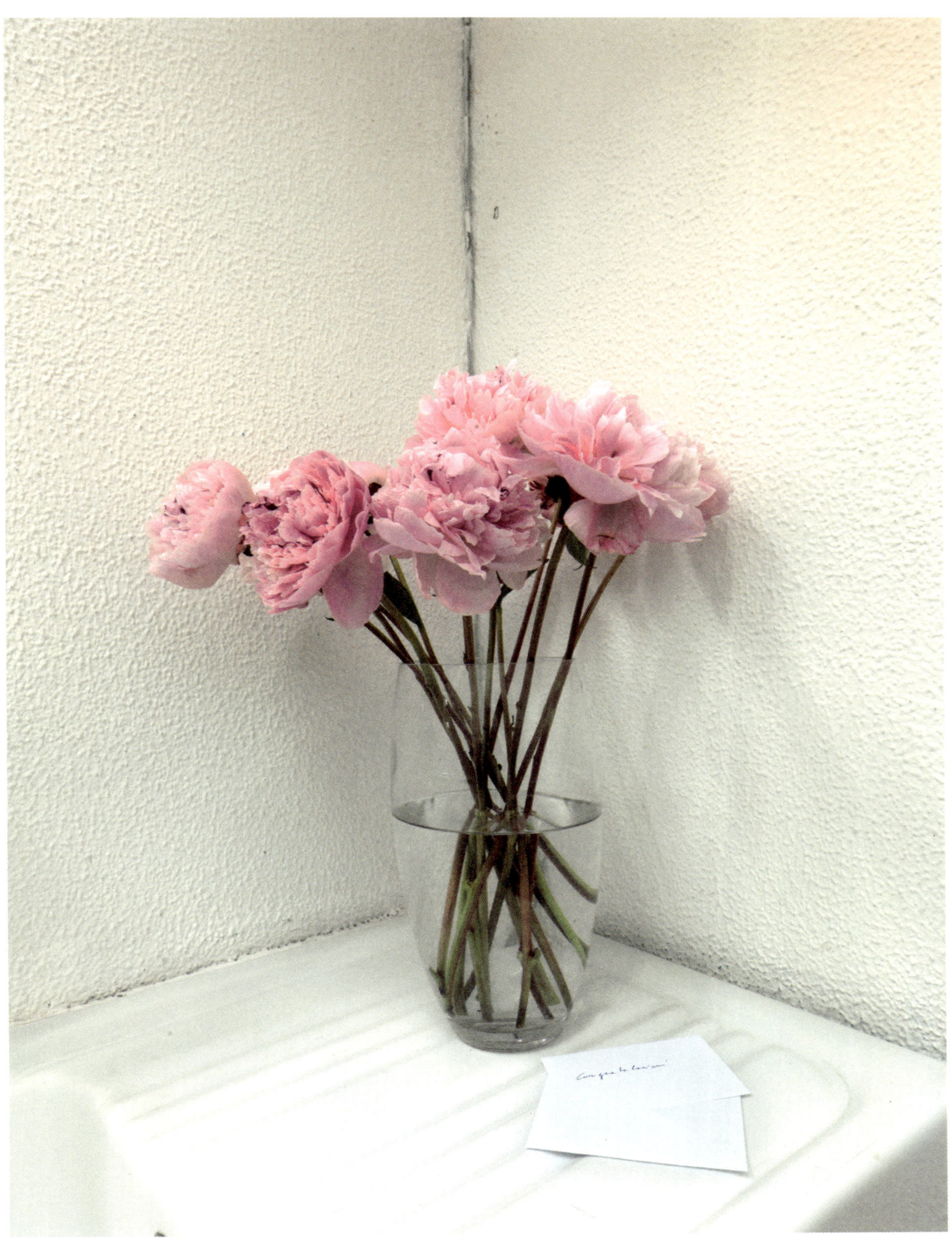

[fig 16] *Reversibility: A Theatre of De-Creation* (Chapter III, Epilogue).
Installation view at Peep-Hole, Milan, 2012

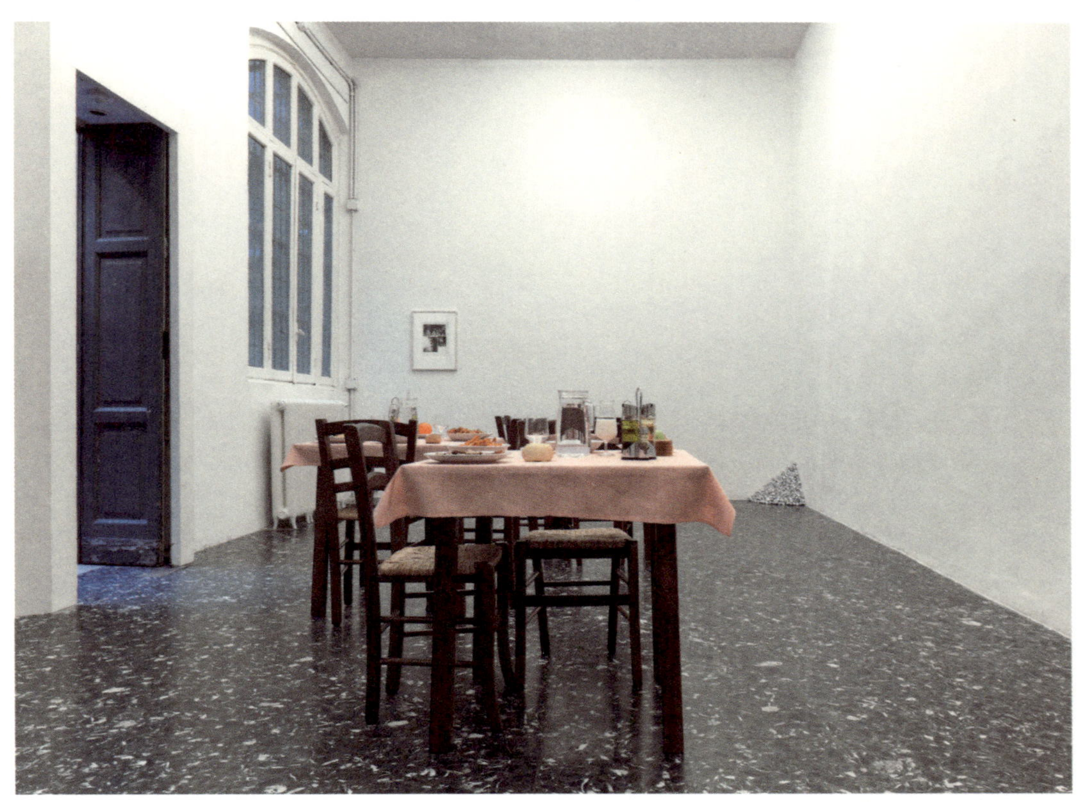

[fig 17, 18] Teresa Margolles, *Plato de Fruta*, 2004, Ceramic object. Courtesy: the artist and Galerie Peter Kilchmann, Zurich

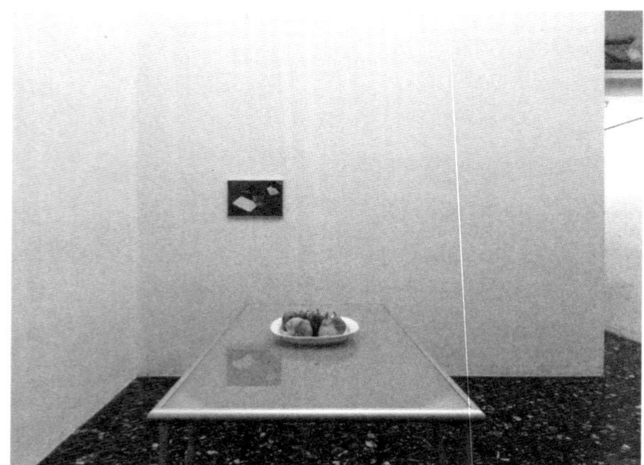

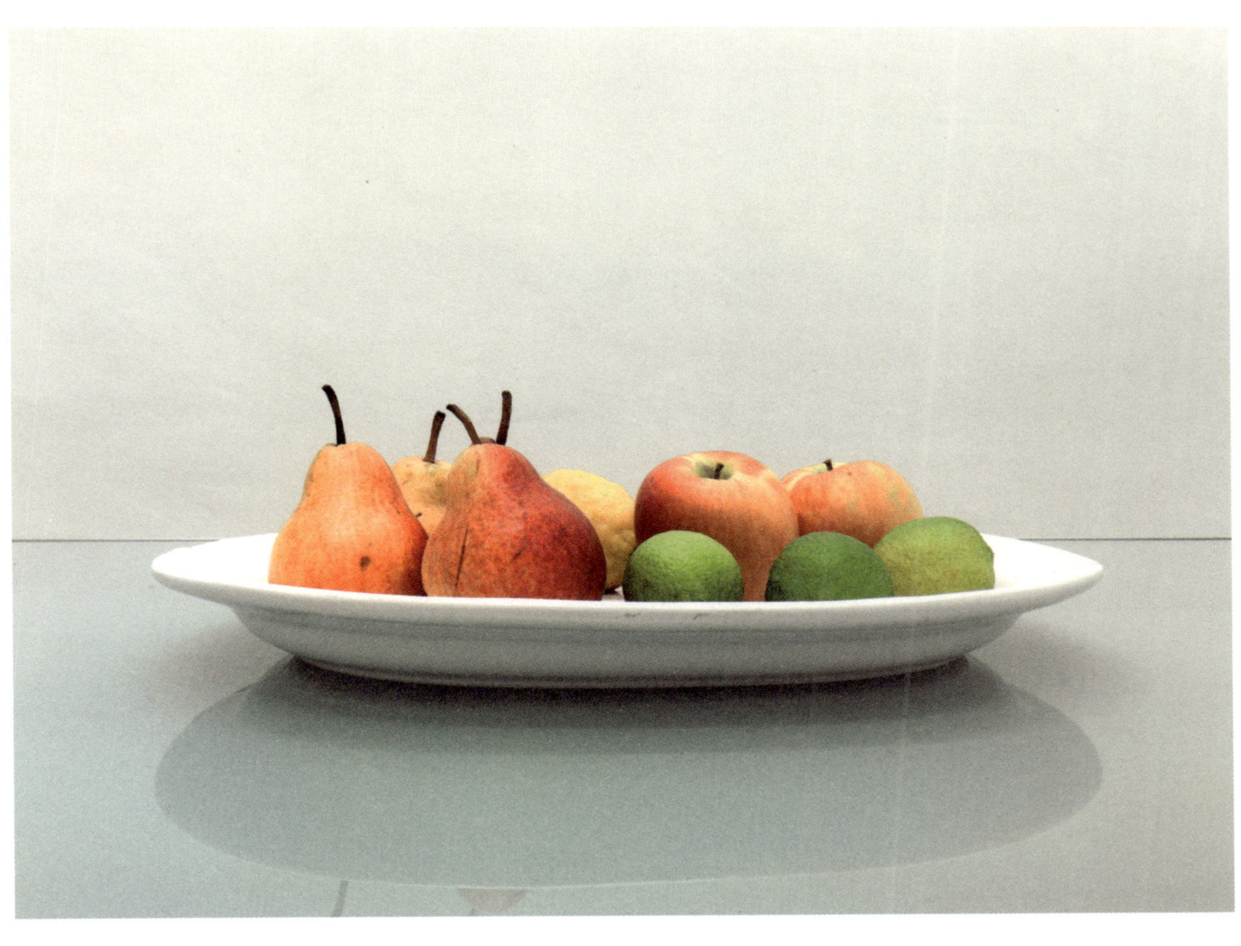

[fig 19, 20] Santiago Sierra, *Collection of Rotten Vegetables to Be Suspended at the Entrance to the Subway. Central de Abastos Market and Glorieta de Insurgentes. Mexico City, Mexico, May 1996*, 1996.
Courtesy: Prometeogallery by Ida Pisani, Milan/Lucca

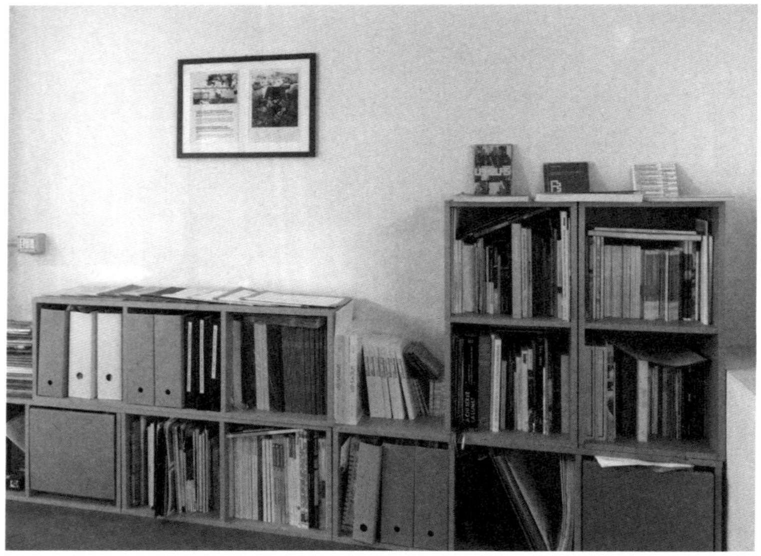

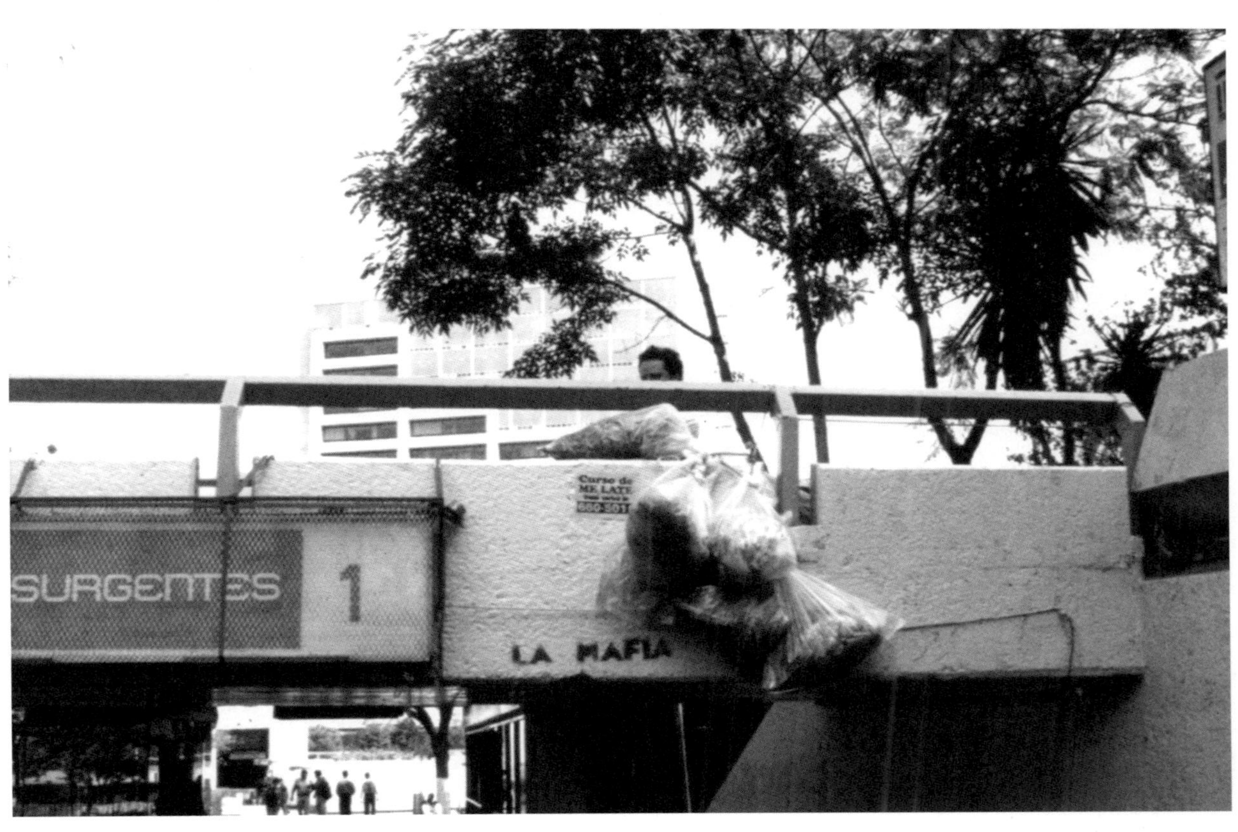
SURGENTES
1
LA MAFIA

[fig 21] Martha Rosler, *Semiotics of the Kitchen*, 1975.
Courtesy: FRAC Lorraine, Metz, and Electronic Arts Intermix, New York

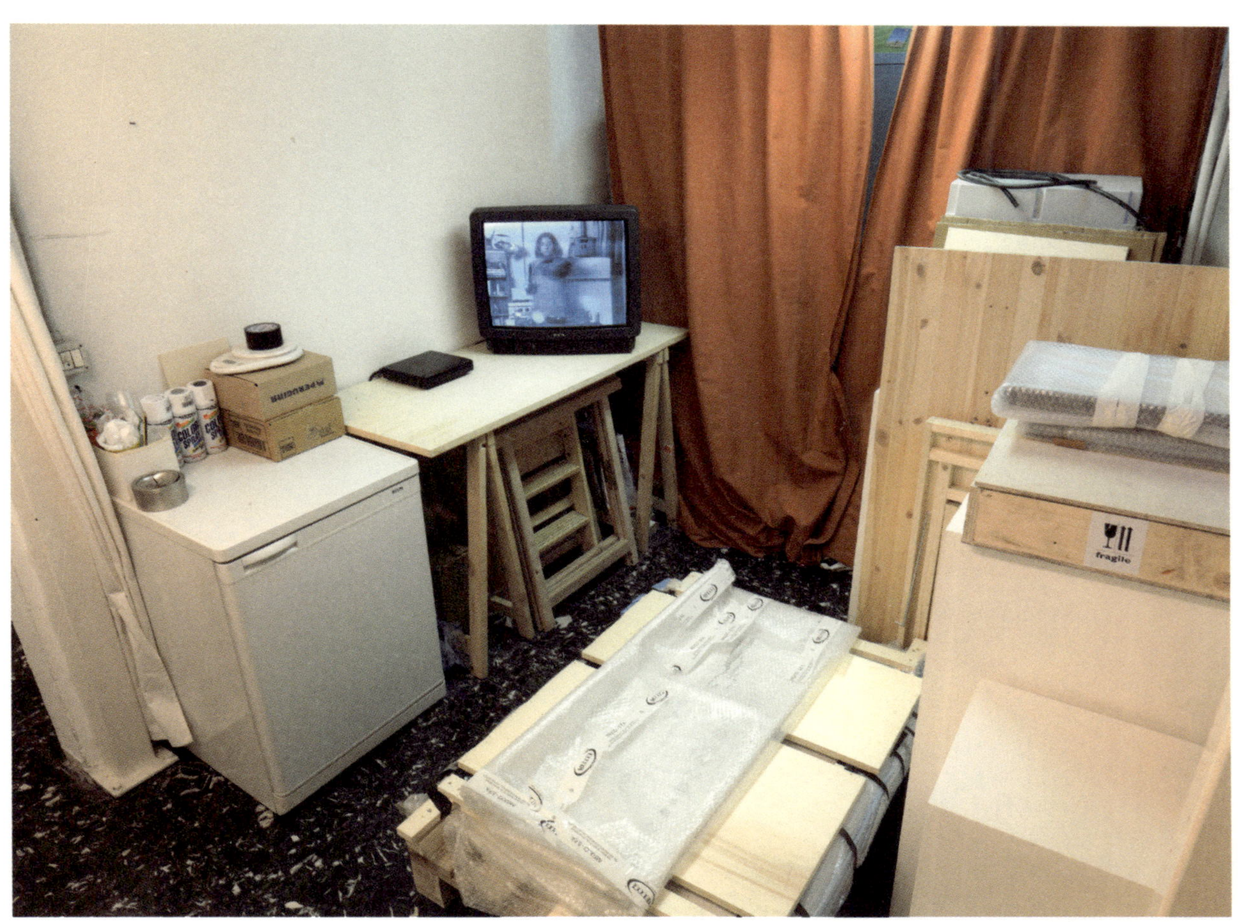

[fig 22, 23] Marcello Maloberti, *Cleopatra*, 2012.
Courtesy: the artist and Galleria Raffaella Cortese, Milan

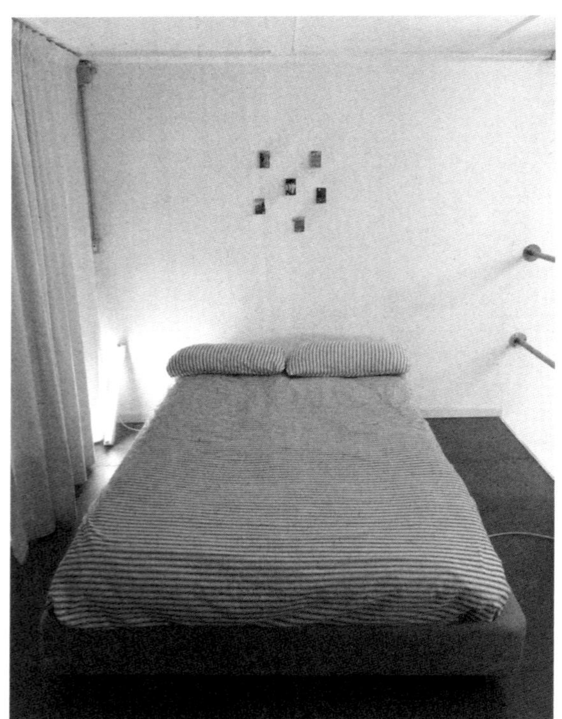

[fig 24, 25] Andrea Büttner, *Trinkende Tiere, (Drinking Animals) by Friedbert Büttner*, 2007. Courtesy: Hollybush Gardens, London

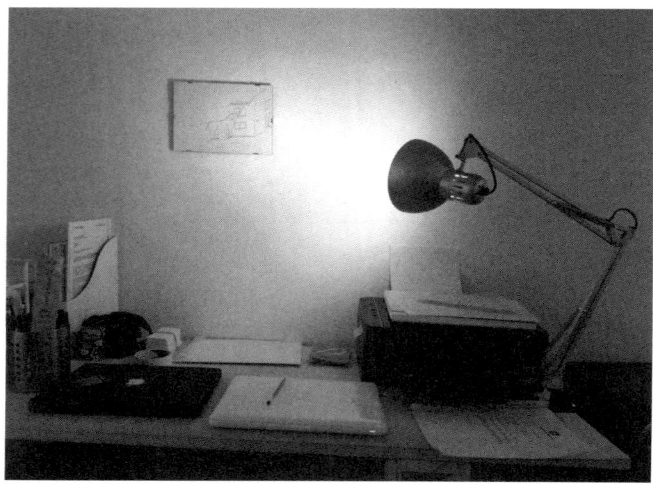

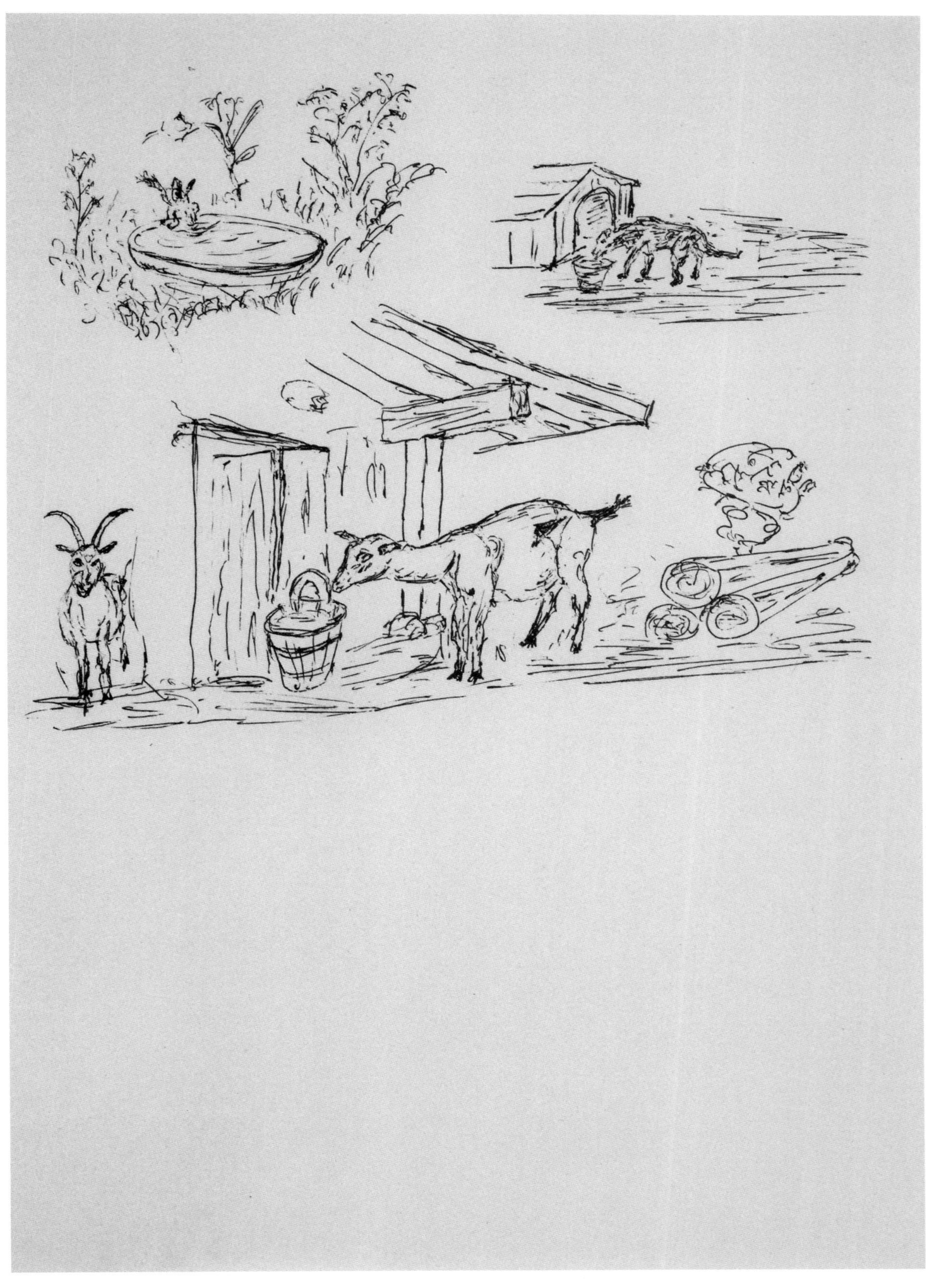

This book has been published on occasion of the exhibition series – *Cette publication est réalisée à l'occasion de la série d'expositions*

Reversibility: A Theatre of De-Creation
Réversibilité: Un Théâtre de la Dé-Création

Produced by – *Produit par*
CAC Bretigny

With – *Avec*
gb agency, Paris; Hollybush Gardens, London;
Jan Mot, Brussels; Raster, Warsaw; Peep-Hole, Milan

At – *À*
The Fair Gallery, Frieze Art Fair, London, 2008
CAC Bretigny, (Greater Paris), 2010
Peep-Hole, Milan, 2012

CAC Brétigny
Rue Henri Douard
Brétigny-sur-Orge, F 91220
www.cacbretigny.com

CAC Brétigny is a facility of the Communauté d'agglomération of Val d'Orge authorised by the Ministry of Culture and Communication. It receives the support of DRAC Île-de-France, Region Île-de-France, Conseil Général of Essonne, Ville de Brétigny and Communauté d'agglomération of Val d'Orge.
Le CAC Brétigny est un équipement de la Communauté d'agglomération du Val d'Orge, labellisé par le Ministère de la Culture et de la Communication. Il reçoit le soutien de la DRAC Île-de-France, de la Région Île-de-France, du Conseil Général de l'Essonne, de la Ville de Brétigny et de la Communauté d'agglomération du Val d'Orge.

President of the Communauté d'agglomération of Val d'Orge
Président de la Communauté d'agglomération du Val d'Orge
Olivier Léonhardt

Vice-President of the Communauté d'agglomération of Val d'Orge – *Vice-Président de la Communauté d'agglomération du Val d'Orge*
Patrick Bardon

Mayor of Brétigny-sur-Orge – *Maire de Brétigny-sur-Orge*
Bernard Decaux

Deputy Mayor of Brétigny-sur-Orge, in charge of artistic and cultural activities, festivities and twinning – *Adjoint au Maire de Brétigny-sur-Orge, Chargé des actions artistiques et culturelles, des festivités et du jumelage*
Philippe Camo

Director of CAC Bretigny – *Directeur du CAC Brétigny*
Pierre Bal-Blanc

Deputy director – *Adjointe du directeur*
Tiphanie Dragaut

Curator for cultural projects
Commissaire du projet culturel
Julien Duc-Maugé

Production and education
Chargé de production et de médiation
Pierre Simon

Administrator – *Administrateur*
Catherine Carrau

Administrative assistant – *Assistante administrative*
Isabelle Dinouard, Nadine Monferme

Coordination – *Coordination*
Céline Semence

Caretaker – *Gardienne*
Vania Pion, Angela Chennaf, Rachid Boubekeur

Catalogue produced by – *Catalogue produit par*
CAC Brétigny

Edited by – *Édité par*
Pierre Bal-Blanc

Editorial coordination – *Coordination éditorial*
Antonio Scoccimarro, Ilaria Bombelli

Translations – *Traductions*
Dean Inkster

Editing and proofreading – *Édition et relecture*
Steven Piccolo, Juliette Rizzi

Photo credits – *Photo crédits*
Steeve Beckouet, Marc Domage, Clitous Bramble, Michał Kaczynski , Alessandro Zambianchi, Stefania Scarpini

Design – *Conception*
Marco Fasolini, Fausto Giliberti, Andrea Novali, Francesco Valtolina

Color separation and print – *Imprimé par*
Nuova Lito Effe, Piacenza

Published by - *Publié par*
Mousse Publishing
Via De Amicis 53
I-20123 Milano
www.moussepublishing.com

This publication has been made possible by the collaboration with Peep-Hole, Milan in the frame of the program "Six Ways to Sunday"
Cette publication a été rendue possible grâce à la collaboration avec Peep Hole, Milan dans le cadre du programme "Six Ways to Sunday"

Peep-Hole
Via Stilicone 10
20154 Milan

Director – *Directeur*
Vincenzo de Bellis, Bruna Roccasalva

Adjunct curator – *Commissaire adjoint*
Anna Daneri

Project and Communication Manager – *Directeur des projet et de la communication*
Stefania Scarpini

Thanks to every artists, authors, galleries and institutions who took part in this project – *Remerciements aux artistes, galleries et institutions qui ont pris part à ce projet*

Special thanks to Delphine Goutes and the students from Central Saint Martins College of Art and Design, Alex, Nicolas and Rhys – *Remerciements spéciaux à Delphine Goutes et aux étudiantes de Central Saint Martins College of Art and Design, Alex, Nicolas et Rhys*

Back cover – *Dos de couverture*
Marcello Maloberti, *Cleopatra*, 2012
Image produced by Marcello Maloberti in collaboration with Pierre Bal-Blanc specially for this publication. Photo by Stefania Scarpini - *Image conçue par Marcello Maloberti en collaboration avec Pierre Bal-Blanc spécialement pour cette publication. Photo de Stefania Scarpini*

Reversibility
A Theatre of De-Creation

i. Prologue

With

Michał Budny, Andrea Büttner, Rafał Bujnowski, Claire Hooper, David Lamelas, Benoît Maire, Deimantas Narkevičius, Dominique Petitgand, Pratchaya Phinthong and Pia Rönicke

Staged by

Pierre Bal-Blanc

Produced by

gb agency, Paris; Hollybush Gardens, London; Jan Mot, Brussels; Raster, Warsaw

At

The Fair Gallery
Frieze Art Fair, London, 2008

A tribute to Charles Baudelaire and Gustav Metzger

M P

CAC Brétigny

ii. Development

With

Annie Vigier & Franck Apertet (les gens d'Uterpan), Giasco Bertoli, Robert Breer, Sanja Iveković, François Laroche-Valière, Marianne Maric, Rainer Oldendorf, Jimmy Robert and Ian White

Staged by

Pierre Bal-Blanc

Produced by

CAC Brétigny

At

CAC Brétigny, (Greater Paris), 2010